우리의 학맥과 학풍

일러두기

1. 이 책은 『우리의 학맥과 학풍』(문예출판사, 1995)의 개정판이다.
2. 개정판에 추가된 이한우-임명묵 대담은 2022년 2월 13일 서울숲양현재에서 진행했다.
3. 책 제목은 겹낫표(『 』)로, 논문명, 언론 기사 제목 등은 낫표(「 」)로, 신문과 잡지, 학술지 등의 매체 이름은 겹 꺾쇠(《 》)로, 영화명, 미술 작품명, 텔레비전 프로그램명, 곡명 등은 홑 꺾쇠(〈 〉)로 묶었다.

우리의 학맥과 학풍

한국 현대 지성사의 복원

이한우 지음

천년의상상

개정판이라고 했지만 복간본復刊本에 가깝다고 하는 게 맞을 듯하다. 진정한 개정판이라면 1995년 이후 한국 학계의 실상을 새롭게 담아야 했는데 그러지는 못했다. 대신 본문 중 일부 문장들을 다듬고 사실관계를 일일이 확인해서 정확하게 수정했다. 현재 우리 학계에 관한 이야기는 청년학자 임명묵 군과의 대담으로 보완했다.

그러나 처음 책을 낼 때 강조했던 동·서양학문의 통합은 여전히 이뤄지지 않고 있고 학문성의 철저화 또한 약간 개선된 수준에 머물러 있을 뿐이다. 그런 점에서는 이 책의 현재성이 여전히 유효하다고 하겠다. 역설적이지만 지난 30년 가까이 크게 발전하지 못한 한국 인문사회과학계의 부실함이 이 책에 현재성을 부여하고 있는 셈이다.

어찌 보면 이 과제는 필자 스스로 어느 정도 수행해 오고 있다. 실록 읽기에서 출발해 사서삼경 해독으로 나아갔다가 다시 중국 역사를 공부하고 태종실록으로 돌아와 최근 태종 이방원에 관한 책을 쓰면서 경經과 사史를 통합하는 학문 모델을 정립할 수 있었다.

그러면서도 이 책은 과제를 다음 세대에게 넘긴다. 미안한 일이다. 필자는 믿는다. 반드시 다음 세대 중에 필자의 이 책을 훌쩍 뛰어넘는 저술을 쓰는 인물이 나올 것이라고. 그것이 역사의 역동성이다.

서울 상도동 보심서실普心書室에서
2022년 4월 25일 탄주灘舟 이한우李翰雨 삼가 쓰다

차
례

개정판 서문 4

개정판 출간 기념 대담 11

머리말 53

서론 : 한국 현대 지성사의 복원을 위하여

　1. 전통의 복원 61

　2. 나의 학문 이력 63

　3. 지성사 복원의 의미 72

1장 전통 학문의 존재 방식

　1. 전통 학문의 존재 방식을 물어야 하는 이유 83

　2. 성균관의 쇠퇴와 서원의 등장 88

　3. 사대부와 관료 양성을 위한 학문 93

　4. 전통 학문의 현대화 문제 99

2장 동양철학

　1. 동양철학의 전사前史 : 실종된 전통 철학 111

2. 주요 대학의 학풍 : 성균관대, 서울대, 연세대, 고려대 113

3. 동양철학계의 우뚝 선 기둥 현상윤 118

4. 유가철학 말고는 불모지 120

5. '한국철학' 연구의 태동 121

6. 실학의 재발견과 다산철학 125

7. 미완의 과제 : 한국철학사의 집필 130

8. '한' 철학의 허구성과 북한의 주체철학 132

9. 20세기 말의 선비 김충렬 134

10. 김용옥 신화의 허와 실 136

11. 동양철학의 현대화 141

3장 서양철학

1. 서양철학의 전사前史 : 궁리학에서 철학으로 147

2. 서양철학과 한국철학 기초를 다진 박종홍 151

3. 북으로 간 철학자 박치우와 신남철 154

4. 독후감 철학의 계몽과 교양 157

5. 에세이 철학자의 등장 : 안병욱, 김형석, 김태길 161

6. 오랜 연구 전통, 빈약한 연구 성과 : 현상학 164

7. 허공에 뜬 독일철학에 대한 반격 : 분석철학 170

8. 철학계의 이단아 박홍규 173

9. 마르크스주의 철학의 대두 175

10. 학문의 본질과 텍스트 번역 177

11. 세대교체의 주역들 180

4장 역사학

1. 근대 역사학의 성립 : 단재사학과 백암사학 185

2. 문헌고증사학, 민족주의사학, 사회경제사학 191

3. 식민사학과 남북 분단이 미친 악영향 202

4. 이병도와 문헌고증사학 206

5. 민족주의사학자 홍이섭에 대한 재평가 208

6. '겸연쩍은 역사학도' 천관우 209

7. 사회경제사학의 복원 : 김용섭, 강만길 210

8. 주요 대학의 학풍 : 서울대, 연세대, 고려대 211

9. 주요 학회와 연구단체 218

10. 한국통사의 서술 문제 219

11. 주목할만한 젊은 연구자들 221

5장 사회학

1. 사회학의 전사前史 : 구한말에서 해방까지 227

2. 구조 지향적 사회학 VS 역사 지향적 사회학 232

3. 산업화와 한국적 사회학의 모색 236

4. 서울대 실증주의 학풍에 맞선 신촌의 공동전선 : 《현상과 인식》 245

5. 좌파 사회학의 전성시대 247

6. 한상진과 중민이론 250

7. 《사회와 사상》과 《사회평론》 253

8. 새로운 사회학을 향하여 254

6장 정치학

1. 정치학의 전사前史 : 관료적 국가학으로 출발 261

2. 미완의 정치학자 민병태 266

3. 재사才士와 학자의 부조화, 이용희 268

4. 학문 부재의 서울대 정치학과 271

5. 행태주의 정치학의 공과 273

6. 걸음마 단계의 '한국 정치학' 276

7. 비주류 정치학의 존재 278

8. 진보 정치학의 선구자 최장집 281

9. 변두리 학문으로 전락한 한국 정치사 283

10. 지역학의 등장 286

11. 신세대 정치학자들의 출현 290

7장 법학

1. 일제와 수험법학이라는 이중 구속 295

2. 법학의 전사前史 : 법관양성소의 설립 299

3. 한국 법학의 기초자 유진오 301

4. 제1세대 학자군 : 일본 번안·도용 법학 303

5. 제2세대 학자군 : 교과서 집필에 머물렀던 307

6. 제3세대 학자군 : 독자적 방법론의 모색 309

7. 미완의 법학자 함병춘 312

8. 법학계 논쟁들의 면모 314

9. 헌법학자 김철수 인터뷰 316

10. 서울법대 최종고의 양심선언 318

11. 신세대 학자군 : '법과사회이론연구회'와 '민주법학' 321

12. 한국 법학의 과제와 전망 323

에필로그

1. 학문과 사회 기풍 326

2. 학문 세계와 대충주의 330

3. 대충주의의 구조화 332

4. 학계의 세대별 특징과 유형 333

5. 제4세대 학자들의 시대적 사명 336

덧붙이는 글

번역, 제발 제대로 합시다! 341

베끼기에서 시각 도용까지, 한국 학계의 표절 백태百態 356

개정판 출간 기념 대담

우리 학문의 오늘 그리고 내일

사회　선완규

대담　이한우

임명묵

1. 지성사 복원의 의미와 학계 현실 진단

선완규(이하 선) 안녕하세요. 『우리의 학맥과 학풍』 개정판 출간 기념 대담에 함께 해주셔서 감사합니다. 동서양 철학을 아울러 공부하시면서 번역서를 포함해 저서만 무려 100여 권을 내신 학술 저널리즘의 개척자 이한우 선생님, 『K-를 생각한다』라는 책에서 20대라는 나이가 믿기지 않을 만큼 놀라운 분석력과 통찰력을 보여주신 젊은 연구자 임명묵 선생님, 오늘 두 분을 한 자리에 모신 것만으로도 의미 있는 사건인 것 같습니다.

이한우(이하 이) 예, 반갑습니다. 이한우입니다.

임명묵(이하 임) 네, 안녕하세요. 임명묵입니다.

선 —— 이번 대담에서는 『우리의 학맥과 학풍』에 얽힌 이야기와 이 책 출간 이후 우리 지성계의 변화된 풍경을 주로 살펴볼 텐데요. 이 책은 1995년에 출간되었고요. '한국 학계의 실상'이라는 부제에서 잘 드러나

듯, 한국의 주요 현대 학문, 즉 동양철학, 서양철학, 역사학, 사회학, 정치학, 법학이 광복 이후 어떻게 성장해 왔는지, 또 주요 학자들은 누구이며 학계 실상은 어떠한지, 한눈에 보여주는 책입니다. 최근 정수복 선생님이 '한국 사회학의 지성사' 시리즈를 내시긴 했지만, 출간된 지 30년 가까이 지났음에도 우리 현대 지성사 전반을 다룬 책으로는 여전히 유일합니다. 그래서 이 책을 다시 복간하는 것이고요. 한편으론 이 책을 디딤돌 삼아 한발 더 나아간 한국 현대 지성사 책이 없다는 현실이 안타깝습니다. 이한우 선생님, 이 책을 쓰신 동기는 무엇이고 출간 당시 학계 반응은 어떠했나요?

이 —— 부제만 봐도 제 집필 의도가 노골적이었죠. 처음에는 이렇게 여러 학문 분야를 아우를 생각은 못 했어요. 저는 서양철학을 전공한 사람이라서 우리 서양철학계가 어떻게 시작되었을까, 우선 궁금했어요. 그때 기자 초년생 시절이었는데 저널리스트의 관심 말고도 제 개인적 학문 이력도 이런 문제를 파고드는 데 영향을 미쳤어요. 제가 대학원에서 철학 공부할 때 방법론 공부를 많이 했습니다. 제 석사 논문 주제도 그렇고요. 메소돌로지methodolog(방법론)는 미국 학문인데, 상당히 좁은 의미예요. 저는 그거 말고 독일 쪽을 봤어요. 학문론이라고 해서 그 범위가 훨씬 더 넓습니다. 과학적인 것과 함께 인문학적인 것까지 모두 포괄해서 현실을 제대로 포착하는 수단으로서의 방법이 뭔가? 이런 문제를 오랫동안 고민했습니다. 기자가 되고 나서도 이런 척도를 가지고 우리 학계를 한번 짚어보자, 처음에는 소박하게 시작했습니다. 그런데 취재를 하면서 기자의 시각으로 거리를 두고 우리 학계를 보니까 제가 학생일 때와는 달리 굉장히 실망스러운 거예요. 그래서 제가 조금 알고 있는 철학 분야부터 시작했죠. 동양철학, 서양철학 분야를 신문에 우선 연재하고 다른 학문 분야도 조금씩 공부해가면서 넓혀갔습니다.

선 —— 맞아요. 제 기억에도 선명한데요. 저는 '우리의 학맥과 학풍'에 관한 글을 신문 연재 기사로 처음 접했어요, 1995년에 책이 나왔지만요. 제가 1년 차 편집자였을 때니깐 1993년도 〈문화일보〉 학술면에서 이 글들을 흥미롭게 봤습니다.

이 —— 맞습니다.

우리 스스로 학문 활동을 할 수 있는가?

선 —— 『우리의 학맥과 학풍』의 특징 중 하나가 '실명 비판'입니다. 학자들이 모두 실명으로 등장하고 그분들의 성과와 한계를 냉정하게 평가하셨습니다. 번역과 표절 비판하실 때는 당사자들을 이니셜로 표기했지만 조금만 찾아보면 금방 누구인지 알 수 있습니다. 책에 언급된 분들이나 후학들로부터 항의라든지 어떤 반응을 접하신 경우가 있으신가요?

이 —— 제 책에 대한 비판을 직접 들어본 적은 없는데요. '잘 알지도 못하면서~'라면서 뒤에서 욕을 많이 했다는 말은 들었습니다. 한편으론 아주 적극 제 책을 높이 평가하시고 옹호해주신 분들도 계시는데요. 고려대 사회학과 최재석 교수님이라는 분이 계세요. 문화인류학 가르치시는데 저도 대학 다닐 때 교양 과목으로 한 번 들은 적이 있습니다. 그분이 자신의 학문을 회고하는 책에서 제가 쓴 한국 사회학에 대한 평가에 대해 '이한우 논설위원이 쓴 거는 다 맞다.' 이렇게 말씀하셨죠. 로쟈 이현우 선생님도 이 책의 가치와 의미에 대해 잘 평가해 주셨고요.

『우리의 학맥과 학풍』은 우리 근대 학문의 발전사, 표절 문제, 오역 문제 이렇게 세 부분으로 나누어볼 수 있는데요. 이 세 가지를 관통하는 질문은 '우리 스스로 학문 활동을 할 수 있는가?'였습니다. 결론은 사실 좀 부정적이었어요. 우리에게 근대 학문, 서구 학문이 이식되는 과정에서 정상적인 절차를 거치지 못했던 거죠. 가령 일본의 경우는 처음 대학이 생길 때, 그 초기에도 교수들 대부분이 현지에 유학을 다녀왔습니다. 서양철학에서는 하이데거 제자 중에 교토학파라는 게 있거든요. 교토학파 사람들은 19세기 말에 독일 유학 가서 가다머 등과 함께 수업을 들었습니다. 그러한 경험과 지식을 갖고 와서 시작해도 될까 말까예요. 그런데 우리는 일본에서 겨우 석사받거나 학부 졸업하고 대학교수 되지 않았습니까.

우리가 그렇게 출발한 것은 어쩔 수 없이 불가피한 면도 있습니다. 그러면 이 사람들이 다음 세대를 자기 깜냥껏 제대로 인도하고 자신들은 빠져야 하는데 거꾸로 대가大家 행세를 했어요. 이런 사람들이 대가가 되어버렸잖아요. 학문 트레이닝을 그 정도 해서는 안 되거든요. 이분들이 한 30년 가까이 악영향을 미쳤습니다. 대표적인 게 동양철학이었어요. 더 엉성한 상태로 시작했어요. 얼마 전에 동양철학 하시는 분과 이야기를 나눴는데 "동양철학 공부한다, 그중에서 한국철학 공부한다 하면 16세기 이후 한국철학은 관심가지면 안 된다." 이렇게 말하는 거예요. 우리가 학문하는 이유는 현재 때문에 하는 거잖아요. 그런데 현재는커녕 16세기 이후는 뺀다? 그건 뭘까요? 한마디로 자기들만의 공간을 만들

개정판 출간 기념 대담

어놓고 '이런 게 학문이다' 이름 붙여놓고 그 안에 다른 파벌은 들어오지 마라~ 울타리 치고, 학생들 불러서 이것이 전공이고 이게 공부라며 완전히 엉뚱한 생각을 심고…. 공부와 연구를 현실과 연결 지어서 질문하면 '공부 더 해라, 입 다물어라.' 하는 처참한 지경까지 이르게 된 거죠.

선 —— 네~ 공부와 현실. 이 얘기는 뒤에서 더 다뤄보고요. 임명묵 선생님께 여쭈어보겠습니다. 임 선생님은 1994년생. 『우리의 학맥과 학풍』은 1995년 출간되었네요. 94년생, 95년 출간. 두 개의 시간이 꽤 재밌어요.

이 —— 제가 신문에 연재 글 쓰고 있을 때는 미토콘드리아 상태.(웃음)

선 —— 기어 다니거나 두 발로 선 때였던 것 같아요. 그래서 더 궁금합니다. 임 선생님, 이 책을 읽어보셨을 텐데, 소감부터 한번 들어보고 싶네요.

임 —— 네~ 정말 그렇네요.(웃음) 읽으면서 무엇보다 한국의 학술 생태계가 매우 열악했구나, 하는 생각을 많이 했습니다. 식민지배를 거치면서 자력으로 근대화를 하지 못했고 학문 체계가 이식된 상황에서 분단의 비극이 일어났고 그러면서 지적 생태계가 단절되잖아요. 많은 학자들이 실종되거나 북으로 가는 바람에 학술적 자산들을 상실하는 장면에서는 무척 안타까웠고요. 1950년대 1960년대는 정말 거의 무無에서 모든 걸 시작해야 했던 상황이었던 것 같습니다. 그런 열악한 학문 생태계일수록 토양을 잘 가꾸고 기초를 다졌어야 하는데, 이 책에서도 언급되듯이 그러기보다는 '대충주의'만 판을 치고…. 한국이 아무래도 '좋은 게 좋은 거지' 하는 분위기가 강한데, 전혀 눈치를 보지 않으시고 이렇게 비판적인 글을 쓰셨다는 게 놀라웠습니다.

　무엇보다 학문 생태계를 초기에 꾸린 분들보다도 그분들 밑에서 공부를 했던 분들이 느꼈을 안타까움을 많이 묘사하신 것 같습니다. 내가 이런 책을 교과서 삼아 공부해야 하나? 라는 자괴감이랄까요. 그럼에도 제가 지금 대학원에서 공부하는 입장에서 보면, 1995년과 2022년 사이에 괄목할 만한 발전이 있었던 것 같습니다. 이렇게 다양한 학술적 자산들에 이제는 즉각 즉각 맞닥뜨리면서 공부를 할 수 있고, 그런 건 굉장히 감사한 일이라고 생각합니다.

선 —— "20세기 한국 지성사의 복원은 이중적 의미를 갖는다. 하나는 앞 세대 학자들이 하지 못한 작업, 즉 뒤늦게나마 전통문화를 현대문명과 접목시키는 것이고, 또 하나는 식민지와 전쟁이라는 악조건 속에서 전통의 보존에 힘쓴 일부 선각자들의 지적 성과를 정리한 것이다."『우리의 학맥과 학풍』서론에 등장하는 문장입니다. 지금 읽어도 맞는 말씀입니다. 그런 차원에서 우리 지성사의 복원은 그때도 그렇고 지금도 여전히 필요합니다. 그런데 어느 순간 이런 담론들이나 작업들이 조금 희미해져 버린 느낌입니다. 그 이유가 어디에 있을까요?

이 —— 그 이유는 정치 과잉 때문이지 않을까 싶습니다. 특히 지식인의 주력군, 민주화운동과 연계되어서 형성됐던 소위 인텔리겐차 intelligentsia라고 하는 게 있었는데, 이 인텔리겐차가 민주화 이후에 정치에 예속되면서 공적 공간이 사라진 거죠. 공적 담론이 사라지고 전부 파당적인 이론만 지배하고 또 특정 정치세력에 자기를 투항해 버렸잖습니까. 자기 진영이라도 잘못한 것은 과감하게 비판하고 이렇게 해야 하는데,

이제 허물어졌죠.

선 —— 서글프고 안타까운 현실이죠.

이 —— 저는 허물어질 수밖에 없다고 봤어요. 그 사람들이 학문적 뿌리가 깊지 못하기 때문에 표절도 하고 오역도 하고 또 정치권 기웃거리고 기껏 대중적인 책 몇 권 써 가지고…. 저는 그 대표적인 사람이 한완상이라고 생각합니다. 평생을 그걸로 우려먹지 않습니까. 지탄의 대상이 되어야 하는 거죠. 그분이 과연 일본에서 무슨 평가를 받겠습니까, 독일에서 어떤 평가를 받겠어요. 그런데 진보 진영의 대부, 이런 형태로 모양을 바꿔가면서 지금까지 생존하고 있어요.

오히려 강준만 교수는 훨씬 건강하지 않습니까. 저랑 다툼도 있었죠. 격론하기도 했고 소송도 했지만, 결국 그 사람의 진정성이라는 건 한참 지나서야 드러나죠. 강준만 교수가 그때 〈조선일보〉에 대해 문제 제기를 했고, 저 역시 안에서 〈조선일보〉 문제 많다고 지적을 하면서 내부 혁신을 해야 한다고 주장했습니다. 진중권 선생도 비판적 지식인의 역할을 잘 지켜주고 있잖아요. 결국 진영화가 문제인데요. 사실 진영화 이전에 제가 옛날부터 학계를 지켜봤을 때 뿌리가 약하기 때문에 언제든 정치 바람에 휩쓸릴 수밖에 없다고 보았습니다. 이제 한국 사회에서 지식인이라는 개념 자체가 사라지게 된 거죠.

선 —— 임명묵 선생님은 어떻게 생각하세요?

임 —— 저는 『우리의 학맥과 학풍』에서 한국 지성사를 1995년 시점에서 4개 세대로 구분했던 게 떠오릅니다. 1세대는 일본 제국 질서에서 훈련받은 학자들이었고, 2세대는 전쟁과 분단 상황 속에서 무에서 시작했고 그래서 불완전한 어떤 유산들을 남겼고, 3세대가 그들을 극복하려고 미국의 학풍을 빌려와서 혁신을 시도했던 사람들로 평가해 주셨죠. 그후 4세대에 대해서는 아직 소장파니까 유보적인 평가를 하셨고요. 그럼에도 이 4세대의 특징을 광주항쟁이나 민주화 투쟁을 거치면서 무척 정치화되어 있는 경향이 강하다고 서술했던 것이 기억나는데, 지금까지 흘러온 어떤 상황을 예언적으로 표현하셨던 것 같습니다. 그때부터 이런 조짐이 있었던 건지, 정치적 우연성이나 사건들의 개입으로 그런 방향으로 흘러간 건지는 모르겠지만, 지금의 공론장이 엄청나게 정치화되어 있고 파당화되어 있는 것은 분명한 것 같아요. 사회의 제 세력이나 국가 등으로부터 독립된 공론장을 다시 건강하게 부활시키는 게 앞으로의 5세대, 6세대, 7세대들의 과제라고 생각합니다.

이 —— 지금은 예전하고는 좀 다를 겁니다. 뭐냐 하면 예전에는 집단화였잖아요. 인텔리겐차의 집단화였다면 다음 세대는 철저히 개인 베이스로 움직일 거예요. 임명묵 선생처럼 자기 영역에서 확실하게 자리를 잡고서 독자들을 확보하고 또 메시지를 주고, 이런 것들이 다양하게 망처럼 형성되지, 옛날처럼 누구 이름 아래 깃발 아래 모이는 그런 시대는 지나갔습니다. 다만 지적인 탁월성, 지적인 정직성, 이 두 가지를 기반으로 지식인들이 독자들과 대화하는 것은 빨리 복원되어야 할 겁니다.

비서구 전통과 서구 근대성의 조화

선 —— 네~ 그렇습니다. 학문 분야뿐만 아니라 생활인의 영역도 마찬가지일 텐데요. 저마다의 시대 상황에 직면하면서 절실하게 가지게 된 자기 문제의식들을 다 갖고 있는 것 같습니다. 그런 면에서 세대별 의식에 따라 학문 주체들의 문제의식이나 학문하는 동기도 무척 달라질 텐데요.

이 —— 네~ 그렇죠.

선 —— 이한우, 임명묵 두 선생님에게 공통으로 여쭤보고 싶은 게 있어요. 이한우 선생님, 1995년을 기준으로 한다면요. 그 앞 세대들은 어떤 문제의식을 절실하게 가졌을까요? 임명묵 선생님께서는 지금 세대들은 자기 학문의 절실함을 공부와 어떻게 연결시키고 있습니까?

임 —— 최근 들어 학계 구성원도 많아졌고 공부하는 분야도 넓어졌고 또 국제학계와의 접촉면도 훨씬 커졌잖아요. 그래서 요즘 세대의 학문적 경향성을 일률적으로 말하기 힘든 시대가 됐지만, 그럼에도 큰 틀에서 보면 눈에 띄는 특징이 있다고 봅니다. 그 하나는 자연에 관한 탐구(과학)와 인간에 관한 탐구(인문학), 이 둘의 경계가 점점 흐려지고 있는 것이 최근 몇 년 사이 두드러진 방향성인 것 같아요. 특히 자연 과학계의 새로운 지식과 탐구 결과를 어떻게 흡수하고 조화시킬지 고민하는 인문학하는 지인들이나 선배들이 제 주위에도 많습니다. 저 같은 경우도 학부 시절에 인간 존재란 과연 무엇일까, 이것을 전통적인 철학만으로 설명할 수 있을까? 고민하면서 뇌과학이나 진화론 같은 책들을 꽤 많이 읽었습니다. 그런 관심을 갖고 찾아 보니 이미 과학 분야 연구 성과를 철학을 비롯한 여러 학문 분과에서 적극적으로 수용해서 발전시키고 있더라고요. 예컨대 에드워드 슬링거랜드 교수 같은 분은 인지과학과 동아시아 전통 사상을 접목시킨 대표적인 학자죠. 역사학에서도 전통적 역사학의 시선에선 그간 주변적이었던 기후와 질병 같은 자연과학적 요소들이 인간 역사에 끼친 결정적 영향에 대해 탐구한 지가 꽤 되었습니다. 저도 이런 분야에 관심이 많아서 학부 때 지리학을 복수 전공하기도 했고요.

두 번째로는 『우리의 학맥과 학풍』의 문제의식과도 연관되는 것인데요. 그간 전통 학문과 새롭게 이식된 서양학문을 통합하려는 많은 노력이 있었습니다. 그러면서 분열적인 정체성을 갖기도 했고, 전면적으로 거부하려는 등 다양한 흐름이 있었습니다. 최근에는 한국뿐만 아니라 아시아 지역의 정치 경제 사회적 위상이 상당히 높아지면서 이러한 문제의식들이 다시 떠오를 것 같습니다. 동아시아나 유교, 한학 전통을 넘어서 더 큰 비서구 전통의 일환으로서 부활하고 있는 지적 성과를 어떻게 서구적 근대성과 조율하고 조화하면서 독자성을 찾을 것인지 모색하고, 보편성을 발견할지 고민하는 그런 지적 흐름이 2022년에도 중요한 화두가 될 것 같습니다.

이 —— 저는 81학번이에요. 그러니 선배들은 70년대 후반 학번들이잖아요. 사실 내 선배 학번들이 공부를 제일 안 한 세대예요, 맨날 데모만 하고…. 대학에서 공부가 뭔지 잘 모르는 사람들이었어요. 반면 80년대 학번들은 책은 많이 읽었지만 돌이켜보면 쓸데없는 책만 많이 읽었어요. 그때는 좌파 책 엄청나게 봤죠. 저도 한 4~5년 동안은 좌파 책만 보고,

마르크스도 독일어로 읽고 그랬죠. 그러다가 저에게 용기가 필요한 때가 왔죠. '공부해 온 것이긴 해도 전혀 소용없는 학문이면 빨리 접어야 하지 않을까.' 정직하게, 진짜 정직한 마음으로 싹 지우고 처음부터 다시 해야 했습니다. 저는 그때 좌파, 특히 마르크스는 더 이상 세상에 희망을 담는 언어가 아니다, 라고 대학원에서 공부하면서 저 스스로 혼자 깨달았어요. 그럼 우파로 가야 하는데 어디서부터 어떻게 공부를 해야 하지?

그때 제가 처음 깊이 읽은 책이 존 로크 『통치론』이었고 특히 재산권財産權/property right 문제에 주목했어요. 재산권에 대한 이해 없이는 서구를 알 수 없다고 봤어요. 서구가 저렇게 갈 수 있었던 것은 재산권을 인정하는 데서 출발했단 말이죠. 그런데 지금 우파라는 사람들 입에서도 재산권 문제는 나오지도 않아요. 이것이 있어야 개인이 설 수 있거든요. 개인주의가 하나의 이데올로기, 이념으로 성립하려면 재산권 개념이 우선 정립되어야 합니다. 역설적이지만 마르크스적이에요. 사회 경제적 기반이 있어야 상부 구조가 있는 것인데 이 부분은 전혀 생각하지도 않고 있어요. 그때 저는 존 로크 『통치』 읽고 그다음 존 스튜어트 밀 『자유론』 읽으면서 기초를 다졌던 기억이 납니다.

선 —— 이한우 선생님, 그럼 『우리의 학맥과 학풍』 쓸 때는 어떤 정치적 입장이셨나요?

이 —— 그때 저에게는 좌우는 없었어요. 왼쪽에 있다 하더라도 자기 기반을 갖고 있는 분, 학문적 차원에서 제대로 접근하는 분들은 제가 적극적으로 평가를 했습니다. 저의 근본적인 문제의식은 우리 학계의 뿌리 없음이었습니다. 취재 과정이나 기사를 쓰면서도 "그러면 나는?" 이런 문제의식, 질문을 계속했던 것 같아요. 당시 신문기자를 하고 있었지만 그만두는 대로 학문 세계로 다시 돌아갈 거라는 생각을 하고 있었기 때문에, 가능한 한 이 문제의식을 놓치지 않으려고 했습니다. 영어권 독일어권의 사회철학이나 역사철학책들을 계속 번역한 이유이기도 하고요.

선 —— 그러셨군요. 자신의 절실한 질문을 품지 않으면 정말 하기 힘든 게 번역인데⋯.『우리의 학맥과 학풍』에서 도출했던 문제의식이 지금도 여전히 중요한 의제라는 것을 확인할 수 있는 시간이었습니다. 다음 시간에는 우리 학계가 처해 있는 여러 문제를 어떻게 해결할 수 있을지, 좀 더 깊게 들어가 보겠습니다.

2. 전통 학문의 계승과 자생력

선 —— 두 번째 시간에는 1부 대담에서 이야기했던 것보다 한 발짝 더 들어가 주셨으면 좋겠는데요. 이한우 선생님이 『우리의 학맥과 학풍』에서 던진 문제 제기를 한번 요약해보면, 우리 학문의 어떤 전통이 다 단절된 상태에 따른 결과로 '현재성을 상실한 동양 학문, 현실성을 상실한 서양 학문' 이렇게 압축해 볼 수가 있을 것 같습니다. 이어서 제가 던지고 싶은 질문은 우리 학문 전통에서 여전히 계승하거나 더 확대하고 발전시킬만한 부분이 있다면 어떤 것이 있을까요?

이 —— 우리 전통학문에서요? 사실 제가 이런 생각을 다 알고서 젊은 시절로 돌아가면 저는 다산 정약용을 연구할 겁니다. 다산을 제대로 하지 않은 게 우리 동양 학문의 가장 큰 치욕이라고 생각하는데요. 다산의 제일 위대한 책이 뭐냐면 우리는 대개 『목민심서』라고 그래요. 다산이 들으면 뒤로 나자빠져 기절할 겁니다. 뭐 이런 후손들이 다 있나? 하면서.

저도 다산을 전체적으로 다 살핀 건 아니지만 사상과 관련된 책들은 어지간히 읽어봤는데요. 다산의 가장 위대한 점은 주역을 풀이한 『주역사전周易四箋』입니다. 여기서 사전은 사전事典이 아니고 사전四箋, 즉 네 개의 에디션을 말합니다. 스스로 계속 바꿔가면서 네 번에 걸쳐 에디션을 냈습니다. 그 내용의 옳고 그름을 떠나서 『논어고금주』를 집필할 때도 그렇고, 여기서 다산이 학문을 대하는 태도를 우선 엿볼 수 있어요. 전체를 보고자 할 뿐만 아니라 그 뿌리까지 파고들고자 한 철저함, 이 두 가지 태도를 말이죠.

사실 율곡이나 퇴계는 다산에 비하면 쓴 책도 거의 없잖아요. 당파에 의해서 만들어진 상象이지 실질적으로 학문이 얼마나 깊었는지는 알 수가 없다고요. 제가 볼 때는 그렇게 높아 보이지는 않아요. 서인과 남인이라는 정치세력이 조선 중기 이후로 서인은 이이, 남인은 이황을 중심으로 묶여 있는 거고. 더군다나 지금 계승할만한 현재성도 전혀 없습니다. 그저 옛날 사람들이 만들어놓은 허상을 그냥 그대로 받아들였을 뿐이죠.

그리고 실제로 이이든 이황이든 신하잖아요. 두 번째로는 신하 된 도리를 얼마나 잘했느냐는 게 그분들을 현실적으로 판단하는 일차 척도가 되어야 합니다. 오늘날처럼 개인의 자유에 입각해서 학문한 사람들은 아니거든요. 제가 볼 때 이황은 너무 소극적이었고 이이는 너무 오바를 해요. 지금이 아니라 그 당시 신하가 마땅히 어떠해야 하느냐는 척도에서 보면 그렇다는 겁니다. 율곡이 쓴 『석담일기』 읽어보면 선조가 사람이 좋아서, 임금 같지도 않아서 듣고 있은 거지 태종 앞에서 그랬으면 예전에 쫓겨났어요. 그런 것도 우리가 같이 봐야 하거든요. 그런데 그런 거는 전혀 없고…. 누군가 "이황이 최고다"라고 할 때 "그러면 이황이 쓴 책 뭐가 있는데?"라고 되물어보면 내세울 만한 게 없어요. 『성학십도』라는 책은 그냥 어린애들 그림책 같은 거예요. 그런데 그게 무슨 대단한 업

적인 것처럼 말하고…. 앞선 연구자들이 그렇게 이상한 사람들을 추켜세
워 놓으면, 그다음 사람들이 그거 깨기가 굉장히 힘들어집니다.

그러니까 한국 사상하는 분들은 일단은 다산의 전모를 빨리 파악
해야 합니다. 전모가 파악이 안 되니까 계속 암중모색하면서 학문적 성
과도 안 나오고 그런 거 아니겠습니까. 다른 학문 분야도 사실 이런 문제
가 다 비슷해요.

우리 학문의 현재성과 현실성

선 —— 임명묵 선생님이 공부하시는 학부 이름이 되게 독특하더라고
요. 아시아언어문명학부? 맞죠? 앞서 이한우 선생님 얘기에 이어서 현재
성을 상실한 학문에 대해 임 선생님이 경험하신 바를 한번 말씀해 주세요.

임 —— 제 전공은 서아시아라서 동아시아 전통 사상과는 지역적으로
좀 다릅니다. 제가 공부를 하다 보면 한국에서는 관련 연구나 텍스트가
그다지 많지 않아서 미국이나 일본, 유럽에서 연구한 것을 주로 보는데
요. 그쪽 논문들을 보면 이슬람 지역 혹은 중동 서아시아 지역이 서구 사
회와 어떤 점이 같고 다른지, 또 어떠한 개념들을 발전시켰고 이런 것들
을 세세하게 짚으면서 연구를 시작합니다. 그런 역사적 배경들, 그러니까
어떤 사회 정치 경제적 배경 속에서 이러한 개념들이 등장했고, 그러한
개념들이 이후에 그 지역 담론 체계나 정치 사회 문화 담론 영역에서 어
떻게 공명했는지, 이런 것들을 추적해서 상세하게 설명을 해 줍니다. 가
령 이슬람 율법 샤리아는 무엇이냐, 그런 법을 공부하고 해석하는 신학

자 비슷한 존재들인 울라마는 어떤 이들이냐, 이슬람의 핵심이라고 할 수 있는 타우히드(신의 전일성)는 어떤 개념이냐? 이런 개념들을 배우고 그 개념이 중세 서아시아라는 지리, 역사적 환경 속에서 어떻게 탄생하고 변화했는지를 또 배웁니다.

그런데 한국에서는 특히 대중적인 차원에서 논의되는 전통 사상 혹은 동양사상 같은 경우에는 그런 배경 설명들이 좀 부실한 듯합니다. 우리가 이理나 기氣, 충忠이나 효孝, 이런 한자들이 대충 어떤 뜻인지는 직관적으로는 알지만, 막상 한국 사회 오피니언 리더들한테 그래서 그게 뭐야? 라고 물으면, 정확하게 말할 수 있는 사람이 별로 없는 거 같습니다. 이런 기본 개념들이 중국, 한국, 일본의 사회 경제 정치적 배경 속에서 어떻게 형성됐고, 어떤 맥락을 가졌는지에 대해서 이제는 좀 더 풍부한 설명과 논의들이 필요합니다.

『우리의 학맥과 학풍』에서도 제시한 문제의식인데 서양 근대 학문이 지금의 보편적인 학문 세계의 문법이자 규칙이지만 한국 혹은 동아시아라는 특수성 속에서 우리가 그것을 수용했잖아요. 그렇기 때문에 서구 근대성이라는 게 온전히 이식이 안 된 것도 있고, 반면 어떤 것들은 서구보다 더 앞선 것도 있고, 또 어떤 것들은 아예 토양 자체가 안 맞아서 성립도 안 되는 것도 있잖아요. 그런 배경들을 알려면 한국 사회 더 넓게는 동아시아 사회가 어떤 사회였는지를 알아야 하고, 그걸 알기 위해서는 또 그런 사상적 개념들이 우리 사회의 근간을 어떻게 구성했는지를 밝혀야 합니다. 그것을 대중적 차원에서 더 널리 알리는 연구들이 필요한 것 같고요.

이 —— 제가 가진 문제의식의 본질을 딱 꼬집어 얘기하셨네요. 제가 예를 하나 들면서 말을 이어가 볼게요. 『논어』를 보면 '군군신신 부부자자君君臣臣 父父子子'라는 표현이 있잖아요. 공부 초창기에는 이 말이 임금은 임금답고 신하는 신하답고 부모는 부모답고 자식은 자식답고, 라고 봤어요. '답다'라는 것은 덕德이니, 각자의 자리에 맞는 덕을 갖추는 문제 정도로만 이해했었죠. 그런데 공자를 계속 공부하다 보니까, 공자의 관심은 부모와 자식 간에 효도하라는 데 있는 게 아니라 군신 간의 바람직한 관계를 적립하는 데 있더라고요. 여기서 '부부자자'는 사私에요. 사적인 영역이죠. 근데 공자의 관심은 '군군신신'에 있습니다. 공公을 세우는 데 관심이 있는 겁니다.

우리나라에 주자학이 들어오면서 공公을 해체하고 전부 사私로 돌아갔어요. 이게 주자학의 아주 본질적 문제예요. 주자 공부하는 분들이 맨날 『소학』을 보는 이유가 이 때문입니다. 우리 정신사에서 인조반정이 끼친 악영향이 그로 인해 공의 영역이 붕괴했다는 겁니다. 이런 점을 직시하지 않고 딴소리들을 하고 있어요. 광해군이 어떻고, 광해군은 잘하려고 했는데 뭐 어쩌고…. 결국은 조선에서 임금을 내쫓을 때 명분도 불효잖아요. 불효했다는 명분으로 신하가 임금을 내쫓을 수 있다는 논리가 성립되면서 군신 관계가 무너져 버린 겁니다. 군신관계가 사라진 것은 전통사회 맥락에서 보면 공의 영역으로 가는 길 자체가 사라져 버린 거죠. 그런 상태로 300년 살고 식민지 지배 40년 가까이 받고 지금까지 오는 과정에서 이 공적인 마인드를 회복하려는 노력이 과연 있었냐는 거죠. 없었죠. 기껏해야 철학 쪽에서 있었던 게 한때 존 롤스 『정의론』 정도 바람이 불었고, 그 이후에는 샌델의 『정의란 무엇인가』가 베스트셀러가 된 것 정도예요. 그러고 보면 공적 마인드에 대한 욕구는 있는 겁니다.

실제로는 서양의 정의justice와 우리의 정의正義는 좀 다릅니다. 서양에서 정의라고 하면 기본적으로 페어니스fairness/공정성이기 때문에 어떤 절충 지점을 잘 찾아서 서로 공존하는 거라면 우리 동양에서는 정의라는 말을 잘 안 씁니다. 의義를 쓰죠. 의로움. 그런데 제가 쭉 공부해 보니까 이게 약간 달라요. 공자가 쓴 용례를 따라서 저는 의를 가능한 한 '마땅함'으로 옮깁니다. 마땅함이라는 게 뭔지는 다 압니다. 보통 사람이라면 이것을 어떻게 해야 하는지 다 아는데 왜 못하냐 욕심 때문에 못하는 겁니다. 우리 각자 인간들한테 의로 갈 수 있는 잠재력은 있는 거죠. 근데 이걸 가리는 게 욕慾이거든요. 이 부분은 사인私人으로 살면 문제가 안 돼요. 그냥 사적으로 내 욕심 추구하고 살면 되니깐요. 그런데 공직에 나오는 사람들이 이런 부분을 어떻게 해야 하느냐? 결국 이 문제로 좁혀집니다. 앞서 임명묵 선생님도 말씀하신 것처럼 우리 사회의 근간을 이루는 사상적 개념들을 이런 방식으로 파악하면서 현재성을 살려가야 합니다.

선 —— 저마다 자기 학문과 현실이 어떻게 교류할지, 치열하게 고민하고 찾아가야 하는 기로에 서 있는 듯합니다. 선생님이 책에서도 꼬집었던 '현실성과 현재성을 상실한 학문이 바뀌어야 한다'는 말로도 모아지는데요. 달리 표현하면 지식 수입상, 유통업자들만 있고 지식 생산자는 없다고도 말할 수 있을 것 같습니다. 현실 사회주의 붕괴 이후 인문사회 분야 쪽에서는 포스트모더니즘 열풍이 잠시 불었다가 뒤이어 들뢰즈, 푸코, 라캉 등 프랑스제 사상들이 인기를 누리는가 싶더니 지젝에 대한 관심으로 잠시 옮겨갔다가 요즘에는 신유물론이 주목받는 것 같지만 예전처럼 어떤 특정 사상가에 대한 관심이 고조되지는 않는 것 같습니다.

이 —— 요즘은 어떤가요? 진짜.

임 —— 솔직히 제가 철학 사상 쪽에는 큰 관심이 없어서 잘 모르겠고요. 저는 역사책을 주로 많이 읽는데 역사학 분야에서는 그래도 한국 연구자들이 쓰신 책 중에서 제가 재밌게 읽었던 참신한 책들이 요즘 많이 나오는 것 같습니다. 최근 10여 년 사이에 국제학계에서도 높은 평가를 받는 연구 성과물도 많이 나오고 있고요. 그런데 공론장이라는 게 일국적 차원이 있고 글로벌 차원이라는 게 있는데 글로벌 지식사회의 공론장에서 활발히 자기 목소리를 내는 한국 지식인은 아직 없는 것 같아요. 그런 점은 앞으로의 과제가 아닐까 싶습니다.

선 —— 임 선생님 얘기 듣고 궁금해서 그러는데 역사학 쪽에서는 선생님이 보시기에 지식 생산자라고 할 수 있는 연구자들은 어떤 선생님들이 계실까요?

임 —— 일단은 서울대 동양사학과 김호동 교수님.

이 —— 김호동 교수, 뭐 누가 봐도 전설적인 인물이죠.

임 —— 최근에는 같은 서울대 동양사학과 계시는 일본사 연구하는 박훈 교수님. 박 교수님이 쓰신 책들을 최근에 읽어봤는데 일본 메이지 유신을 단순히 서구의 충격에 대한 대응이 아니라 사무라이 사회의 유학 수용과 공론장의 탄생이라는 점에서도 봐야 한다는 것이 굉장히 흥미로웠습니다.

이 —— 나도 동의해요. 정확하네요.

선 —— 김호동 선생님은 저도 한번 책 작업을 해봤고 박훈 선생님도 박 선생님 대학원 다니실 때 한번 책 작업을 해봤는데요. 김호동 선생님은 오래전부터 이쪽 분야에서 정말 대단하셨습니다. 고려 후기이래 조선 초에 이르기까지 우리 역사에 지대한 영향을 끼친 『지정조격至正條格』이라고 하는 원나라 법전이 있는데 그 책 작업을 제가 김호동 교수님과 함께 해 본 경험이 있습니다. 한문뿐만 아니라 그쪽 언어를 모르면 불가능했던 작업이었습니다.

이 —— 그럼요. 언어는 학문하는 데 필수조건이죠. 그런데 우리나라는 서울대조차도 인문대에서 한문이 필수가 아니에요. 대학원 가려면 한문은 무조건 해야 합니다. 어마어마한 지적 자산은 거기 다 있는데 그걸 피해서 뭔 공부를 하겠어요.

문명의 토대, 번역의 힘

선 —— 언어 이야기가 나왔으니 이제 자연스럽게 번역 문제도 얘기할 때가 되었는데요. 이웃 나라 일본 같은 경우 학문 저력의 밑바탕에는 아주 탄탄한 번역이 버티고 있습니다. 이와 달리 『우리의 학맥과 학풍』에서는 우리 학계의 번역 실태가 얼마나 엉망인지를 비중 있게 다루셨던 기억이 납니다.

이 —— 지금은 많이 좋아졌죠. 많이 좋아졌고 서구권 언어 번역은 특히 좋아졌고요. 왜냐하면 이제 편집자들도 외서를 대조해서 다 검토할 줄 아니까. 제가 당시 지적했던 문제는 지금은 어느 정도 해소가 된 것 같아요.

선 —— 그러면 번역이 학문의 주체성을 형성하는 데 왜 중요한지, 학문 토대로서의 번역은 어떤 방향으로 나아가야 하는지에 대해 선생님들의 생각을 듣고 싶습니다.

이 —— 우리 문명사에 중요한 기본 텍스트들이 일단 다 번역이 되어야 해요. 예전에 제가 학부 다닐 때 '영어 발달사'라는 수업을 들으면서 아주 재밌게 본 게 뭐냐면 우리한테 한문 같은 게 서구인들한테는 라틴어잖아요. 1천 년 가까운 문명이 다 라틴어로 되어 있는데 근대로 넘어오면서 이 사람들이 그걸 어떻게 해결하는가를 보면 실제로 영국에서 성서가 영어로 번역되고 나서 셰익스피어가 나오거든요. 독일도 독일어로 성서가 번역되고 나서 괴테가 가능했습니다.

　우리가 잘 모르고 있는데 우리 조선도 사실은 선조 때 국가 차원에서 사서삼경을 언문으로 번역했어요. 언해본이 갖는 의미가 뭐냐면 이제 드디어 한글이 경전의 언어가 된 겁니다. 그러고 나서야 송강이 한글로 가사歌辭라는 새 장르를 개척할 수 있었어요. 그게 창의적인 거예요. 우리가 근대로 접어드는 과정에서 예를 들어 사회학은 서구에서도 새 학문이지만 우리나라에서는 완전히 낯선 학문이잖아요. 콩트가 사회학의 원조라면서도 당시 콩트 책도 번역 안 돼 있었어요. 지금도 뒤르켐이라든지 막스 베버 같은 고전 사회학자들 책도 제대로 전부 번역되어 있지 않았고요. 그럼 도대체 사회학을 어떻게 하냐고. 미국 가서 배워 온 사회 통계 말고는 할 줄 아는 게 없어요. 학자라는 사람들이 우리 같은 신문쟁이들만도 못한 객쩍은 소리나 했었던 거죠. 동양학이라고 해서 별다를 건 없었고요.

그래서 제가 꾸준하게 하고 있는 작업의 목표도 원문을 보지 않고 번역서만 보고도 그 분야의 씽킹thinking이 가능한 정도까지 끌어올리는 거예요. 제가 『논어』부터 공부하면서 15년 넘게 동양 고전 번역을 해보니깐 처음 하는 것들은 상당히 시간이 오래 걸리더라고요. 저를 이어받은 다음 세대들은 조금이라도 시간을 단축했으면 좋겠다는 마음으로 번역할 때 원문을 싣고 원문에 토를 달아 둡니다. 동양학 쪽도 제가 볼 때는 번역된 것들도 다 다시 해야 하고 그렇게 하지 않고서는 우리 학문이 제대로 독립할 수 있는 토양을 만들 수 없습니다. 제일 웃기는 게 뭐냐면 우리가 유학을 삼백 년 이상 주자를 갖고 했는데도 주자에 관해 제대로 번역된 게 없어요.

선 —— 지금 학교에서 공부하고 계신 임 선생님은 이 문제를 어떻게 보시는지요?

임 —— 제 생각에는 번역뿐만 아니라 한 사회의 지적 생태계라는 게 이렇게 구성되어 있는 것 같습니다. 일단은 어떤 원전이나 특정 탐구 대상에 관해 최신 연구 성과물을 내는 영역이 있고, 그다음에 그런 영역을 소화해서 대중들이 다가가기 쉽게 풀어주는 영역이 있는데요. 학술적 쟁점이나 성과가 풍성하게 소개되는 밑바탕 위에서 대중적 지식 차원도 함께 따라서 올라가는 것 같습니다.

이 —— 맞아요, 맞아.

임 —— 제가 본격적으로 독서를 시작한 게 2014년이니깐 8년 전부터인데요. 그때 학부 2학년 때 제가 책을 찾던 때랑 비교해 봐도 지금은 엄청나게 많은 책들이 생산되고 번역되고 있는 거 같습니다. 저보다 8살 정도 많은 선배가 당시 저한테 그랬거든요. "내가 2007년에 책 읽을 때에 비하면 진짜 엄청 많아진 거야"라고. 아마도 그보다 8년 전에도 누군가는 똑같이 말했을 테고, 또 그로부터 8년 전에도 그랬을 겁니다. 그러는 동안 한국의 원전 연구 소개는 기하급수적인 수준으로 크게 성장한 것 같습니다.

그런데 그동안 제가 한국에서 어떤 논의가 확산되는 과정을 보면 이미 세계적으로는 평가가 다 끝난 문제가 한국에서는 한 5~6년 지나 들어와서 마치 새로운 것처럼 소개가 되더라고요. 제가 예전에 90년대에 나온 스탈린 시대 대숙청에 관한 연구서를 읽고 제 블로그에 소개한 적이 있는데 그게 무슨 2010년대에 나온 학설인 것처럼 사람들이 받아들이는 걸 보면서 이게 문제가 좀 많구나! 그런 생각을 했습니다. 어떠한 지적 계보를 좀 더 확실하게 정리를 해 주고, 그사이 비어있는 지식이나 사상가들이 어떻게 구성되어 있고, 다른 사상들에 어떤 영향을 주었는지에 대한 지도 같은 것이 필요한 것 같습니다.

선 —— 두 분 선생님 말씀처럼 95년도 발간된 『우리의 학맥과 학풍』이후에 국내외 지적 계보들이 정리되면 참 좋은데 저도 사실 엄두가 안 나네요. 이런 작업을 해내려면 연구자 선생님뿐만 아니라 이쪽에 관심 있는 편집자들도 적극적으로 참여해야 하는데 우리 사회 다른 영역처럼 출판계도 공적 마인드라고 해야 할까 그런 것들이 이제 다 사라져 버린 거 같습니다. 2000년대 초반만 하더라도 편집자들도 공적 영역에서 자기 견해나 의견을 표현하는 조그마한 장이라도 있었는데 지금은 개인의 욕망과 생존의 문제에만 치우쳐 있는 거 같습니다.

이 —— 지금 사회 전체가 그렇잖아요.

선 —— 번역 이야기를 좀 더 해 보겠습니다. 오역에 대해서 기자 시절 이한우 선생님만큼 신랄하게 비판을 하신 분은 없었던 거 같습니다. 『우리의 학맥과 학풍』에도 부록으로 당시 《신동아》에 쓰셨던 「번역, 제발 제대로 합시다!」라는 글이 실려 있습니다. 오역의 당사자들을 이니셜로 표기하셨지만 조금만 찾아보면 알 정도라서 실명 비판에 가까운데요. 쉽지 않으셨을 듯합니다.

이 —— 그게 다 자신이 없으니까 비판을 못 하는 거죠. 괜히 비판했다가 자기도 욕먹을까 봐. 저는 뭐 어쨌든 영어 독일어 공부했으니까, "그래 나도 깔테니 너도 까라, 같이 한번 붙자" 뭐 이런 마음이었죠. '다음 세대한테 이런 식으로 지적 문화를 넘겨준다는 거는 무엇보다 책임 방기다'라고 생각했습니다.

그 당시에는 영어, 독일어 오역만 비판했는데 제가 한문 공부와 동양 고전 번역을 15년쯤 하다 보니깐 완전히 여기는 오역이 물 반 고기 반이에요. 이를테면 중용中庸은 동사가 두 개거든요. 중하고 용하다. 텍스트를 조금만 보다 보면 누가 봐도 그게 동사라는 걸 알게 돼 있어요. 그런데 하버드까지 나왔다는 동양 철학자라는 분이 중용이 무슨 뜻인지도 몰라가지고…. 근데 자기도 이상하게 생각을 한 거야. 어, 말이 안 되네. 그러니까 뭐라고 하냐면 중용에는 두 가지가 있다는 거예요. 하나는 스테틱static 중용이 있고 하나는 다이나믹dynamic 중용이 있다는 겁니다. 정태적 중용과 동태적 중용이라나. 그동안은 다 정태적으로 해왔는데 나는 동태적으로 해석한다고. 그건 그렇게 해석할 것도 없고 그냥 가운데 중이 아니고 중은 적중하다고 용은 그냥 유지하다라는 동사예요.

또 하나 예를 들면, 其(기)라는 한자, 우리가 '그 기'라고 흔히 말하는. 그런데 其가 문장 끝에 오면 추측하는 문장이 되거든요. 그때 其는 전부 다 '아마도'란 뜻이에요. 그러니까 공자가 항상 100% 얘기하지 마라, 100%라는 것은 없다, 조심해라, 그래서 '무필毋必'이라는 말도 했는데 그 말이 문장으로 드러난 게 바로 其예요. 공자가 '순임금은 효자다' 이렇게 말하는 것하고 '순임금은 아마 효자이셨을 것이다'는 전혀 다른 말입니다. 그다음에 본인이 추측한 내용에 대한 근거를 제시하는 말이 이어지거든요. 그게 추측인지도 모르고 문장을 그냥 단정적으로 번역을 해 봐요. 김용옥마저 그 수준이니 다른 사람이야 사실 더 볼 것도 없죠. 내가 한 사십 중반까지는 이런 일에 막 분기탱천했지만 이제는 내가 번역한 것이나 잘해놓으면 다음 세대들이 다 알아볼 거라는 생각으로 묵묵히 공부하고 있습니다.

선 —— 임명묵 선생님도 덧붙일 얘기 있으신가요?

임 —— 이 책을 읽으면서 가능하면 한국을 넘어서 동아시아 차원에서 '우리의 학맥과 학풍'을 이해할 수 있으면 좋겠다는 생각도 들더라고요. 왜냐하면 해방 전 근대 한국 지식인들은 중국 일본 지식인들과의 교류

특히 일본과의 교류가 매우 많았는데 그러한 차원에서 한자 문화권 안에서 그런 지식인들의 교류에 기반한 지성사적 흐름을 언젠가는 볼 수 있으면 좋겠다는 바람을 가져 봅니다.

이 —— 그것은 엄청난 작업이 될 거예요. 이를테면 우리 철학계에서는 흔히 박종홍 선생을 태두泰斗로 보죠. 한편에서는 국민교육헌장 만들었다고 비판을 좀 하긴 해도 특히 서울대 철학과 사람들에게는 거의 성역입니다. 물론 저도 박종홍 선생이 대단하다고 생각합니다. 그 시대에 그 정도로 학자로서 사회적 역할을 하신 것도 대단한 거죠. 그런데 이 분이 나름대로 형식 논리학, 인식 논리학, 변증법적 논리학 이렇게 논리학 체계를 세웠는데 사실은 그게 일본의 미키 기요시三木淸라는 학자를 그대로 흉내 낸 겁니다. 그게 상징하는 바처럼 우리 지성사에 일본을 들여오면 엄청 복잡해져요. 또 하나 대표적인 게 우리 문학이에요. 우리 근대 소설이 왜 갑자기 근대성이 뻥 뛰었겠어요. 일본 근대 소설 표절하고 베낀 겁니다. 1930년대가 일본이 대정大正 데모크라시 할 때였는데, 일본에서 일어났던 문예 부흥의 활력이 전달된 것이죠.

　또 하나 드리고 싶은 얘기가 있는데 사실 일본에 성리학을 전해준 건 우리 조선 사람이거든요. 그런데도 일본은 성리학을 초반에 어느 정도 하다가 스스로 극복하고 성리학에서 공자의 유학으로 돌아가요. 이게 바로 지난번에 얘기했던 것처럼 부부자자에서 군군신신으로 넘어가면서 충의 개념이 정립되는 겁니다. 이토 진사이伊藤仁齋도 그렇고 오규 소라이荻生徂徠도 그렇고 이 두 사람이 사실은 다른 역할이 아니고 공자의 원래 『논어』로 돌아간 것입니다. 그럼 그 구체적인 의미가 뭐냐면 충을 회복하는 거예요. 일본에서도 도쿠가와 막부가 권력을 갖고 있었잖아요. 막부는 신하거든. 천왕은 이게 신권 이론이니까 주장하기 좋은 거예요. 이 상태에서 밑에서부터 사상적으로 충으로 돌아가자고 하는 흐름이 생기면서 그게 결국은 메이지 유신으로 이어지는 겁니다. 우리는 그런 일이 없었거든. 우리는 계속 공公은 버리고 살아왔어요. 그러니까 막 당쟁이 일어나고 외척이 설치고 임금의 존재는 아무것도 아닌 것으로 돼버린 거 아닙니까. 그래서 일본은 우리가 어느 수준에 와 있는지를 살피는데 굉장히 좋은 창구가 되는 것이죠. 그러다 보니 일본을 통해 우리 자화상이 드러나는데 추한 자화상이니깐 보려고 하지 않는 것이고요.

선 —— 지금까지 두 분 선생님 말씀 잘 들었습니다. 잠깐 쉬었다가 3부에서는 우리 시대의 화두죠. 우리 시대 지식인의 위상과 역할에 대해서 얘기 나눠 보겠습니다.

3. 우리 시대 지식인의 위상과 역할

선 ── 오늘날 지식인의 대명사는 '네이버 지식인(iN)'인 거 같습니다. 대중지성, 집단지성이라는 말도 자주 들립니다. 우리 사회 지식인의 위상이 예전만 못하다는 것은 누구도 부정하지 못하는 현실입니다. 한국 사회에서 지식인의 위상이 어떻게 변해 왔는지, 그러한 변화의 요인들이 무엇이었는지 말씀 나눴으면 합니다.

임 ── 저는 개인적으로 현대사회 특히 21세기 들어 가장 큰 특징은 '정보화로 인한 미디어 변화'라고 생각합니다. 실질적으로 과거와 달라진 대부분의 혼란상은 정보화에 따른 파급 효과 내지는 부산물이지 않을까 싶습니다. 정보화로 인해 과거의 지적 엘리트의 담론 주도권이 무너졌다는 게 최근 가장 큰 특징인 것 같아요.

과거에는 자기 목소리를 사회적으로 널리 퍼뜨리려면 출판이나 기고 등 공적 지면을 활용해야 했습니다. 대형 언론이라든가 출판사 혹은 대학이라는 공적 내지는 사적 기관을 통해서 가능했던 거죠. 그런 유통 채널, 전파 채널들이 지금은 유튜브, SNS 등으로 대체되면서 무한히 넓어지고 접근도 쉬워졌습니다. 전문가 집단 사이의 스크리닝screening, 게이트키핑gate keeping 등이 아니라 대중에게 직접 만족감을 줄 수 있는 내용들이 즉각 유통되고, 인기를 얻으면 막대한 보상이 주어지는 시스템으로 바뀐 겁니다.

이런 것들을 좋다, 나쁘다 평가하기 이전에 현대사회의 기술적 혁신, 미디어의 변화로 만들어진 자연스러운 흐름이라는 생각이 듭니다. 특히 한국 대중문화는 이러한 변화로 큰 혜택을 보았고 세계 시장을 주도하는 상황입니다. 반지성주의 등장과 같이 좋지 않은 부산물이 나오기는 했지만, 이러한 변화를 되돌리는 건 이제 불가능하다는 게 지식인의 사회적 역할, 위상과 관련해 전제해야 할 이야기인 것 같습니다.

이 —— 매우 중요한 지적입니다. 같은 얘기지만 좀 달리 말하면, 저는 예전에 번역한 책의 역자 후기에서 "나는 20세기 사람으로 살다 갈 거다"라고 선언한 적이 있어요. 21세기의 변화를 제가 주도할 것도 아니니 그 대신 20세기를 잘 돌아보고 특히 한국 사람들의 20세기를 건강하게 정리해서 21세기를 살아갈 사람들한테 넘겨주는 게 제 역할이라고 생각합니다.

20세기는 분명 사상의 시대였어요. 20세기 초, 1920년대에 희한하게 하이데거도 나오고 루카치도 나오고 비트겐슈타인도 나왔어요. 물론 마르크스도 있지만 대체로 서구 사상계는 좌우를 막론하고 이 세 사람의 영향하에 진행이 되었습니다. 21세기에는 누가 이런 역할을 할까? 이런 궁금증을 갖고 쭉 지켜봤었는데 어느 순간 '아, 더 이상 철학계에서는 안 나오겠구나.'라는 생각이 들더라고요. 이 세 사람만큼이나 21세기에 영향을 준 사람은 제가 볼 때는 스티브 잡스예요. 이 사람이 만들어놓은 환경을 잘 이해하는 사람이 21세기 삶을 주도하는 역사의 주인공이 되지 않을까 싶습니다.

전통적인 지식인은 이제 어렵겠지만 그럼에도 '지식'이란 문제는 남는데요. 지금은 훨씬 공개적인 경쟁 체제잖아요. 다 열려 있어서 누구나 그걸 잘만 활용하면 고급 지식에 깊이 있게 바로 들어갈 수도 있습니다. 문제는 활용입니다. 이제는 지식 소비자의 패턴에 달려 있지, 예전처럼 지식 생산자가 주도하는 그런 시대는 지나지 않았나 싶습니다.

뉴미디어 시대 지식인의 출현

선 —— 두 분 말씀처럼 지식인이 놓여 있는 환경 변화에 따라 그들의 위상이 예전 같지 않은 것 같습니다. 한편으론 한국 사회 지식인들의 한 단면을 보여주는 것이 조국 사태를 비롯한 정권의 잘못을 진영 논리에 따라서 두둔하는 자칫 '어용 지식인'들입니다. '대한민국 586'의 현재 모습과 연장선상에서 그들이 위치해 있는 듯합니다. 임명묵 선생님이 쓰신 책에도 한 장을 이들 세대에 대한 분석에 할애하셨는데요. 이를 어떻게 봐야 하고 왜 이런 양상을 보인다고 생각하십니까?

임 —— 제 책의 한 장이라면 아마 386세대에 대한 장인 것 같은데요. 비서구 사회의 1960년대생 그중에서도 대한민국 사회의 60년대생들로 범위를 좁힐 수 있겠는데요. 50년대 후반부터 70년대 초반까지 한국 사회가 수많은 격변을 워낙 빨리 겪었는데 특히 60년대생은 '과도기'적인 면이 많았던 것 같습니다. 그들은 전통사회와 다를 바 없는 사회적 문화적 환경에서 태어나 성장해서, 한국 사회가 급속한 도시화와 경제 성장을 이룰 때 청년기를 맞이했고, 그 이후로는 정보 사회의 최전선 국가에서 장년의 나이에 접어든 세대입니다. IMF 이후에 20여 년 동안의 행태는 그런 변화상들에 사실은 적응하지 못해서 생긴 일이 아니었을까 싶습니다.

제 책에서 하고 싶었던 말은 80년대 형성된 특히 좌파적 경향 지식인들의 사상적 계통이라는 것이 유럽 사회주의나 모스크바의 공식 이념과는 또 다른 비서구 사회 혹은 제3세계적인 어떤 변종이었다는 것입니다. 그런 차원에서 자신들의 전통 사상, 농촌적인 지향성을 두고 만들어진 감수성이 근대사회의 변화에 적응하지 못해 분열적인 태도로 나타났던 것들이 80년대에 형성된 정치적 경향이었던 것 같습니다.

그런 혼란스러운 고도성장을 겪은 비서구 사회라는 한국 사회의 면모가 80년대나 90년대까지는 어느 정도 제한적이나마 유효성이 있었을지 몰라도 한국 사회가 세계 10대 경제 대국으로 서방 세계의 중요한 일원이자 자유주의 국제질서의 행위자, 수혜자, 참여자라는 것이 명명백백한 상황에서 과거의 지적 경향성과 정치적 지향점 그리고 이를 지적으로 정당화하고자 하는 진영적 태도 같은 것들이 심각한 문제로 비화한 게 최근 몇 년간 일어났던 일이었던 것 같습니다.

이 —— 예전에 제가 칼럼에 쓴 적도 있는데 사실 노무현 시대 때 기대했던 것은 서구에서 일어났던 68혁명, 정치 혁명보다 그런 문화 혁명이 한 번 있었으면 하는 바람이었어요. 독일 같은 경우만 봐도 우리는 서양 사람하면 옛날부터 근대인으로 생각하는데 그렇지 않고 다 똑같다고요. 서구도 여성들 참정권 가진 지 얼마 안 됐고 우리랑 어떤 면에서는 별반 다르지 않았습니다. 문제는 근대화 과정에서 68혁명 같은 문화 혁명이 있었냐 없었냐가 중요한 거 같아요. 예를 들면 독일에도 60년대까지 존칭이 있었답니다. 근데 68혁명 때 학교에서 존칭이 사라진 거예요. 그러면서 말 그대로 학생과 선생이 동일한 인격체로서 대등하게 되고 여성 문제도 많이 바로 잡히고. 지금 우리가 몸살을 앓고 있는 그런 문제들이 그때 많이 해결된 거죠.

제가 볼 때 노무현 정부 때 그런 것을 상당히 온건하게 그러나 잘 혁신해야 했는데 못 했어요. 우리가 지금 경제적으로는 많이 전진하고 있지만 사회 문화적으로 정체된 게 그때부터 이미 시작이 됐다고 봅니다. 주로 조선시대 양반들이나 쓰던 언어를 지금도 일부 좌파들이 쓰고 있잖아요. "너 따위가". 어떻게 사석에서도 쓰기 어려운 말을 공적 자리에서 쓸 수가 있습니까? 그러니까 이 사람들에게 '선민의식'이 잠재되어 있는 거예요. 선민의식을 가진 자가 어떻게 좌파예요.

그리고 지금까지 오면서 좌파가 병이 든 게 우파가 잘못한 게 있으면 그거를 깨뜨리고 "우리는 안 한다." 이렇게 함으로써 자기들 도덕성을 확보하는 게 정상적인 건데 지금 와서 드러난 건 "야 그 좋은 거 나도 한번 해보자" 이런 식으로 막장까지 가버린 것이에요. 아까 말씀드린 것처럼 정작 우리 사회가 문화 혁명 같은 변화를 통해서 서로 품격을 갖추고 상호 존중하는 쪽으로 가지 않고 정반대로 간 거죠. 그러니까 이익 때문에 그렇게 흘러간 거고. 그래서 지금 젊은 세대들이 이런 문제들에 대해서 반발을 하는 것이고요. 우파도 마찬가지예요. 좌우를 떠나 지금 자라나고 있는 이십 대, 삼십 대, 사십 대가 우리 사회에서 바라는 것 하고 실제로 기성세대가 보여주는 행태에 갭이 상당히 심하다는 거죠.

선 —— 그런 두 선생님의 문제의식을 이렇게 사회적으로 드러내는 단어가 제 생각으로는 '법의 지배'냐 '법에 의한 지배냐'는 맥락에서도 볼 수 있을 거 같습니다.

이 —— '법치'라고 하는 건 기본이잖아요. 대통령 후보가 나와서 공정과 법치를 대통령 선거 캠페인 구호로 쓴다는 건 말도 안 되는 겁니다. 그 다음으로 넘어가서 '뭘 하겠다'는 것은 없고…. 이런 게 어떻게 많은 사람의 공감을 얻는 지경까지 이 사회를 후퇴시켜놓았는지.

선 —— 그렇다면 근본적인 질문 하나 던지겠습니다. 여전히 우리 사회에 지식인 집단은 필요한 것인지? 만약 그렇다면 지금 우리 사회에 요구되는 지식인 상은 어떤 모습일지요? 그리고 그들이 자신들의 위상과 역할을 새롭게 자리매김하기 위해서는 어떤 노력을 기울여야 할까요?

이 —— 인간이라는 게 자기 눈으로 보고 있는 것 같지만 사실은 자기 눈으로 보고 있는 게 아니고 과거 머릿속에 집어넣어 놓은 틀을 가지고 보는 거예요. 그러면서 현실과 갭이 자꾸 벌어지는데도 본인이 잘 몰라요. 새로운 매체 환경에서 내가 어떤 것을 선택해서 보고 듣고 또 자기 구성을 하는지 참 중요한 것 같습니다. 과거에는 주로 레거시 미디어 방송이나 신문을 통해 세상을 알았잖아요. 지금은 다들 신문을 잘 안 보는데 계속 세상과 교류하려면 유튜브라든지 다양한 뉴미디어를 통해 뉴스를 계속 읽고 듣는 건 필요한 거 같아요. 그렇게 잘만 구성하면 신문보다 훨씬 고급 정보를 바로바로 얻을 수 있잖아요. 또 요즘 세대들은 영어도 잘 하니까 영어권 매체를 찾아서 보면 국내 언론들이 쓰는 것보다 훨씬 정확하고 깊은 정보들을 얻을 수 있을 테고요.

선 —— 그런 면에서 보면 지금은 임명묵 선생님 같은 세대 또는 조금 윗세대들이 자기 목소리를 많이 낼 수 있는 환경이지 않을까 싶습니다. 젊은 연구자들이 이전 세대 지식인들과 어떤 면이 다르고 그들의 약진을 어떻게 보시는지요?

이 —— 이번에 임 선생님이 쓴 그 책도 그런 거죠. 그렇게 해서 크게 화제를 모을 수 있었던 것 같은데.

선 —— 제 생각에는 이제 30대 초반 지식인들의 의견도 마구마구 나와 줘야 한다고 생각해요.

이 —— 맞아요. 요새 좀 그런 기운이 있는 것 같아요. 지난 20년 동안은 그런 게 없어서 제가 기자 할 때도 젊은 필자를 찾으려고 노력해도 아예 없었어요. 근데 요새 보면 노정태 씨 보니까 내공이 만만치 않고. 우리도 30대 때 활동 다 했거든, 욕도 많이 먹었지만.

선 —— 어떠세요. 임 선생님도 주위에 젊은 연구자들이나 필자들이 많이 보이시지 않으세요.

임 —— 요새 젊은 필자들이 좀 늘어난 것 같고 책도 좀 나오는 것 같습니다.

선 —— 저희 같은 에디터들은 그런 분들 만나면 되게 기분이 좋더라고요. 그런 분들의 연구라든지 관심사는 매우 현실적이에요. 자기 고민도 일상에 맞닿아 있고.

이 —— 확실히 지금 가르치는 교수들 만나보면 우리가 배웠던 교수들하고 다른 것 같아요. 그런 면에서는 확실히 우리 학계가 진전된 건 사실입니다. 외국에서 제대로 공부를 하고 왔기 때문에 자기가 공부한 걸 제대로 전수할 수 있는 환경이 어느 정도 갖춰졌어요. 또 자기들이 안 되면 다른 동료들을 통해서 배우고 힘을 합치고, 이런 것들이 부럽더라고요. 여기 한 마디 덧붙이면 60년대 학번들은 어쨌든 일본어를 기본적으로 잘했잖아요. 일본어 잘하니까 대부분 일본 잡지들을 다 사서 보고 하면서 어느 정도 세계적인 정보를 파악했어요. 당시 대학교수들도 보면 거의 다 일본 책 보고 했죠. 학생이 뭐 물어보면 다음에 오라 해놓고 빨리 일본 책 사서 보고 대답해주고.

70년대 학번은 영어도 못 하면서 일본어도 안 되고. 대체로 외국어에 취약해요. 농담 삼아 내가 예전부터 한 얘기가 있는데 70년대 학번은 대통령 하면 안 된다고. 모든 세대를 통틀어서 가장 무식한 세대거든요. 그리고 성공의 경험이 없거든. 70년대 학번은 맨날 두들겨 맞고 교문 밖에 나오자마자 짓눌리다가 그냥 끝난 사람들이고, 80년대 학번이 유난스러운 건 어쨌든 당대 정권을 무너뜨린 거야 사실상. 그런 성공 경험에서 큰 차이가 있죠.

내 안의 국수주의를 넘어

선 —— 지금 세계는 그 어떤 시대보다 커다란 변화를 겪고 있습니다. 코로나, 기후 위기, 4차 산업혁명, NFTnon-fungible tokens 등등 우리 인류에게 놓인 길이 앞으로 어떻게 될지 감을 잡기 어려울 지경입니다. 이러한 급속한 변화 속에서 한국 사회에서 우리 시대 지식인들이 천착해야 할 주요한 의제들은 어떤 것들이 있을지요?

이 —— 조선 시대를 공부해도 그렇고 지금도 그렇고 우리 고질병 중 하나가 내 안의 국수주의라고 생각해요. 젊은 세대들은 세계적인 환경에서 성장해서 그런지 우리 세대들과는 달리 많이 극복한 거 같아요. 글로벌이라는 게 사실 87년 이후에 막 시작된 거잖아요. 우리 세대는 글로벌이 안 됩니다. 토호들이에요. 우리나라 사람들은 이상하게 내버려 두면 자꾸 내향으로 돌아가요. 그러니까 안에서만 싸우는 거예요. 밖으로 나가면 할 일도 많고 자기 인생을 다양하게 펼칠 기회가 있는데도 전부 안에서 서로 지지고 볶고 이런 거잖아요. 좀 더 도전적으로 바꿔서 내 안의 국수주의를 잘 끄집어내어 건강한 방향으로 가져가야 하는 거죠.

그보다 근본적으로는 우리 사회가 아무리 새로운 환경에 처해있다 해도 사람이 사람으로서 기본이 있는 거 아닙니까. 그 부분은 절대 잊어서는 안 되는 거고 그 부분에서 문제가 생겼을 때는 자기편 가리지 않고 비판해주지 않으면 개선되지 않습니다. 그런 게 저는 오히려 요새 걱정스러워요.

임 —— 제 생각에도 국수주의 혹은 내향성을 버려야 우리 스스로에 대해 훨씬 잘 이해할 수 있다고 생각합니다. 반대로 말하자면 내 안의 국수주의를 버리기 위해서라도 우리가 스스로에 대해 더 깊이 이해해야 하고요. 제가 요즘 역사학자 마르티나 도이힐러 교수의 『조상의 눈 아래에서』라는 책을 읽고 있는데 조선 사회가 어떤 식으로 신유학을 받아들였고 지역에 있는 문중이 어떻게 사회적 헤게모니를 창출해냈는가에 대해 잘 분석하고 있더라고요. 학교에서 배우던 연구랑은 너무 다르지만 설득력 있게 아주 탄탄하게 주장하고 있는데요. 그 책을 읽으면서 느낀 게, 바깥의 눈으로 한국을 이해하는 게 중요하고 그러기 위해서라도 더 기본으로 들어가야 한다는 것이었습니다. 이 책 같은 경우에는 지역지, 지방지, 문중 족보 같은 문서를 가지고 연구를 한 것인데 그런 차원에서 우리가 세계적 시야를 갖추기 위해서라도 한국을 더 잘 이해해야 할 것입니다.

왜냐하면 지금 한국이 대중 문화산업에서 글로벌 붐을 선도하는 국가가 되었는데 이 현상을 한국인들도 설명하려면 먼저 한국이 어떤 사회였고 어떤 문명적 혹은 지적 전통 위에 서 있는 나라인지를 알아야겠죠. 그런 문화적 토양 위에서 지금 한국 문화가 만들어진 것일 테니까요. 이런 문제의식을 갖고 지식인들이 더 활발하게 대중과 소통할 필요가 있다고 봅니다. 고전에 대한 다양한 지적 축적물들 그리고 한국 사회의 지성사 이런 작업을 통해 계속 보충을 해 나가야 할 테고요.

저는 아무래도 전공이 전공이다 보니 아시아 각 지역에 관심이 많습니다. 한국 사회가 특히 대중문화가 산업적으로 세계로 뻗어 나가면서 동남아시아, 중동, 중앙아시아 사회들과도 접촉이 많아지고 있는데요. 이 사회 사람들이 지금 한국에 많이 이주하고 정착을 하고 있고요. 이들과 우리의 관계를 어떻게 규명하고 그 사회들을 어떻게 이해할 것인지는 지금 어느 때보다 중요한 문제가 되었습니다.

아직도 우리가 글로벌한 시각이라고 할 때 독일, 프랑스, 일본, 미국 등에 머물러 있는데 단순히 이런 제국의 중심을 바라보는 것으로는 한계가 있다고 봅니다. 더구나 그런 제국들의 활동 무대는 지금 성장하고 있는 곳, 이제 새롭게 부상하고 있는 곳, 그들의 힘들이 부딪히는 곳 들이잖아요. 이런 차원에서 중국이든 베트남이든 인도든 파키스탄이든 이란이든 더욱더 많은 담론들이 탐구되고 소개되면서, 상호 연결에 대한 감각을 길러 나가는 것이 글로벌 붐을 선도하는 국가로서 우리가 마땅히 갖춰야 할 인프라라고 생각합니다.

선 —— 임명묵 선생님 말씀 들으니까 저도 출판에서 그런 작업을 하고 싶네요. 임 선생님은 앞으로도 공부를 자기 업으로 삼고 선생님만의 길을 가실 거 같습니다. 응원합니다. 지금까지 『우리의 학맥과 학풍』 개정판 출간 기념 대담을 해왔는데요. 긴 시간 함께해 주신 임명묵 선생님께 감사드리고 이한우 선생님에게 앞으로의 학문 또는 고전 연구 계획들을 들으면서 마무리하도록 하겠습니다.

이 —— 최근에 『이한우의 태종 이방원』을 냈는데 책을 쓰면서 알게 되었던 게, 태종이 제일 좋아했던 책이 제가 번역하고 또 자세하게 풀이했던 『논어』 『한서』 『대학연의』더라고요. 깜짝 놀랐어요. 서양에서 자서전 집필하는 방법론 중 하나로 그 사람에게 영향을 줬던 텍스트를 통해서 인물 탐구 작업을 일차적으로 하기도 하거든요.

지금은 한나라 때 유향이 쓴 『설원』이라는 책을 보고 있어요. 예전에 제가 그 책을 여러 차례 봤는데도 그냥 재밌는 이야기 모음 정도로만 생각했어요. 『논어』 내부 구조를 파악하고 나서 제가 『논어』를 새로 발견한 것처럼 유향의 『설원』도 그 구조에 주목해보니 바로 『논어』 해설서더라고요. 아주 최고의 해설서 같아요. 왜 이게 중요하냐면 한나라 초기는 분서갱유 직후이기 때문에 알게 모르게 당시 『논어』와 관련된 이야기들이 매우 구체적으로 전해지고 있던 때에 유향이 그거를 가지고 용례를 보여준 거죠. 추상적인 말들이 많은데 『논어』를 교차시키면 좋겠다 싶어서 아마 상반기 중에는 그 작업이 끝날 것 같아요. 그 작업까지 기반으로 해서 제가 15년 동안 『논어』 공부를 해온 최종 버전을 『이한우의 논어 강의』라는 형태로 좀 쉽게 풀어내는 책을 내고, 내년에는 『논어』가 실제로 어느 정도까지 제왕학 실전 리더십 책인지 보여주는 작업도 빨리 해야 될 거 같습니다.

그리고 장기적으로는 요즘 병행해서 번역 중인 사마천 『사기』도 마무리해야 할 거고요. 그것도 단순 번역이 아니고 역주 작업을 완벽하게 해서 독자들이 정확하게 『사기』를 이해할 수 있도록 해야 하고요. 또 요새 중국에서 자기들 고전 텍스트 원문을 온라인에 계속 올리는 중입니다. 옛날부터 중국에서 유장儒藏사업, 불장佛藏사업, 도장道藏사업 이런 것을 많이 했어요. '장'이라는 것이 저장할, 창고 장藏이지 않습니까. 그중에서 우리한테도 지금 필요하겠다 싶은 텍스트가 있으면 찾아서 번역하고 주석 달아서 꾸준히 책을 내려고 합니다. 이런 일들이 제가 우리 사회를 위해서 해야 할 일이다, 생각하고 있습니다.

선 —— 이한우 선생님은 우리말뿐만 아니라 영어, 독어, 한문 모두 잘하시니 눈에 보이시는 게 모두 번역 작업과 연결되시는 것 같은데 하여튼 대단하십니다. 이한우 선생님은 자신의 첫 책 『우리의 학맥과 학풍』에서 비판하셨던 우리 학계의 한계를 스스로 극복해나가고 계신 것 같습니다.『우리의 학맥과 학풍』개정판 출간 기념 대담 여기서 마치도록 하겠습니다.

머리말

이 책은 우리의 주요 현대 학문들이 해방 이후 어떻게 성장해 왔고, 주요 학자들 중에는 어떤 이들이 있으며, 현재의 실상은 대략 어떠한가에 관한 것이다. 쉽게 말해서 학계에 대한 취재 경험을 바탕으로 분야별 학문 발달 과정을 스케치해 본 것이라고 생각하면 된다. 따라서 연대기식으로 학자들의 연구 활동 연보를 만드는 식의 분야별 연구사를 쓰는 일은 애당초 나의 관심사에 들어 있지 않았다. 그것은 해당 분야 학자들의 몫이다. 그런데 우리 학계에는 역사학 분야를 제외하고는 이런 작업이 전혀 돼 있지 않은 것이 현실이다. 최근 들어 사회학과 교육학 등에서 학문 수용사에 관한 글들이 조금씩 발표되고 있긴 하지만 비판이 생략돼 있고 정실이 개입돼 일반인 입장에서는 아무래도 정확한 판단을 하기가 어려운 점이 있다.

이 책에서 다루게 될 분야는 우리의 정신사 형성에 결정적으로 중요하다고 여겨지는 인문학의 동양철학, 서양철학, 역사학과 사회과학의 사회학, 정치학, 법학 이렇게 여섯 개 분야이다. 그 선택 기준은 다분히 주관적인 것이기 때문에 여기서 제외된 분야라고 해서 정신사 형성에 아무런 기여도 하지 못했다는 것은 결코 아니다. 예를 들면 국문학이나 신학, 심리학, 경제학 등도 정신사 형성에 결정적으로 중요한 분야이기는 하나 여러 가지 여건상 제외할 수밖에 없었다. 그리고 내가 이 책을 쓴 목적은 정색하고 정신사를 쓰자는 것이 아니라 주요 분야를 중심으로 과연 우리 학계의 문제의식은 무엇이고 수준은 어느 정도인지를 대략 가늠해 보는 것이기 때문에 가능한 한 내가 어느 정도 다룰 수 있는 분야에 한정한 것이다.

이 책은 분명 전문 학술서가 아니다. 그렇다고 아무런 원칙도 없이 서술한 것은 아니다. 가능한 한 다루어지는 학자들과 비판적 거리를 유지한다는 것이 나의 첫 번째 원칙이었다. 그래서 관련 학자들의 증언과 해당 학자들의 저술을 두루 참고하려고 노력했다. 이 과정에서 나의 과문으로 중요한 학문 업적을 남겼음에도 불구하고 누락된 학자들이 있을 것이다. 그런 분들은 앞으로도 계속 취재를 통해 보완해 나갈 것을 약속한다.

여기서 나는 누가 무슨 책을 썼고 제자는 누가 있고 하는 식의 무미건조한 서지학이나 족보의 서술방식은 가능한 한 피했다. 일정한 검토를 거쳐 비판해야 할 부분은 과감하게 비판하고 높이 평가해야 할 부분은 그에 걸맞게 높이려고 했다. 여기에 나의 사감은 전혀 개입되지 않았다는 점을 이 자리를 빌려 분명히 밝혀 둔다. 문제가 되는 대목이 있다면 그것은 나의 능력 부족 탓일 것이다.

또 하나는 최대한 학문 내적 계보를 파악하려고 애썼다. 물론 이 작업은 "사상의 계보를 파헤치는 것보다 사람들을 더 격분케 하는 것은 없다"라는 영국 역사학자 액턴 경의 말처럼 쉬운 일이 아니었다. 특히 우리처럼 현대 학문이 초보 단계에 있어 '학맥'이니 '학문적 계보'니 하는 것을 운운한다는 것 자체가 어려운 상황에서는 더욱 그렇다. 아예 독학으로 자기 분야를 일군 학자들도 적지 않다. 그렇지만 분야별로 자세히 들여다보면 때로는 강한 끈이, 때로는 희미한 연관이 없지 않은 것이 우리 학계의 현실이기도 하다. 학문의 누적적 성격을 고려할 때 이런 끈은 너무나도 소중하기 때문에 경우에 따라서는 강조를 목적으로 그 끈을 과장한 경우도 없지 않음을 솔직히 고백해 둔다. 그밖에 내가 취한 입장의 특이성은 이 책을 읽어 나가는 가운데 군데군데서 확인될 것이므로 더 이상 머리말에서 장황한 설명을 늘어놓지 않겠다.

다만 여기서 덧붙이고 싶은 말은 이 책을 쓰게 된 동기이다. 하나는 1992년 말부터 1994년 7월까지 내가 《문화일보》에 「한국의 학맥-학풍-학파」라는 시리즈를 연재했던 경험에서 나온 것이다. 얼핏 볼 때는 우리 학계가 상당한 성과를 거두고 있는 듯하지만, 취재를 위해 여러 학자를 만나면서 느낀 것은 한마디로 '우리 학계가 이 정도밖에 안 되는가'라는 실망감이었다. 여기에는 각종 문제들이 뒤얽혀 있었다. 그중 하나가 우리나라에는 힘들여 학문적 업적을 남겨도 누구 하나 제대로 평가해 주는 매체가 없다는 것이다. 신문은 말할 것도 없고 학회지에서도 그런 기능을 전혀 못 하고 있다. 동시에 학문적 열정은 고사하고 별다른 연구 성과가 없어도 우리 학계는 대충 지낼 수 있게 돼 있다. 뛰어난 학자든 사이비 학자든 회갑이나 정년퇴직 때 '기념논문집' 하나씩 받기는 매한가지다. 옥석을 가리는 일이 시급한 것이다.

또 하나는 조동일(서울대 국문학)의 문제작 『우리 학문의 길』이 나에게 준 충격과 아쉬움이다. 충격이란 국문학을 중심으로 한 우리 인문학의 보잘것없음에 대한 애정 어린 고발에서 온 것이었고, 아쉬움이란 그의 주장이 국문학에만 한정되었기 때문이다. 그래서 그의 주장을 보완한다는 마음으로 여타의 인문·사회과학 분야에까지 범위를 넓혀 학계의 실상을 밝혀야겠다는 생각을 하게 된 것이다.

이 책의 분야별 구성은 대략 다음과 같다. 각 장마다 1절에서는 해당 학문의 전사前史를 간략하게 요약, 정리했다. 그 시간적 기준은 해방 이전까지이다. 그다음 절부터는 때로는 해당 인물과 그의 학문을, 때로는 그를 둘러싼 사건을, 때로는 학회나 연구소를 다각도로 조명해 보았다. 마지막 절에서는 신세대 학자군과 그들의 학문 경향을 짚어 봄으로써 앞으로 그 학문이 나아갈 방향을 점검해 보려고 했다.

이 책을 쓰는 데 결정적인 참고가 됐던 자료는 지금은 폐간된 《대한일보》에 「한국의 학보」라는 이름으로 장기 연재됐던 시리즈물과 1980년 초에 해당 분야 교수 여섯 명이 공동 집필한 『한국의 학파와 학풍』이었다. 그러나 「한국의 학보」는 평가가 전혀 배제된 채 저서와 논문 나열에 그치고 있어 제대로 학문의 크기를 알기가 어려웠고, 『한국의 학파와 학풍』은 현역 교수들이 직접 쓴 것이어서 문제가 되는 저자나 책에 대한 직접적인 비판보다는 원론적인 문제 제기 수준에 그치고 있어 학계의 실체를 드러내는 데는 한계가 있었다. 그래서 직접적인 취재와 주요 저서를 읽음으로써 그 부족한 점을 보완하려고 했다. 그리고 1994년 12월 1일 자로 《문화일보》에서 《조선일보》로 옮긴 이후에 쓴 학계 관련 기사들 중에서 맥락이 적합하다고 생각되면 추가했다. 그밖에 많은 학자들과의 인터뷰와 각종 저서들이 크게 도움을 주었다.

그리고 나에게 학문하는 방법을 일깨워 주신 한국외국어대 이기상 교수님께 특히 감사드린다. 또 일일이 이름을 밝히지 못한 많은 분들의 도움이 있었기에 이 작업이 어설프게나마 이렇게라도 형태를 갖추게 되었다는 점을 다시 한번 밝힌다.

끝으로 나는 이 책이 우리 학계를 비추는 거울이 되기를 진심으로 바란다. 그래서 학자들에게는 추하면 추한 대로 아름다우면 아름다운 대로 비친 자기 모습을 돌아보는 계기가 돼 건전하고 활력 있는 학풍이 우리 대학에 살아나기를 기대한다. 그리고 묵묵히 학문 연구에 힘써 온 많은 훌륭한 학자들에게 조금이라도 힘이 된다면 더 바랄 것이 없겠다.

우리 삼형제를 위해 당신들의 삶을 희생하신 부모님께 작은 보답의 의미로 이 책을 바친다.

1995년 5월
이한우

서론

한국 현대 지성사의

복원을 위하여

1. 전통의 복원

광복 50주년. 우리는 거대한 전환을 하지 않으면 안 되는 시점에 섰다. 인식과 발상의 전환, 제도와 의식의 전환, 생활의 전환 등 모든 면에서 전환을 하지 않으면 안 된다. 그런데 우리 사회가 하는 이야기는 여기서 끝난다. '해야 한다' 이외에 '어떻게 해야 할 것인가'에 관한 논의는 생략돼 있다. 왜 그런가. 그것은 과거 50년이 어떠했던지를 모르기 때문이다. 지난 50년이라는 시기의 특성을 정확히 파악하고 뭐가 잘됐고 뭐가 잘못됐는지를 가려 우선 정리를 해야 앞으로 어떻게 가야 할 것인지도 정해질 것이 아닌가. 그런데 그것이 힘들고 어렵다는 이유로 우리 학계는 그동안 이를 기피해 온 것이 사실이다. 이제 그런 작업을 해야 하며 그 첫 번째 과제를 나는 전통의 복원이라고 생각한다.

한 예를 들어 보자. 1993년 4월 개봉한 영화 〈서편제〉의 대성공은 하나의 사건이었다. 보기 드물게 관객을 많이 동원해서가 아니다. 그것의 작품성이 뛰어나서도 아니고 영화로서의 기법이 뛰어나서도 아니다. 또 전통의 중요성을 다시금 일깨웠다는 상투적 이유 때문도 아니다. 내가 그것을 의미 있게, 하나의 사건으로 보는 까닭은 일본의 침략 이후 일본

문화의 강요로 그리고 해방 이후에는 미국 문화의 일방적 유입으로 대중의 곁을 떠났던 판소리라고 하는 우리 문화의 한 단편을 현대라는 시점에 맞게 영화라는 매체를 이용해 '복원'해냈기 때문이다.

복원! 그렇다. 이 복원이야말로 어쩌면 한반도에서 20세기 말을 살고 있는 우리, 특히 문화계에 종사하는 예술인과 지식인 들이 떠맡아야 하는 절체절명의 역사적 과제인지 모른다. 해방 후 지난 반세기 동안 우리는 너무나 많은 것을 외국에서 받아들였고 너무나 많은 우리 문화 자산을 파괴해 버렸기 때문이다. 그러다 보니 외국 문물에 대한 무비판적 추종과 우리 문화에 대한 자기 비하가 일정한 사회 기풍이 되기에까지 이르렀다.

이러한 기풍은 바로잡아야 한다. 그러기 위해서는 지난 반세기 동안 우리의 지적 작업을 고고학적으로 해부해 보아야 한다. 그런 작업을 통해 정말 현재의 시점에서 취사선택할 것이 무엇인지를 정해야 하는 과제가 우리 앞에 놓여 있다. 그래야만 앞으로 나아갈 방향도 잡히고 새로운 성과를 구축할 토대도 생기는 것이다. 복원은 전통 회귀가 아니라 바로 이런 의미에서 이해되어야 한다. 내가 생각하기에 그것은 우리 사회의 기풍을 뿌리에서부터 바꾸는 일과 직결돼 있기도 하다.

그런 점에서 나는 유홍준(영남대 미술사)의 『나의 문화유산 답사기』나 김성칠(전 서울대 교수)의 『역사 앞에서』 그리고 강우방(국립중앙박물관 학예연구실장)의 『미의 순례』, 최완수(간송미술관 연구실장)의 『명찰순례』 등을 읽으면서 전통 문화유산이나 역사를 보는 안목이 얼마나 중요한지를 새삼 깨달았다. 그것이 복원의 원동력이 된다고 믿기 때문이다.

우리는 이제 21세기를 준비하면서, 20세기 문턱을 넘자마자 우리의 의지와 관계없이 '근대화'라는 미명하에 일본화, 미국화를 거치면서 수

천 년간 축적해 온 우리 조상들의 지혜인 전통문화를 아무런 반성이나 재검토도 없이 폐기해 버린 20세기 초반과 중반 세대들이 저지른 역사적 잘못들을 바로잡아야 하는 과제에 직면해 있다. 이 과제에는 문화예술이나 문화유산뿐만 아니라 학술 문화도 포함된다. 예술이나 문화유산은 그나마 시각적으로 노출되기 때문에 문제점을 인식하는 것이 비교적 쉬운 편이지만, 학술은 책에 갇히고 도서관에 갇히고 심지어 학연과 인맥의 볼모가 되어 그 실체에 접근하기가 생각보다 쉽지 않다. 그렇지만 불가능한 것도 아니다. 아무도 그런 작업을 한 적이 없으니 불가능해 보일 뿐 실은 전혀 그렇지 않다. 왜 하지 않았는가? 학자들 서로 간의 안면 때문이다. 스승의 학문을 논하는 것 자체가 불경不敬이 될 만큼 우리 학계는 경화돼 있다. 물론 학자들이 공부를 열심히 하지 않아 내놓을 만한 연구서가 별로 없는 것도 또 한 가지 이유이다.

그래서 이 책에서 나는 우리 지성사를 위한 초석을 마련한다는 차원에서 과욕을 부려 그 일을 하려 한다. 독자들은 네가 뭔데 그 엄청난 일을 하려 하느냐고 의심에 찬 눈길을 보낼지 모른다. 그에 대한 대답으로 다소 겸연쩍은 일이 되겠지만 이 책을 쓰게 된 동기와 나의 지적 배경을 개인적 체험을 중심으로 간략하게나마 비교적 솔직하게 밝힐까 한다.

2. 나의 학문 이력

나는 학부에서 영문학을 공부했다. 그런데 전공인 영문학 과목에서 B 학점 이상을 받아본 기억이 없다. 입학 초기에는 학생운동에 관심을 쏟느라고 학교 공부를 하지 않아 그렇다손 치더라도 3학년 때부터는 공부를 하노라고 해도 성적이 잘 나오지 않았다. 내가 '왜 영문학을 해야 하는가' 라는 의문을 전혀 풀지 못했기 때문에 실은 공부에 별로 흥이 나지도 않았다. 사실 농담 삼아 말하는 대로 '영문'도 모르고 영문과에 진학한 대표적인 경우였다.

그러던 차에 사회학에 대한 독서를 거쳐 독일의 현대 사회철학자 위르겐 하버마스에 관심을 가지면서 주된 관심사가 철학으로 바뀌었다. 그래서 3학년 때부터 서양철학을 본격적으로 공부하기 시작했다. 철학에 대한 오리엔테이션을 위해 거드리의 여섯 권짜리 『그리스철학사』와 코플스톤의 아홉 권짜리 『서양철학사』를 원서로 군데군데 읽었던 기억이 난다. 특히 코플스톤의 『서양철학사』는 친구들과 함께 대여섯 권 정도 읽었는데 이를 통해 나는 본의 아니게 철학 개념에 대한 훈련을 한 셈이 됐다. 지극히 초보적인 수준에서이긴 하지만 말이다. 그러나 이제 와서 보면 소위 '개론'에 입각한 철학 개론을 배우지 않은 것이 결과적으로 얼마나 다행스러운지 모른다. 어느 분야건 '개론'이야말로 해당 분야를 죽이는 각종 개념들의 무의미한 나열에 불과하기 때문이다. 사고를 중시하는 철학의 경우 그 폐해는 더욱 심각하다.

그런 한편으로 하버마스와 프랑크푸르트학파의 이론가들에 대한 독서를 계속하면서 사회학과 철학에 대한 관심을 병행해 나갔던 것이 지금 생각해도 큰 도움을 주고 있다. 왜냐하면 흔히 한국 대학의 철학과에서는 순수한(?) 철학을 위주로 가르치다 보니 하버마스를 철학자로 본다는 것 자체가 이단시되고 있었기 때문이다. 물론 1984년 당시 서울대 철학과에서는 차인석 교수가 하버마스의 이론을 강의하고 있긴 했지만 말이다. 그래서 석사과정을 서울대 철학과로 옮기려 했지만 시험에 떨어져 고려대 철학과로 가게 됐다. 그리고 개별 인문·사회과학과 철학을 연계시켜 공부한다는 것도 한국의 학계에서는 암암리에 금기시되고 있었다. 그러나 나는 학과의 분류보다는 나의 관심사가 더 중요하다고 믿었기 때문에 철학이나 사회학의 관례적인 구분에 구애되지 않고 공부 그 자체에 충실하려고 노력했었다. 그러면서 틈틈이 당시 귀국해서 센세이션을 일으키고 있던 김용옥 교수와 김충렬 교수의 동양철학 강의를 들으며 동양철학에 대한 생소함 정도는 떨쳐 버린 것이 학부 때의 학문적 수확이라면 수확이었다. 그 밖에도 분석철학이니 현상학이니 하는 소개서들을 닥치는 대로 읽었지만 마음에 와서 닿지를 않았다. 개인적으로 '한국의 현실'이라는 것이 중압감을 주었기 때문이었을 것이다.

여기서 나는 한 가지 좋지 못한 일화를 공개하려 한다. 1984년 한참 프랑크푸르트학파를 공부하고 있을 때 민음사에서 『사회인식론』이라는 책이 나왔다. 그중에 당시 성균관대 김모 교수가 쓴 글이 일본의 젊은 학자가 쓴 책 『헤겔과 프랑크푸르트학파』의 한 논문을 짜깁기식으로 베낀 것을 발견했다. 그냥 번역해서 옮긴 것도 아니고 단락을 단위로 아무 원칙도 없이 재구성해놓은 것이었다. 한없는 실망감을 느꼈다. 한국의 원로 교수가 일본의 석사 논문이나 베끼고 있다니. 그 교수가 쓴 책이며 번역한 책들을 열심히 읽고 있던 나로서는 절망감마저 느껴야 했다. 이럴 수가 있는가? 그래서 모 일간지에 제보를 했고 며칠 후 기사가 나는 바람에 그 교수는 자리에서 물러난 것으로 알고 있다. 지금 생각하면 개인적으로 가슴 아픈 일이지만 잘못한 일이라고는 생각지 않는다. 아니 앞으로도 그런 일이 생기면 또 그렇게 할 것이다. 실제로 1993년과 1994년, 2년간 나는 50여 건의 표절 사례를 확인했고, 이 중 정도가 심한 대여섯 건은 《문화일보》에 기사화한 바 있다. 학문에 윤리가 서지 않는데 어디서 윤리를 구할 수 있겠는가?

아무튼, 이렇게 해서, 나는 대학원 철학과에 들어와 본격적인 철학 수업을 시작했다. 그러나 강의를 통해 배울 것이 별로 없었다. 내가 잘나서가 아니었다. 영어로 된 해설서 한 권을 한 학기에 번역하고 끝내거나 독일어 원서를 한 학기 내내 10쪽 정도 공부하고 나면 방학이었다. 아무리 석사과정부터는 공부를 혼자 하는 거라지만 이럴 수가 있는가 싶었다. 대학 때는 공부는 대학원부터 하는 것이라면서 부실하게 수업하고, 대학원도 이러니 한심하기 그지없었다. 그것도 자타가 공인하는 한국에서 몇 손가락 안에 드는 일류 대학을 자칭하는 곳에서.

결국, 혼자 공부해야 했다. 엄청난 시행착오를 겪었다. 하버마스를 제대로 이해하려면 헤겔도 알아야 하고 마르크스도 알아야 하고 막스 베버도 알아야 한다. 그러나 막막했다. 그러던 차에 친구들과 함께 우연히 독일 철학자 가다머의 『진리와 방법』을 원서로 강독하게 되었다. 앞부분을 읽다 말았지만 상당히 큰 도움을 받았다. 하버마스의 기본 발상은 가다머에게 있다는 감을 잡은 것이다. 한참 후에 하버마스와 가다머가 서로 논쟁을 벌였다는 것도 독일 논문들에서 확인하게 됐다. 가다머는 하이데거의 제자이다. 그것도 수제자 중의 수제자이다. 가다머를 계속 읽어 나가는 한편 하이데거를 공부하기로 결심했다.

학부에서 대학원 준비를 하면서 『하이데거의 철학사상』을 비롯한 국내 학자들의 저서와 번역서 혹은 논문들을 읽은 적이 있다. 그들은 한결같이 하이데거에 관한 여타의 개론서에 나오는 것처럼 '하이데거는 실존주의자'라는 데 초점을 맞추고 있었다. 그런데 하이데거의 『존재와 시간』을 직접 읽어가다 보니 아무리 봐도 하이데거를 실존주의자라고 하는 것은 천박한 견해라는 생각이 들었다. 『존재와 시간』 앞부분을 약간만 읽어 본 사람이라면 혹시 그런 견해를 가지는지 모른다. 그러나 절반만 제대로 읽고 나도, 하이데거는 실존주의자라고 부르는 것이 얼마나 하이데거 자신의 철학과 거리가 먼 것인지를 알 수 있다.

일본강점기부터 우리나라에 하이데거 철학이 소개되어 반세기 넘게 공부를 해왔을 텐데 '이 정도밖에 안 되는가'라는 짙은 회의감이 들었다. 동시에 나는 철학자의 원전原典을 직접 읽는 것이 얼마나 중요한지를 깨달았다. '소문'과도 같은 주석서나 해설서는 역시 믿을 바가 못 되며, 그런 해설서 몇 권 읽고 하는 교수들의 강의는 더더욱 믿을 바가 못 된다는 사실을 뼈저리게 느꼈다. 지금 와서 보면 『하이데거의 철학사상』은 뒤에 실린 번역 논문 몇 편과 한두 편의 글을 제외하면 한국 철학자들이 하이데거를 얼마나 엉뚱하게 이해하고 있었던가를 한눈에 보여주는 '오류의 박물관' 같은 책이었다.

하여튼 이때부터 나에게는 학자들을 보는 태도에서 근본적인 전환이 생겨났다. 신문에 나고 책을 내고 한다고 해서 맹목적으로 그들의 권위를 인정해서는 안 된다는 것이다. 그가 글이나 책을 통해 '말하고자 하는 바'가 무엇인지를 최우선으로 검토한 다음 판단을 내려야 한다는 사실이다. 실제로 우리 주변을 보자. 신문에 칼럼 좀 쓰고 대충 잡글 모아서 저서라고 발표하고 출판기념회하고 어쩌고 하면 아무것도 모르는 사람들은 그가 마치 학계를 대표하는 인물이나 되는 듯이 착각할 수밖에 없다. 그리고 이런 사람들은 얼마 후면 정치권 언저리를 얼쩡거리고 다닌다. 그래서 나는 오히려 신문이나 방송에 자주 나오는 사람에 관해 기사를 쓰게 되는 경우에는 신뢰감이 생기는 것이 아니라 의심부터 하게 됐다. 이것은 지금도 내가 견지하고 있는 근본적인 태도이다.

본론으로 돌아가자면 결국 이렇게 해서 나는 해석학의 전망에서 하이데거에 접근할 때 전반적인 이해가 가능하다는 자각을 갖게 됐고 석사 논문도 아주 초보적인 수준에서나마 이 문제를 썼다. 이때도 말이 많았다. 교수들은 "네가 뭔데 기존의 견해를 충실히 정리해서 낼 것이지 이런 낯선 주장을 하느냐"라고 타박했다. 그렇다. 그들에게 학문한다는 것은 기존의 견해나 주장을 '정리'하는 것이었다. 그러다 보니 얼토당토않은 이론이나 주장이 나와도 비판보다는 정리하는 데 주력했던 것이다. 학교를 옮기기로 결심했다.

그렇게 해서 한국외국어대 이기상 교수의 제자가 되었다. 그는 독일에서 10년 이상 공부를 했으며 국내에서는 최초로 하이데거에 관한 논문으로 박사학위를 받았기 때문에 그 학문에 신뢰가 갔다. 단순히 외국에서 공부했다는 이유가 아니었다. 10년 이상 매진했다면 독일의 학문하는 태도를 비교적 제대로 체득했을 것이며, 또한 외국 나가서 한국 사상가를 연구하는 희한한 공부가 아니라 정통으로 독일에서 독일 철학자를 공부해 학위를 받았다면 충분히 배울 만하다는 믿음이 들었기 때문이다. 게다가 하이데거는 칸트나 헤겔과 함께 독일 사람도 어렵다 해서 학위를 잘 주지 않는다고 하지 않는가. 학교를 바꾼 것은 지금 생각해도 잘한 것이었다. 내가 누군가의 '제자'라는 것을 처음 느껴 보았다. 그전까지는 그냥 학생이었지 제자라는 생각을 해 본 적이 없었기 때문이다. 그게 1988년이니 벌써 그와의 만남도 6년을 넘겼다. 그동안 참 많은 것을 배웠다. 내가 이나마 책을 쓸 수 있는 배경은 대부분 그로부터 배운 바에 힘입은 바 크다.

그렇다고 여기서 논급될 학자들에 대한 견해를 배운 것은 아니다. 그것은 전적으로 나의 견해이다. 다만 학문을 한다는 것이 어떤 것인지를 직접 접하면서 배울 수 있었다는 점이 가장 큰 소득이었다. 소위 '학문적 체험'이라는 것을 나름대로 했다고나 할까. 이는 굳이 하이데거를 공부할 때뿐만 아니라 다른 분야에도 얼마든지 적용될 수 있다고 생각한다.

그 후 나는 공부 시간 대부분을 하이데거를 이해하는데 쏟았다. 아직도 진행 중이다. 처음에는 앞서 말한 것처럼 해석학에 관심이 많아서 책도 몇 권 번역했다. 그러나 공부가 진행될수록 해석학은 하이데거가 철학하는 방법이지 그의 철학의 정수는 아니라는 생각이 들었다. 그래서 요즘은 기술 문제에 관한 그의 사색을 이해하는 데 가장 큰 관심을 쏟고 있다. 내가 겪은 학문 이력의 골자는 대체로 이렇다.

그밖에 내가 이런 성격의 책을 써야겠다고 결심한 데는 두 가지 추가적인 이유가 있다. 하나는 해석학을 하다 보면 부수적으로 현상학이나 구조주의 그리고 기타 방법론이나 학문 체계들에 관해 공부하지 않을 수 없다. 예를 들어 해석학의 창시자인 딜타이를 제대로 이해하기 위해서는 자연과학과 역사학, 자연과학과 문화과학 등 학문 이론을 연구한 19세기 말의 신칸트주의 철학자들에 대한 이해를 갖추지 않으면 안된다. 이 과정에서 현상학의 핵심 문제를 점검하는 것은 필수적이다. 동시에 현대 해석학의 문제를 다루는 과정에서 구조주의는 피할 수 없는 분야이다. 데리다의 해체주의도 예외는 아니다. 깊이 면에서는 그 분야 전공자를 당할 수 없지만, 비교론적 시각에서 섣부른 오류를 저지르지 않을 만큼은 공부했다고 자부한다. 서양의 경우 이런 사상들을 제대로 이해하지 않고서 개별 인문학이나 사회과학을 공부한다는 것은 사상누각이다. 외국, 특히 미국의 내로라하는 대학에서 공부한 국내 사회과학자들이 2~3년만 지나면 더 이상 연구 성과를 내놓을 수 없는 까닭도 바로 자신의 학문적 기초인 방법론이나 학문 이론을 폭넓게 공부하지 않았기 때문이다.

세계적으로 톱클래스에 들어가는 학자의 경우 대부분 그들의 독창성이 방법적인 측면에서 드러난다는 것은 학설사 연구의 기본에 속하는 사항이다. 어떤 학자의 연구 경향을 이름 붙일 때 현상학, 해석학, 구조주의, 해체주의 등으로 부르게 되는 것도 다 방법적 성격을 최우선으로 고려한 결과다.

어떤 학자의 연구 성과를 총체적으로 살피기 위해서는 먼저 그의 세계관이나 인생관을, 다음은 그의 과학관을, 세 번째로는 구체적인 방법론을, 끝으로 실증적 연구 성과를 순차적으로 그리고 종합적으로 검토해야 한다는 것이 나의 생각이다. 이런 틀에서 보자면 삼류 학자일수록 실증적 연구에서 맴돌고 있고 수준이 올라갈수록 방법론, 과학관, 세계관으로 그 학문적 깊이가 더해진다. 그리고 우리나라의 서양 학문 수입 과정을 자세히 살펴보면 대부분 실증적 연구조차 제대로 못 하고 있다고 할 수 있다. 쉽게 말해서 세계관이나 과학관 그리고 방법론의 문제는 어렵다는 이유로 우리 학계에서 사실상 내팽개쳐져 있다. 특히 개별 인문·사회과학 저작들을 보면 도대체 어떤 방법론에 따라 저술됐다는 얘기조차 없다. 막연히 자신이 쓴 방법론 자체가 보편적인 것인 양 전제하고 있는 것들이 대부분이다.

물론 이렇게 말한다고 해서 국내의 인문·사회과학자들에게 모든 책임이 있다는 것은 아니다. 우리나라의 경우 앞으로 살펴보겠지만 철학에도 문제가 있다. 국내의 많은 철학자는 철학이 어떤 학문인지 그 성격도 정확히 규명하지 못한 채 자신들의 황당무계한 문제나 철학 개론서에나 나옴직한 뻔한 주제들을 테마랍시고 설정해 놓고 반복 답습하는 것을 철학한다고 착각하고 있다. 그러니 인문·사회과학자들이 국내 철학자들이 쓴 책들을 보면 도움 될 리가 없는 것이다.

내가 생각할 때, 철학은 좁게는 과학론이고 넓게는 학문론이다. 과학철학만이 과학론이 아니라 서양의 철학은 대부분 과학의 기초는 무엇인가, 과학을 어떻게 볼 것인가, 과학의 한계는 무엇인가 등 과학을 논의의 중심에 두고 그것을 긍정적으로건 부정적으로건 다루고 있다는 점에서 일관되게 과학론인 것이다. 또한 과학과는 구별되는 독자적인 영역으로서의 철학을 세우려 할 때도 일정한 학문성을 확보하기 위해 애쓰는 것을 볼 수 있다. 즉 과학처럼 실험과 관찰에 기초한 실증적 방법은 아니지만 방법으로서의 변증법, 해석학, 구조주의, 현상학 등이 요구되는 것은 이런 맥락에서다. 철학을 학문론이라고 보는 것은 이 때문이다. 내가 사회학이나 정치학 등 다른 분야의 기본 서적들을 읽고서 이해할 수 있는 것도 따지고 보면 그 분야에 대한 지식을 갖춰서라기보다는 이 같은 방법론 내지 학문 이론을 숙지하고 있기 때문일 것이다.

또 다른 이유는 학술 기자로서 지난 4년간 겪은 각종 경험 때문이다. 내가 대학이나 대학원을 다닐 때 겪은 학문 연구의 부실함이 내가 다닌 대학에만 국한되는 것이 아니라 우리나라에서 최고를 자부하는 서울대도 예외가 아니라는 것을 취재와 각종 체험을 통해 알게 되었다. 이래서는 안 된다는 생각을 하게 됐다. 왜 '매스컴 교수'들이 생겨나는지 그 메커니즘도 낱낱이 알 수 있었다. 많은 교수를 직접 만나 그들의 속사정을 들으면서 평범한 인간으로서 이 땅의 교수들이 벌이고 있는 저급한 해프닝도 확인할 수 있었고, '3평 연구실'을 자신의 우주로 삼아 일관된 연구에만 몰두하는 존경스러운 학자들도 만날 수 있었다. 이들을 모두 동등하게 대하는 지금의 풍토는 잘못된 것이 아닌가?

어디서 불이 나고 사람이 죽고 하는 '화끈한' 사건은 아니지만 나는 이 같은 학계의 현실도 분명히 의미 있는 '사건'이라고 생각한다. 그래서 이를 보도하지 않으면 안 된다는 기자로서의 책임감도 발동했다. 《문화일보》에서 「한국의 학맥-학풍-학파」라는 시리즈를 시작한 것도 이런 동기에서 비롯되었다. 그러나 하루를 단위로 하는 신문이라는 매체는 그 특성상 한계가 있을 수밖에 없었다. 풍부한 논증을 하기 어려웠고 문제를 지적하는 데도 제약이 따랐다. 또 나의 주관적인 견해나 평가를 담는 것이 아무래도 어려웠다. 그래서 책이라는 보다 넓고 자유로운 매체를 택하기로 한 것이다. 이만하면 내가 왜 이 나이에 이런 책을 쓰겠다고 만용을 부리게 됐는지 그 과정에 대해서는 충분한 이해가 되었으리라 생각하고 다시 본론으로 돌아가 보겠다.

3. 지성사 복원의 의미

20세기 한국 지성사의 복원은 이중적 의미를 갖는다. 하나는 앞 세대 학자들이 하지 못한 작업, 즉 뒤늦게나마 전통 문화를 현대문명과 접목하는 것이고, 또 하나는 식민지배와 전쟁이라는 악조건 속에서도 전통 보존에 힘쓴 일부 선각자들의 지적 성과를 정리하는 것이다. 그런데 이는 동전의 양면과 같아서 사실상 20세기 초반과 중반의 주요 지성들이 이룩한 업적을 비판적으로 재구성함으로써 우리는 전통문화와 현대문명의 올바른 결합 방식에 대한 실마리를 얻을 수 있다. 지금까지 전통문화와 현대문명의 결합 방식에 관해서는 중국이나 일본 못지않게 우리나라에서도 백가쟁명식의 난상토론이 있었다. 아니 지금도 격렬하게 진행 중이다. 올바른 방향 정립을 위해 기존의 논의 양상들을 간략히 살펴보자.

먼저 전통문화 치중론을 들 수 있다. 이들은 특히 동양 윤리의 우월성을 내세우며 서구 문명의 야만성을 규탄하고 물질주의를 비판하기도 한다. 중국이나 한국의 철학, 문학, 역사 등을 전공하는 이들 중에 보수적 경향을 가진 사람들은 대부분 여기에 속한다. 한국동양철학회나 공자학회, 한국사상사학회, 율곡사상연구원 등 각종 동양사상 관련 학계와 연구단체의 논문집들이 대부분 윤리에 초점을 맞추거나 '우리에게도 잘 찾아보면 이런 게 있다'라는 식으로 서양 문명에 소극적으로 대응하는 것들이 대부분이다. 좀 다른 형태로는 지금까지는 서구 문명의 시대였지만 21세기는 동양 문명이 지배할 것이라는 가슴 뭉클하지만 별로 근거 없는 주장들도 있다.

이들은 우리에게 학문적으로 수입되거나 기타 다른 경로를 통해 우리 생활 속에 들어온 서구 문명의 단편적인 것들을 중심으로 서구를 이야기하기 때문에 별반 설득력이 없는 데다가 바로 이 때문에 정작 살려야 할 우리 것이 어떤 것인지를 가릴 안목도 없는 경우가 태반이다. 결국 젊은 세대의 공감을 사지 못하고 오히려 전통 일반에 대한 맹목적인 거부감만 불러일으키는 결과를 빚고 있다. 그 대표적인 경우가 최근 한 대학 총장이 제기한 '명심보감 교육론'이다. 명심보감을 가르쳐서 우리 사회의 윤리를 되찾아야 한다는 것인데 과연 그런다고 해서 윤리가 되살아날까. 당연히 그렇지 않다. 중요한 것은 농경사회에서 산업사회로 바뀌면서 생겨난 윤리의 틀이고, 그 새로운 틀의 성격을 정확히 파악해 방향을 찾아내는 것이야말로 우리 사회 윤리 회복의 첩경이다. 그런 점에서 동서양의 폭넓은 인문주의 교양의 확산이야말로 윤리 회복의 참된 길이다. 애당초 명심보감 교육론은 성공할 수 없는 대안인 것이다.

전통문화 치중론의 가장 심각한 문제점은 그나마 전통을 깊이 있게 이해하고 옹호한 이론가가 거의 없었다는 점일 것이다. 그러다 보니 전통

문화 연구자 중에서 마땅히 떠오르는 이름조차 없다. 결국 그 근본에 있어 전통을 파악했던 이가 거의 없었거나 혹시 초야에 있었다 하더라도 전혀 주목을 받지 못했다는 것이다.

이번에는 정반대 방향에서 서구문화 치중론을 살펴보자. 이들은 멀리는 개화파까지 거슬러 올라가며 이광수, 최남선 등에 의해 본격화되고 최근까지도 우리 지성계를 강하게 지배하고 있는 지적 조류이다. 이들의 특징을 보면 서구적 의미의 정치 중심주의와 과학기술에 대한 맹목적 신봉 그리고 전통에 대한 무지의 삼각 구조를 갖고 있다. 여기에는 1940년대 중반과 1980년대 남한 지식인 사회를 휩쓸었던 좌파적 경향도 포함된다.

먼저 정치 중심주의부터 살펴보자. 학문 분과별로 얘기하자면 정치학이나 사회학 그리고 경제학 등이 정치 중심주의의 강한 지배하에 놓여 있었다. 여기서 정치란 이론적 사색을 거친 정치 현상 일반이 아니라 현실 정치이다. 그 결과 이런 분야에서 나오는 글이나 책은 언제나 당대 정치 현실을 고착화한 상태에서 모든 것을 이해하다 보니 곡학아세는 말할 것도 없고 정치세력이 바뀔 때마다 입장과 견해를 바꾸는 일이 비일비재했다. 이런 현상은 비단 정치학뿐만 아니라 사회학, 법학 등에서도 강하게 나타난다. 국내 사회과학계에 '입장'이 성립되지 않는 것도 따지고 보면 여기서 연유하는 것이지 사회과학자들이 개개의 입장을 초월한 보편적 견지를 확보했기 때문은 결코 아닌 것이다. 인문과학과 달리 사회과학 분야에서 10년 이상 두고두고 읽히는 책이 소위 베스트셀러로 불리는 몇몇 개론서나 입문서들을 제외하고는 거의 없는 것도 이처럼 모든 사물을 현실 정치에 대한 찬반이라고 하는 흑백논리에서 파악하는 단견과 안목의 천박성에서 기인한다.

서구의 힘이 과학기술에서 나온다는 것은 재론의 여지가 없다. 그러나 과학기술을 이해하는 서구 지성들의 사색은 여러 가지다. 사실 실증주의니 현상학이니 해석학이니 비판이론이니 하는 현대 서구 사조의 분류 기준 자체가 바로 과학기술을 바라보는 입장에서 비롯된다. 그런데도 이 땅의 몰지각한 지식인들은 과학기술을 이해하는 입장을 대부분 실증주의 혹은 과학주의 하나에서만 취해 실증주의적 과학관을 곧 유일한 과학 개념으로 받아들이는 우를 범했다. 서구인들도 스스로 반성하는 과학기술의 문제를 한국의 소위 사회'과학자'들은 무비판적으로 수용함으로써 과학기술의 한계가 무엇인지를 학문적으로 전혀 검토하지 못했다. 정치학에서 행태주의가, 사회학에서 실증주의가 그리고 경제학에서 계량경제학이 일방적 지배력을 행사하고 있는 한국의 사회과학계는 바로 이 같은 과학기술에 대한 맹목적 신봉이 가져온 불행한 결과이며 반드시 극복되어야 할 대상인 것이다.

또 하나는 전통에 대한 완벽한 무지이다. 현재의 무지를 정당화하기 위해 대부분의 사회과학자들은 우리 전통사상에는 정치학이나 경제학이나 사회학이 없었다고 단정해 버린다. 물론 그런 용어는 없었다. 그러나 그 용어가 지칭하는 내용은 우리에게 얼마든지 있었다. 어쩌다가 전통에 관심을 갖는 경우도 전통 속의 단편적인 개념이나 용어 하나를 끄집어내 서구적인 방법론을 일방적으로 적용해 보는 것이 고작이다. 이런 시도는 안 하니만도 못하다. 왜냐하면 전통적인 것을 다시 한번 구차하게 만드는 것 이외에 아무런 학문적 성과도 얻을 것이 없기 때문이다. 이 문제는 뒤이어 좀 더 상세히 다룰 것이기 때문에 여기서는 이 정도로 해 두겠다.

그런데 이 같은 전통문화와 서구문화의 대립은 사회과학이나 인문과학에만 한정되는 것이 아니다. 1993년 한동안 사회 문제가 됐다가 최근에 다시 재연되기 시작한 한의학과 서양약학의 대립도 바로 이런 선상에서 이해할 때 그 분쟁의 본질을 볼 수 있다. 그런데 한의사나 약사들은 이미 하나의 세계관을 자신도 모르게 선택한 상태인 데다가 생업까지 걸려 있기 때문에 제대로 된 토론을 한다는 것은 애초에 불가능하다. 실제로 이들은 토론을 하지 못하고 육탄전 일보 직전까지 가는 추태를 서슴지 않았다. 나는 이 문제야말로 우리 시대의 철학이 감당해야 할 가장 중대한 문제의 하나라고 생각하는데 이에 대해 발언한 철학자는 아무도 없었다. 굳이 있다면 김용옥(전 고려대 교수) 정도인데 그도 지금은 한의학도이기 때문에 자신의 주장에 힘을 싣기가 아무래도 어렵다.

한의학은 한의사들이 주장하듯 아무리 민족 의학이라 하더라도 그것이 과학성을 결여하고 있는 것은 부인 못 할 사실이다. 우선 이 점을 인정하지 않으면 안 된다. 물론 이때 과학성이란 서양의 과학에만 국한되는 것은 아니고 넓은 의미에서 사용된 것이다. 무슨 말인가 하면 한의사들끼리도 의사소통이 불가능한 영역들이 수없이 존재하고 공통된 방법론조차 확립돼 있지 않은 것이 우리 한의학계의 솔직한 현주소이다. 내가 볼 때는 이 점을 인정한 상태에서 앞으로 이 문제를 여하히 해결해 나가겠다는 전망이 제시될 때 한의학이 제대로 된 의학 이론으로 자리 잡고 일반인들로부터 환영받을 수 있는 것이다. 그렇게 되면 불필요하게 양약 약사들과 분쟁을 벌이는 일 자체가 근본적으로 사라질 게 아닌가.

그런데 약사들의 주장은 더욱 한심하다. 당시 약사회장인가 하는 사람은 한약도 약이니까 약사들이 다루어야 한다고 하고 또 한의학에서 말하는 약은 생약의 일종으로 사실 약이라고 할 수도 없는 것이라고 한다. 얼마나 모순되는 말인가. 소위 조제권을 되찾기 위해서는 한약도 약이라고 그랬다가 한의학을 무시할 때는 한약은 약도 아니라고 주장하는 꼴이다. 그러면서 법률에 나와 있으니까 약사들이 한약을 다루어야 한다고 말한다. 법대로 하자는 것이다. 그러면서도 자신들에게 불리하게 법률이 개정되어서는 안 된다고 휴업도 불사했다.

한약 조제권을 둘러싼 싸움은 어느새 한의사들을 민족주의자로, 약사들을 변호사로 탈바꿈시켰다. 나는 한의사들의 주장에서 전통문화 치중론의 오류를, 약사들의 주장에서 서구문화 치중론의 함정을 발견한다. 사실 한의학은 한의학대로, 서양의학은 서양의학대로 꾸준히 발전해 나가는 가운데 끊임없이 대화를 나눔으로써 서로 간의 발전을 기할 수 있다. 어느 하나가 다른 하나를 전면적으로 부정하는 방식이어서는 곤란하다. 우리만의 독창성은 결국 이런 대화를 통해서 얻어질 것이기 때문이다. 이는 동양 학문과 서양 학문 전체에 해당하는 것이다. 이 점은 최창조(전 서울대 교수)가 서구적인 지리학을 버리고 풍수 연구에 본격적으로 뛰어들면서 생겨난 문제에도 그대로 적용될 수 있다.

다시 인문·사회과학의 사정으로 돌아가 보자. 이처럼 전통문화와 서구문화가 접점을 찾지 못한 가운데에도 동서 문화를 두루 살펴 가면서 자신의 학문 방향을 정립하고 제3의 길을 가려 했던 지식인들이 우리 현대 학문사에 적지 않게 있었다. 그러나 나의 과문인지는 몰라도, 이 중에서 세계 학계에 자랑스럽게 내놓을 만큼 최고 정점에 이르렀다고 할 만한 지성은 아직까지 나오지 않았다. 이번 취재를 통해 절실하게 느낀 것은 한국의 인문·사회과학자는 기본적으로 동서 학문을 비교할 줄 아는 안목을 갖추어야 한다는 것이다. 한 가지 첨언해 두고 싶은 것은 이같은 안목을 갖추는 것은 출발점이지 종착지가 아니라는 사실이다. 간혹 보면 이를 목표로 착각하고 있는 학자들이 있는데 이들은 쉽게 말하면 학문의 기초를 다지다가 탈진해 버린 사람들이지 후학들이 본받을 대상은 아니다.

크게 우리 학문의 스펙트럼을 이상과 같이 전통문화 치중론, 서구문화 치중론, 제3의 길 등 세 가지로 나누어 보았다. 물론 이런 스펙트럼은 설명의 편의를 위해 조작적 개념으로 사용하는 것이지 그것에만 딱히 들어맞는 사태가 실제로 있다는 뜻은 아니다. 특히 제3의 길 속에도 사람마다 다르다고 할 만큼 차별성이 존재한다. 그러나 일단은 이 같은 틀을 사용해 지성사를 정리하는 것이 역사적으로나 논리적으로 설득력을 가질 수 있기 때문에 몇 가지 예상치 못한 우를 범할 각오를 하고 이 용어들을 사용해 보았다.

그런 점에서 이 책은 본격적인 의미의 지성사라고 자부하기에는 턱없이 모자란 작업이다. 그러나 나는 두 가지 뚜렷한 목표 의식하에서 이 책을 썼다. 하나는 우리 학계의 성장 과정을 내적으로 살펴보고 과연 우리에게 지식인 사회라고 할 만한 것이 존재했는지, 했다면 과연 어떤 형태를 갖추고 있었던지를 개략적으로나마 정리해 보는 것이다. 한마디로 우리에게도—그것이 설사 비판에 더 큰 비중을 두더라도—지성사가 있어야 한다는 생각에서였다. 또 하나는 비판과 토론이 사라져 버린 우리 학계나 지성계에 비판과 토론의 계기를 마련하기 위함이었다. 같은 분야의 경우 선후배나 사제관계 등 학연으로 인해 서로 간의 발전적 비판조차 삼가는 전근대적인 대학 풍토에 대해 학계 외부에서라도 자극을 줄 필요가 있다고 생각한 것이다.

끝으로 이 책은 엄격한 의미의 지성사로서는 결격사유가 많을 것이다. 예를 들면 정작 언급돼야 할 인물이 빠졌다든가 한 인물에 대한 평가가 학계의 폭넓은 공인을 받기 어려울 만큼 편협하거나 때로는 과장이 있을 수도 있다. 그러나 이 책은 말 그대로 실마리를 제공하려는 것이다. 혹시 이 책에 언급됨으로 인해 정신적 피해를 볼 사람도 있겠지만 나는 가능한 한 선입견이나 개인적인 친소를 떠나 학자들의 학문적 성과에 입각해 서술하려고 노력했다는 점을 명기해 둔다. 문제가 있다면 그것은 전적으로 내 역량의 한계이지 사감을 갖고 이루어진 것이 결코 아니라는 점을 이해해 주기 바란다.

아무쪼록 이 작업이 생산적인 학문 풍토 형성의 촉매제 역할만이라도 한다면 이 책은 존재 의의를 충분히 가질 수 있을 것이라고 자위해 본다.

1장

전통 학문의 존재 방식

1. 전통 학문의 존재 방식을 물어야 하는 이유

오늘날의 대학을 올바른 의미에서 자리매김하기 위해서는 전통 학문의 존재 방식을 먼저 검토하는 일이 필수적이다. 지금은 대학이 학문의 유일한 거처인 양 생각되고 있지만 사실 따지고 보면 우리 전통 학문 중에서 뛰어난 업적은 성균관 등과 같은 과거의 대학*을 모태로 한 것이 거의 없다.

　　이는 서양도 마찬가지이다. 서양에서는 13~14세기를 전후해서 학문의 담지자 역할이 수도원에서 근대적인 의미의 대학으로 옮아갔지만 위대한 학자나 사상가 중에 대학교수 출신은 손에 꼽을 정도이고, 스피노자를 비롯하여 오늘날 최대의 학문적 추종 세력을 거느리고 있는 19세기의 마르크스, 니체, 프로이트 등도 모두 대학에서 쫓겨난 인물들이었다.

　　여기서 우리는 소위 대학물을 먹었다는 사람들이 가진 한 가지 편견을 바로잡지 않으면 안 된다. 학문을 대학이라는 제도에 속한 사람들

---

*　여기서 용어상의 혼란을 피하고자 일단은 흔히 일반화돼 있는 견해, 즉 성균관을 대학으로 보는 견해를 빌려 사용한다. 그러나 이는 곧 부정될 것이므로 대학이란 용어도 문맥 속에서 이해해주길 바란다.

의 전유물로 생각하는 견해가 그것이다. 물론 분업이 심화된 현대사회에서는 학문 연구를 업으로 삼는 대학교수들이 학문적 성과를 내는 데는 보다 유리하겠지만, 학문은 일정한 학문적 훈련을 거친 사람이라면 대학교수가 아니고서도 얼마든지 할 수 있다. 현실적으로도 수적으로 2만 명이 넘는 한국의 대학교수가 거기에 걸맞은 학문적 성과를 내고 있는지는 미지수다. 물론 이렇게 말한다고 해서 소위 재야 학자를 자처하는 삼류 내지 아마추어 연구자들을 학문하는 사람의 범주에 집어넣자는 말은 아니다. 다만 대학만이 학문을 할 수 있다는 잘못된 생각은 일단 버리자는 말이다.

이런 사정은 전통 학문의 존재 방식을 묻게 되는 순간 보다 선명해진다. 결론부터 말하면 우리가 가진 이 같은 편견은 바로 일본 제국주의가 심어놓은 역사적 잔재이다. 현재와 같은 왜곡된 학문관에서 보자면 우리 전통 학문은 도저히 학문의 범주에 넣을 수가 없다. 나는 바로 이 같은 편견이 전통 학문과 서구식 현대 학문과의 접목을 가로막는 최대의 장애라고 본다. 그래서 이 같은 뿌리 깊은 편견을 그 근본에서부터 뜯어고치기 위해서는 우리 전통 학문이 존재했던 방식을 다시금 생각해 보는 것이 필수적이다. 그것은 현재 한국 대학의 문제점을 이해하고 가능성을 모색하는 데 있어 가장 신뢰할 만한 지평을 제공해 줄 것이다. 그런데도 지금까지 전통 학문의 존재 방식에 대해 진지한 물음을 던진 적이 없었다. 그러다 보니 그것을 전혀 '없었던 일'로 치부하든지 '학문도 아닌 것을 학문으로 간주'하는 잘못을 저질러 온 것이다. 앞서 언급했던 풍수 연구가 최창조의 고민도 바로 이런 선상에 놓여 있다고 할 수 있을 것이다.

전통 학문의 존재 방식을 묻는 또 하나의 근본적 이유를 알기 위해서는 서양에서 교육과 연구를 전담하는 사회제도로서의 대학이 성립하게 된 배경과 그 의미를 간단히 살펴볼 필요가 있다. 굳이 기원을 따지자면 플라톤이 세웠다는 '아카데미아'까지 거슬러 올라가겠지만 오늘날과 같은 제도로서의 대학은 12세기 이탈리아 볼로냐대학과 살레르노대학 그리고 프랑스 파리대학, 영국 옥스퍼드대학과 케임브리지대학 등이다. 이들 대학은 서구에서 근대문명의 번창과 함께 급속도로 증가해 16세기에 이르면 유럽 각국에 80여 개에 이르게 되고 19세기에는 전 세계적으로 보편화되었다.

그러면 그들은 어떤 맥락에서 대학이라는 제도의 필요성을 느끼게 되었고 어떤 편제로 운영했는가. 이 문제는 우리가 전통 학문을 서구의 근대 학문과 접목하는 데 있어서 중대한 시사를 준다는 점에서 보다 상세한 검토가 필요하다.

서양에서 12세기라면 중세 말엽이다. 애당초 대학이 생겼을 때는 주로 법학부, 신학부, 의학부로 구성된 특권적 길드에 가까웠다. 그리고 이 세 분야는 기존 체제 유지에 필수적인 것들이다. 그러다 보니 학문의 자유는 기대하기 어려웠다. 그렇지만 세상일이 언제나 그렇듯이 만들 때의 의도와 만들고 난 이후의 사태 진행은 일치하지 않는 법이다. 자연스러운 사태의 진행은 그 사태를 최초로 빚어낸 자의 의도를 배반하기 마련이다. 대학이라고 해서 예외가 될 수 없었다.

비록 지배계급을 위한 과학(혹은 학문)이기는 하더라도 지배를 합리적으로 영속적인 것으로 만들기 위해서는 현실을 정확하게 파악하지 않을 수 없고 이를 위해서는 현실의 모순을 보지 않을 수 없다. 로마 교회의 보편적 권위를 해체로 이끈 '마르실리오 다 파도바'나 '존 위클리프', 또한 위클리프의 제자로서 이단자로 콘스탄스에서 화형을 받은 '얀 후스'는 각기 파두아, 옥스퍼드, 프라하의 대학교수였다. 루터도 비텐베르크의 대학교수였다.*

사물의 질서는 인간의 질서보다 크고 포괄적이다. 대학은 인간의 질서에 속하지만 학문은 사물의 질서를 탐구하기 때문에 대학과 학문이 갈등을 빚은 것은 어쩌면 당연한 일이었다. 이를 역사적으로 규정하자면 '근대화 기지로서의 대학의 재정립'이라고 할 수 있을 것이다. 여기에 자본주의화가 맞물리면서 대학은 신흥계급, 즉 부르주아의 이익과 이념에 기여하는 제도로 탈바꿈하게 된다. 서양의 대학은 이렇게 해서 자본주의 성장과 궤를 같이하며 급속한 발전을 이루게 된다.

그래서 19세기가 되면 서양에서 대학의 기능이나 역할을 보는 관점은 크게 두 가지로 나뉜다. 하나는 연구기관으로서의 대학이고, 또 하나는 교양인이나 시민 양성기관으로서의 대학이다. 전자는 독일 대학들이 맥을 잇고 있고, 후자는 미국이 대표하며 프랑스나 영국은 양자를 겸하는 형태라고 할 수 있다. 그것은 각 나라마다 처했던 상황이 달랐기 때문이기도 하다.

이 같은 상이한 대학관은 20세기에 와서도 상당한 논란을 빚는다. 예를 들어『유한계급론』의 저자로 유명한 소스타인 베블렌은 1918년에 펴낸 그의 저서『미국의 고등교육』에서 "대학 캠퍼스에서 전문 직업교육을 지속하는 것은 야만 시대의 유물"이라고 주장했다. 또한 시민교육도 대학이 맡아야 할 필수적인 과제는 아니라고 말했다. 연구 중심의 대학론을 개진한 것이다. 반면 스페인의 철학자 오르테가 이 가세트는 정반

* 水田洋, 황호연 옮김,『社會科學的 思考方法』, 문예출판사, 1983, 152~53쪽.

대로 "대학은 연구를 배제하고 교양교육과 전문 직업교육에 관심을 집중해야 한다"라고 역설했다.* 이런 논란 속에 버클리대 총장 출신인 클라크 커 박사는 '멀티버시티Multiversity'란 용어를 최초로 제시한 그의 저서 『대학의 사명』에서 이상의 다양한 활동들이 한 대학의 캠퍼스 안에서 이뤄질 수 있다고 절충안을 내놓기도 했다.

　서구의 대학들은 이처럼 대학의 기능 혹은 고등교육의 철학적 토대에 관한 물음을 둘러싸고 고민을 거듭해 왔다. 그러나 이들은 오랜 변천 과정에도 불구하고 전통 학문의 보존 및 계승 발전을 도외시했던 적은 거의 없다. 전통 학문의 보존 및 계승 발전을 통해 지금의 단계에 이르렀다고 하는 것이 정확한 지적일 것이다. 독일 대학들에서는 지금도 문학, 철학, 신학 등 관련 분야에서는 그리스어나 라틴어를 반드시 해야 한다. 새로운 분야를 개척할 경우에는 그리스어나 라틴어에서 용어를 가져다 쓰기도 한다. 독일의 철학자 후설이 '현상학'이라는 영역을 최초로 창시하면서 노에마, 노에시스, 에포케 등 그리스어를 다시금 사용한 것은 익히 알려진 일이다. 그리고 1828년 나온 이래 19세기 후반까지 미국 고등교육 철학을 지배한 「예일 리포트」는 그리스어, 라틴어, 수학으로 구성된 전통적 교육과정이야말로 그 자체의 직접적 실용성을 떠나 정신훈련과 도덕 함양에 큰 기여를 한다고 천명하고 있다. 이런 전통은 최근까지도 예일대와 프린스턴대에서는 지속되었다. 그러나 하버드대는 찰스 엘리엇 총장이 취임해 '선택과목제'를 도입함으로써 고전 과목을 피해 갈 수 있는 길을 열어 놓았다. 여기서 우리는 어느 것이 옳은 것인지 선택의 문제를 놓고 고민할 이유는 없다.

---

* 　존 브루베이처, 김옥환 옮김, 『대학론』, 범론사, 1992, 25~26쪽.

다만 서구의 대학들이 최근까지도 그리스어와 라틴어를 배웠다는 사실이 중요하다. 그리스어와 라틴어로 된 주요 저작들 대부분이 현대의 영어나 독일어로 번역돼 있는 상황에서도 그들은 학문을 하기 위해서는 고전의 근본정신을 배워야 한다는 자각에서 따로 어학 공부를 했던 것이다. 그들이 전통 학문에 대해 이룩한 연구 성과에 대해서는 여기서 굳이 열거할 필요가 없을 정도로 엄청나게 풍부하다. 물론 각 분야별로 전통 학문을 연구하는 분과들이 마련돼 있는 것도 간과할 수 없다. 그리고 그것은 현대 학문을 하더라도 공통 배경을 이루기 때문에 쉽게 대학의 정신, 시대의 정신으로 연결될 수도 있다. 전통과 현대가 대학을 매개로 자연스럽게 공존할 수 있는 것이다.

이처럼 서구의 대학들은 시대적 요구에 부응하는 한편 전래돼 오던 학문을 대학의 제도 안에 체계적으로 흡수하는 계승적 측면을 갖고 있었다. 이 점이 대단히 중요하다. 즉 '전통적 학문의 제도화'라고 하는 것은 한 사회의 역사적 계승과 미래의 전망을 세우기 위한 토대로서 너무나도 당연한 작업이다. 그런데 우리의 앞 세대는 이것을 허접쓰레기 취급을 하고 일순간에 폐기 처분하는 중대한 과오를 저질렀다. 그나마 서구의 학문도 제대로 수용하지 못했으면서 말이다.

따라서 늦기는 했지만 지금이라도 우리 전통 학문의 존재 방식에 대해 진지하게 물음을 던지는 데서 우리의 학문을 시작해야 하는 것이다.

2. 성균관의 쇠퇴와 서원의 등장

엄격한 의미에서 불교는 종교이기 때문에 학문의 범주에 넣기는 힘들다.

따라서 불교가 지배했던 신라와 고려의 학문을 문제 삼는다는 것은 여기서 특별한 의미가 없다. 우리가 관심을 갖는 것은 인문학으로서의 유학儒學이다. 따라서 종교로서의 유교儒敎에 대해서도 가능한 한 논의에서 제외할 것이다.

일반적으로 국내의 역사 교과서류에 보면 대학의 기원을 372년 고구려에 세워진 태학太學에서 찾는다. 이 계보는 682년 신라에 세워진 국학國學, 992년 고려의 국자감國子監으로 이어지며 이는 1308년 고려 충선왕 1년에 성균관成均館으로 개칭된다. 그 후 조선시대에 들어와 태조 6년에 현재의 성균관대 자리에 건물을 지어 현재까지 이어지고 있는 것이다.

대학을 어떻게 보느냐에 따라 견해차가 있겠지만 나는 이런 식으로 학문과 분리해서 대학의 기원을 찾는 태도는 근본적으로 잘못되었다고 본다. '근본적'이라고 말하는 이유는 이런 식의 견해가 현재의 대학을 이해하는 데서도 오류를 빚고 있기 때문이다. 즉 일제 때부터 잘못된 대학관을 그대로 적용해 과거 우리나라 교육제도를 이해하는 것은 이중적인 오류를 범하는 것이다.

우리의 논의를 계속하기 위해서는 조선시대 교육제도의 종류와 그 성격을 살펴보는 것으로 충분하다. 주지하다시피 조선왕조는 유교에 바탕을 둔 국가이다. 그것도 우리 역사상 처음으로 건국과 함께 의도적인 노력으로 유교라는 이념에 바탕을 두고 세워진 나라이다.

우리나라의 학문은 이 같은 유교를 배경으로 해서 본격적으로 태동하기 시작했다고 보는 것이 옳다. 그 이전에도 원효나 최치원 같은 대학자가 없었던 것은 아니지만 그들을 엄밀한 의미에서는 학문을 했던 사람이라고 볼 수는 없기 때문이다. 학문을 학문으로서 인식하고 활동하게 된 것은 조선 중기에 와서다. 나는 대학의 출발점도 바로 이 같은 의미의 학문 탄생과 연결지어 파악해야 한다고 여긴다. 이 점을 분명히 인식하지 않으면 우리나라 대학의 기원이 고구려의 태학이니 조선의 성균관이니 하는 경박한 견해를 내놓게 된다. 혹시 이런 나의 견해에 대해 반박할 사람이 있을지 모르니 그런 사람들에게는 성균관에 계속 남아 연구한 유명한 학자가 있으면 말해 보라고 묻고 싶다.

유교적 세계관에 바탕을 둔 신진 사대부 계층이 주력이 된 조선왕조는 출범과 함께 자신들의 지도 이념을 체계적으로 심기 위한 교육제도를 마련했다. 그것이 성균관, 사부학당四部學堂, 향교鄕校이다.* 사부학당이나 향교는 오늘날로 치자면 초·중등 과정이었으므로 여기서 더 이상 논할 필요가 없다. 문제는 성균관인데 그곳의 교육 내용에 대해서는 다음 절에서 살펴볼 것이므로 성균관의 부침 현상에 대해서만 그간 학계의 연구 성과를 바탕으로 간략히 정리해 보자.

최완기에 따르면 조선왕조는 유교 이념의 확산을 위해 관학官學을 발전시켰고 사서오경四書五經 위주의 교육을 강조했다. 그러나 15세기 말에 이르면 관학은 점차 쇠퇴하기 시작했다.

조선시대의 교육제도는 세종 때 대략 정비되지만 한편 이미 이때부터 관학 체계에는 이상한 조짐이 보이고 있었다. 성균관에 나아가는 생도가[정원은 원래 200명이었다] 불과 수십 인에 그치고 있는 현실이 지적되고 있는 것이다. 관학의 부진은 세조 때에 이르러 격화되고 있다.**

그 원인을 최완기는 첫째, 성균관을 거치지 않더라도 관직에 이르는

---

* 이성무, 「선초의 성균관연구」, 《역사학보》 35, 36호, 1967년 참조.
** 崔完基, 「朝鮮朝 書院 成立의 諸問題」, 《한국사론》 8집, 1982, 16쪽.

길을 허용했고, 둘째, 과거에 합격하지도 않은 무능한 교관을 임명해 학생들이 선생을 불신했으며, 셋째, 세조가 집권하면서 자신의 즉위를 반대했다는 이유로 집현전을 폐지하고 불교를 신봉했기 때문이라고 풀이한다.

우리의 주요 관심사는 왜 성균관이 쇠퇴했는가가 아니라 '성균관이 쇠퇴했다'는 사실 자체이다. 이 점은 거의 모든 역사학자가 합의하는 바이다. 그렇다면 우리는 안전하게 다음 논의로 넘어갈 수 있다. 즉 관학에서 학문을 기대할 것이 없다면 사학私學에 눈을 돌려야 하는 것이다.

그것이 16세기에 등장한 서원書院이다. 조선 초기에 권력을 장악했던 사대부 계층인 훈구 세력과 달리 지배 조직과 직접적인 관계를 갖지 못하는 비非관료층이 생겨났다. 이들이 학문을 연마하며 때를 기다린 관료 예비군으로서의 사림士林 세력이다. 훈구 세력의 사장詞章 학풍이 실용 중심이라면 사림 세력의 경학經學 학풍은 다분히 이론 지향적이었다.

어떤 결과를 가져왔건 간에 사림 세력의 '이론 지향성'은 우리 역사상 최초로 학문 그 자체가 성립할 수 있는 정신적 토대가 마련됐다는 점에서 대단히 주목할 만한 현상이다. 이들의 이론 지향성에 대해 공허하니 어쩌니 하는 평가는 사학자가 후속 사건을 고려해 내릴 수 있는 것인지는 몰라도 나는 학문의 성립사라는 점에서 그 어떤 사건보다 집중적으로 조명받아야 할 의미 깊은 사건이라고 생각한다.

왜 그런가? 설사 이들이 차후에 현실 참여를 염두에 두고 학문을 연마했다고 하더라도 그 학문을 하는 동안 그들의 태도는 오늘날 대학에서 학문을 하는 것에 가장 근접해 있기 때문이다. 오늘날에도 대학도서관에서 고시 준비나 취업 준비를 하는 사람을 학문한다고는 말하지 않는다. 사물 자체를 탐구하겠다는 자세로 공부하는 사람에 대해서만 학문하는 사람이라고 부르지 않는가? 바로 이런 태도가 광범위하게 확산되기 시작한 것이 바로 이때이며 사림 세력이 바로 그 담당자들이었다.

이들이 학문하던 곳이 서원이다. 오늘날의 사립대학인 셈이다. 물론 수준 낮은 서원은 오늘날의 입시학원 같은 곳도 있었겠지만 분명한 것은 제대로 된 서원은 오늘날 대학에 버금하는 수준이었다는 사실이다. 이런 점에서 나는 "물론 서원이 초등교육의 기능이 전무했다고 보이지는 않는다. 그러나 서원의 교육적 수준은 고등 학문 교육의 토론장이었다"* 는 이범직의 지적에 전적으로 동감한다. 어쨌거나 중요한 것은 학문하는 사회제도로서 서원이란 것이 생겨났다는 점이다.

그러면 서원은 구체적으로 어떤 과정을 거쳐 성립되었는가? 중종 때 풍기 군수로 재직 중이던 주세붕이 고려 말의 학자 안향을 '동방도학東方道學의 조組'로서 기리고 교화를 위해 최초로 중국의 백록동서원을 본떠 백운동서원을 세웠다. 그러나 연구자들에 따르면 백운동서원은 초등교육과 과거 공부에 더 큰 관심을 두었다. 즉 우리가 관심을 갖는 학문 연구기관으로서의 서원은 아니었던 것이다.

고등교육기관으로서 서원의 설립은 퇴계 이황의 몫이었다. 퇴계는 주세붕의 후임으로 48세 때인 명종 3년 풍기 군수로 부임한다. 그리고 이듬해 12월 백운동서원에 대한 국가의 공식 인정을 의미하는 사액賜額을 요청해 허가를 받았다. 이는 각종 역役을 면제받고 경제적 안정을 이뤄 학문에만 전념할 수 있는 제도적 장치를 마련했다는 것을 의미한다. 이 점 또한 오늘날의 대학과도 일맥상통한다. 그 후 정치에서 손을 뗀 퇴계

---

* 李範稷, 「朝鮮前期 書院의 敎育機能」, 《한국사론》 8집(1982), 112쪽.

는 본격적으로 후진 양성에 전념한다. 학문이 비로소 제도화되어 육성되기 시작한 것이다.

> 초기 서원의 정착과 보급에 있어 퇴계의 공功은 지대했다고 볼 수 있으며, 그의 이러한 활동이 후일 그의 문인門人들에 의해 계승됨으로써 서원의 전국적인 보급은 물론 발전도 보게 된 것이며, 학파의 형성도 이를 통해 이루어졌다고 하겠다.*

이제 독자들은 왜 성균관보다는 서원을 대학의 기원, 학문의 출발점으로 삼아야 하는지 이해했을 것이다. 그렇다면 도대체 서원을 중심으로 이루어진 전통 학문의 성격과 내용은 무엇인지를 고찰해보자.

3. 사대부와 관료 양성을 위한 학문

오늘날 학문이라 하면 곧 과학 및 과학에 바탕을 둔 연구를 말하듯이 조선시대에 학문이라 하면 유학 및 그에 바탕을 둔 연구를 말한다. 유학이 때로는 종교로, 때로는 도덕론이나 윤리론으로 변모되긴 했지만 당시에 학문을 담는 그릇으로는 유학이 유일했다는 점에서 일차적으로 유학에 주목할 필요가 있다. 동시에 종교나 윤리론에 그치지 않고 세계나 인간 이해가 포함된 인문학으로서의 유학에 우리의 일차적 관심이 두어져야 할 것이다.

---

* 鄭萬祚,「朝鮮書院의 成立過政」,《한국사론》 8집(1982), 52쪽.

먼저 관학의 대표 격이었던 성균관의 강의 내용부터 알아보자.

학과는 경술經術과 문학文學이 주요 내용으로서 정주학程朱學 위주였다. 세조 4년(1459년)에 고려의 제도를 모방하여 구재九齋를 설치하였는데, 고려 말기의 국학의 사서오경재四書五經齋와 같은 것이었다. 동 9년에 다시 구재의 학규를 정하여 대학大學-논어論語-맹자孟子-중용中庸-시詩-서書-춘추春秋-예기禮記-주역周易을 각각 한 재로 하여 대학에서 주역까지 차례로 승진하게 하였다. 즉 서적 한 권을 마칠 때마다 여러 학관이 회좌會坐하여 그 책 중 세 부분을 강시講試하는데, 반드시 구독口讀이 정숙情熟하고 의리義理가 방통旁通한 후에야 다음 재에 승진하게 되는 것이다. 주역재까지 마친 졸업자는 자子-오午-묘卯-유酉의 식년式年마다 바로 대과大科인 문과文科에 나가 복시覆試하였는데 이것을 통독通讀이라고 한다. 또 매년 봄·가을, 즉 3월 3일과 9월 9일에 의정부議政府, 육조六曹 및 제관諸館의 당상관堂上官들이 글제를 내어 문장을 짓게 하고, 그중에서 가장 우수한 3인을 뽑아 역시 문과 복시에 응시하게 하였는데 이를 제술製述이라고 하였다.*

이처럼 성균관은 철저하게 과거 시험을 대비한 기관이었다. 학문 연구기관이 아니라 오늘날의 연수원과 비슷한 것이었다. 여기서 학문은 나올 수 없다. 같은 윤리학을 공부해도 시험 목적으로 하는 것과 윤리학 자체를 연구하기 위해 하는 것은 전혀 별개의 것이기 때문이다. 따라서 같은 사서오경을 읽었다고 해서 성균관도 학문 연구기관으로 본다면 정말

---

* 李丙燾, 『韓國儒學史』, 아세아문화사, 1987, 131~132쪽.

잘못된 견해라 아니 할 수 없다. 물론 이런 공부가 기초가 돼 자신들의 학문을 펼친 이들이 많지만 그것은 사실상 개인의 노력에 의한 것이라고 보아야 한다.

이런 면에서 볼 때 정반대로 학문 연구의 장으로서 서원의 본질적 기능은 두드러지게 된다. 그러면 서원에서는 어떤 내용을 어떻게 공부했던가?

서원이 생기기 이전 서경덕은 "성현의 말씀은 이미 선유先儒들이 주석을 하였으므로 거듭 말할 바는 없지만 아직 설파하지 못한 부분은 기록하여 전하지 않으면 아니 되겠다"*라고 말한 바 있다. 이는 그 이후의 학자들이 학문하는 태도에도 그대로 적용된다. 주석註釋/exegesis과 해석解釋/interpretation이 이들의 학문하는 일반적 태도였던 것이다.

서구 학문에서 이와 가장 유사한 태도를 찾자면 철학이 아니라 성서주석학Exegetics일 것이다. 즉 '성서'라는 범위를 넘어서지 않듯이 조선의 학자들도 공맹孔孟의 사상적 패러다임을 벗어날 의도는 전혀 없었던 것이다. 그리고 굳이 벗어날 필요도 없었다. 농경사회의 사건들을 해석하는 데 있어 공맹의 패러다임은 별로 부족함이 없었기 때문이다.

공맹의 패러다임이라고 해서 일의적一義的인 것은 아니다. 주석과 해석에 따라 상당히 다른 세계관을 구축할 수도 있었다. 주자학이나 양명학은 이렇게 해서 '해석된' 세계관 중의 하나이다. 서원의 성립 이후 조선의 학자들은 대부분 주자학적 세계관의 범위 내에서 학문 활동을 했지만 때로는 정제두처럼 양명학에도 관심을 기울이고, 조선 말기에 와서는 서학의 영향으로 두 세계관을 넘어 공맹의 패러다임 자체를 직접 문

---

* 위와 같은 책, 178쪽에서 재인용.

제 삼기도 했다. 이 중 서원의 학문은 주로 주자학적 세계관에 기초를 둔 학문 연구였다고 할 수 있다.

그러면 보다 구체적으로 이들이 학문을 한다는 것은 도대체 뭘 어떻게 했다는 것인가? 나는 이 문제를 추적하면서도 현재 우리 학계가 얼마나 잘못된 연구 태도에 젖어 있는가를 확인할 수 있었다. 즉 우리가 조선 시대 학자들의 학문을 연구하기 위해서는 가장 우선해야 할 것이 '그들에게 학문한다는 것은 도대체 어떤 것이었는가' 하는 물음에 대한 나름의 해명일 텐데 그렇게 많은 한국 사상에 관한 책들 중에 이에 관해 유익함을 얻을 수 있는 것을 결국은 찾지 못했다. 창피하게도 이에 관해서는 19세기 말 프랑스 외교관이었던 모리스 쿠랑이라는 사람이 쓴 『조선서지학 서론』에 적절하게 나와 있다는 것을 발견했다.

전통 학문의 존재 방식을 살필 수 있는 몇 가지 의미 있는 구절들을 인용해 보자.

한국인은 (중국인보다) 더 이상주의자여서 여전히 자기 사상의 노예가 되어 있다. 그는 옛 문제와 옛 관습을 엄격히 간직하고 있으며 송과 명 같은 강대한 중국 왕조에 대하여 충성을 지키고 있다. 이러한 모방의 방식에 한국인의 내부의 힘은 고갈되고 있으며……

한국인들의 철학은 권위의 원리에 따르고 있고 복잡한 형식에 사로잡혀 있는 스콜라철학과의 유사성이 없지 않을 것이다.

이리하여 문체는 쪽매붙임 작업이 되고 가장 박람강기博覽强記한 사람, 그런 문장 조각들을 가장 교묘하게 갖다 붙일 줄 아는 사람이 가장 위대한 문인으로 인정된다.

유림이 도덕, 의식, 역사 그리고 병법까지도 연구하는 데 몰두하는 동안 과학은 한국 사회의 다른 계급의 독점물이 되었는데 이 계급은 최근에 형성된, 한층 낮은 계급으로서 높은 관직에는 접근할 수가 없었다.

그렇다고 쿠랑이 한국 문화에 대해 멸시하는 시각을 갖고 있었던 것은 아니다. 이 점은 말미에 나오는 다음과 같은 구절에서 명확히 확인된다.

한국의 역할은 극동 문화에서 막대한 것이었으니 만약에 여기서의 사정이 유럽의 그것과 비슷했더라면 한국의 사상과 발명은 주변의 모든 나라를 뒤흔들어 놓았을 것이다.

결과적으로 서양인의 눈에 비친 구한 말 당시 우리 학문의 존재 방식은 흉내내기 수준이었다고 할 수 있을 것이다. 물론 여기서 실학의 연구 방식은 대부분 제외되어야겠지만.

그러면 현대 동양학자들의 눈에 비친 전통 학문의 성격은 어떠한가? 조선의 학문이 중국에서 온 것임을 감안할 때 먼저 중국에서 전통학문의 성격이 어떠했는지를 알아볼 필요가 있다.

이성규(서울대 동양사)는 논문 「동양의 학문체계와 그 이념」에서 "전통 시대 중국 학문이 사실상 관료, 사대부층의 독점물로서 그들의 사회적 기능과 권위를 제고하는 것이 그 주요 관심사였다"라며 "결국 사대부, 관료를 만드는 학문의 이념적 목표가 성인에 이르는 길, 성인을 배우는 길로 설정된 것은 자연스러운 일"이라고 밝히고 있다.

이처럼 '성인을 배우는 길'로서의 중국의 전통 학문이 갖는 기본 특징과 문제점을 이성규는 다음과 같이 정리하고 있다.

첫째, 도道의 체득을 통한 인격적 완성에 그치지 않고 타인의 교화가 항상 요구되는 수기치인修己治人의 학문을 했다. 그래서 도덕적 자각으로 무장된 지식인에 의한 정치라는 긍정적 전통을 낳기는 했지만 그 자체로서 존재 의미가 충분한 '학문을 위한 학문'이 발전되기 어려운 풍토를 조성한 것은 그 부정적인 결과였다.*

둘째, 창조보다는 성인이 제시한 전범典範의 답습 또는 성인이 편찬한 경전의 해석학이라는 형식을 띨 수밖에 없었는데, 공자가 천명한 '술이부작述而不作'은 바로 이 성격을 단적으로 표현한 것이다. 그 결과 창조적 사고의 폭이 크게 제약되는 문제점이 있었다.

셋째, 송대 신유학은 훈고학의 병폐를 극복하기 위해 생겨났다. 그러나 전문적 기능보다는 일반적 학식을 지나치게 강조함으로써 현실과 동떨어진 공허한 원론만을 논하게 되었다.

이 세 가지 문제점은 중국의 전통 학문뿐만 아니라 조선시대 후기에 들어서면서 더욱 증폭되어 나타났다는 것이 나의 기본 인식이다.

---

* 나는 개인적으로 '학문을 위한 학문', '현실과 독립된 순수학문'이라는 이념에 대해서는 동의하지 않는다. 다만 이 구절은 지나치게 현실에 밀착되지 않고 사태 자체를 탐구하는 학문을 뜻하는 것으로 이해하고 전체적인 문맥에서 받아들이고자 한다.

4. 전통 학문의 현대화 문제

나는 이 책을 쓰기 위해 사학자 이병도의 『한국유학사』를 읽었다. 그런데 그의 책을 보다가 2쪽에 나오는 한 문단 때문에 크게 실망하지 않을 수 없었다. 물론 다른 부분이 필요해서 끝까지 읽기는 했지만 말이다. 그 문단은 이렇다.

이제 『中庸』의 中和를 西洋哲學史의 辨證法의 論理로 설명할 수 있다. 변증법은 獨逸의 헤겔에게서 비롯되었다. 그는 이를 定立, 反定立, 統合의 삼단논리로 설명하였다. 이를 보통 正反合으로 약칭하는데 근래에 이를 다소 변형하여 原(Origin), 分(Division), 合(Union)으로 설명한 某宗敎의 原理辨證法이 있다. 필자는 이를 매우 타당하다고 생각한다.

편의상 설명을 목적으로 이렇게 서술했다고 볼 수도 있다. 그러나 나는 이 구절이야말로 그가 서양 문화를 보는 시각이 본인도 모르는 사이에 단적으로 드러났다고 본다. 그 시각이란 첫째는 서양 문화를 우리의 잣대로 삼는 것이요, 둘째는 서양 문화에 대한 피상적인 이해이다. 무슨 말인가 하면 굳이 우리 사상을 이야기하면서 서양 문화를 준거로 삼는다는 발상 자체가 암암리에 서양 문화의 우위를 전제하는 태도이고, 또 하나는 설사 비교사상사적 관점에서 접근한다 하더라도 고등학교 교과서에나 실림 직한 변증법에 대한 유치한 견해를 동원했다는 것도 납득이 가지 않는다. 그렇다고 『한국유학사』가 중·고등학생을 대상으로 한 교양서도 아닌데 말이다.

이병도는 그래도 사학자니까 낫다. 동양철학자들 중에도 이 같은 두 가지 병폐를 드러내면서도 전혀 부끄러운 줄 모르고 논문을 써 대고 책을 쓰고 하는 일이 얼마든지 있다. 나는 이들에게서 사고 유형의 동질성을 보게 된다. 그 동질성의 근본 특징은 방금 말한 것처럼 서양 우위 사고방식과 서양 문화에 대한 피상적 이해이다. 김용옥이 1980년대 초에 "내가 왜 칸트보다 못한가?" 그리고 1990년대 초에 조동일이 "내가 왜 헤겔처럼 될 수 없단 말인가?"라는 자신만만한 주체 선언을 하기 전까지 거의 대부분 동양학자들은 서양 중심적인 세계관에서 한 걸음도 탈피하지 못하고 있었다. (물론 그렇다고 해서 현시점에서 김용옥이 칸트보다 낫다든가 조동일의 학문적 성과가 헤겔 수준에 이르렀다고 생각지는 않는다.)

그러면 서양학자들의 경우는 어떠한가? 여기서 용어에 관해 한 가지 간단히 설명하고 넘어가야겠다. 서양 학문을 곧 유일한 학문으로 간주하는 전통이 워낙 뿌리 깊다 보니 국내에서 서양 학문을 하는 사람들을 동양학을 하는 사람들과 대비해서 부르는 명칭조차 분명하게 정립돼 있지 않다. 국학과 양학을 나눠서 부르기도 하지만 그리 넓게 사용되는 것은 아니다. 그래서 서양학자라고 하면 서양 학문을 하는 학자여야 하는데 동양학을 공부하건 서양학을 공부하건 서양 사람인 학자라는 뉘앙스가 훨씬 강하게 와 닿는 실정이다. 김용옥이 우리 전통 학문을 '동양학'이라고 부를 때까지는 동양학의 경우도 사정이 비슷했다. 그렇다. 우리는 이처럼 학문한다는 사람들까지도 몰沒역사적이고 몰沒사회적이었던 것이다.

이제 다시 한번 묻자. 서양학자들의 경우는 어떠한가? 예를 들어 1980년대 말부터 최근까지도 서구 지성계는 물론 일부 비서구권 지성계에서도 포스트모더니즘에 대한 논의가 분분하다. 그 바람에 우리나라에도 뭐가 뭔지도 모르고 흥분해서 "현대는 포스트모더니즘의 시대요,

해체의 시대"라고 떠드는 사람들이 얼마 전까지만 해도 많았다. 특히 해외 사조의 전문 수입상들이—좀 심하게 말하면 면허도 없는 밀수꾼들이—다른 어느 분야보다도 많은 문학 비평계에서 이런 경향이 심했다.

포스트모더니즘 수입에 앞장서 온 김욱동(서강대 영문학)이 1992년에 펴낸『포스트모더니즘의 이해』를 한 예로 들어 보자. 500쪽의 방대한 이 책의 서문에서 저자는 집필 동기를 "포스트모더니즘의 개념과 본질을 규명하는 것"이라고 밝히고 있다. 그러면서도 3쪽도 안 되는 분량의 글에 "포스트모더니즘만큼 그 개념과 성격을 규정하기 힘든 전통이나 이론도 찾아보기 쉽지 않다", "분명히 포스트모더니즘은 코끼리처럼 정의를 내리기 힘든 존재임에 틀림없다", "포스트모더니즘의 죽음과 종말을 선언하는 것은 우주의 종말을 선언하는 것처럼 너무 성급한 판단처럼 보인다", "포스트모더니즘은 객관적으로 정의를 내리고 평가하기에도 역사적 퍼스펙티브가 매우 짧다", "포스트모더니즘은 어떤 의미에서는 본질적으로 정의를 내릴 수 없는 개념인지 모른다", "포스트모더니즘은 실존주의처럼 정의되기를 거부하는 것 그 자체가 가장 핵심적인 원칙을 이루고 있기 때문이다."

이와 비슷한 '신비스러운' 얘기를 지금까지 한 만큼 계속한 다음 4쪽에 가서 "포스트모더니즘의 문제를 될 수 있는 한 주관적인 가치 평가를 배제한 채 객관적으로 기술하고자 노력하였다"라고 밝히고 있다. 본문의 내용은 개론서처럼 포스트모더니즘이라는 이름을 달고 있는 각종 문학 경향을 장황하게 나열하는 것으로 돼 있다. 결론의 마지막 장에 가서 '포스트모더니즘의 한국적 수용'을 말하는데 "포스트모더니즘을 거부하는 것은 곧 우리의 삶 전체를 부정하는 것이나 크게 다름없다. 새로운 인식 지평인 포스트모더니즘은 세계와 인간을 파악하고 이해하기 위한 20세기 후반의 독특한 사고 유형이나 사고 방식인 것이다"라며 대미를 장식하고 있다.

좀 속된 말이 될지 모르지만 나는 여기서 한 수입상의 이야기를 듣는다. "저 외국에 가면 정말 신기한 물건이 있는데 그걸 내가 어렵사리 구했으니 하나 사지 않겠느냐"라고. 대학 때부터 지금까지 신물 나게 들어온 말이다. 이 같은 비판에 대해 대부분 수입상들은 이런 식의 반론을 제기한다. "국제화 시대에 외국 이론을 신속하게 받아들이는 것이 무슨 잘못인가?", "국수적이고 폐쇄적인 학문 태도를 버려야 한다", "외국 이론 전공자로서는 당연한 작업이 아닌가?" 등등. 게다가 김욱동을 비롯한 포스트모더니즘 예찬자들은 "지금까지의 외국 이론은 서구 중심적이었던 반면 포스트모더니즘은 제3세계의 가능성을 열어 놓았다"라고 그것의 '신선함'을 강조한다.

이런 문제는 비단 포스트모더니즘에만 국한되는 것이 아니다. 1960년대 행태주의, 1970년대 네오마르크스주의, 1980년대 종속이론, 마르크스주의 등등 수많은 사조가 들어올 때는 다 우리 사회를 구원해 줄 사상인 듯이 요란을 떨다가 몇 년 후면 뭐 하나 제대로 남지 않고 흘러가 버렸다. 학문하는 방향을 근본적으로 전환하지 않는 한 이 같은 한국 학계의 피상주의, 유행주의, 천박성 등은 앞으로도 계속될 것이다. 이 같은 피상성과 천박성은 비단 학문 분야뿐만 아니라 우리의 정치, 경제, 사회, 문화 전 분야에 걸쳐 광범위하고 뿌리 깊게 자리 잡고 있는 실정이다. 따라서 문제의 근본으로 파고들어 핵심을 파악하고 새로운 방향을 모색하는 자세는 학문의 범위를 뛰어넘어 우리 사회 전체로 파급되어야 한다.

어쨌거나 사정이 이렇다 보니 독자적인 방향을 세워 일관된 연구를 해나가는 풍토는 사라지고, 쉽게 뜨거워졌다가 식는 냄비 속성이 우리

학계에 뿌리 깊이 자리 잡게 되었다. '탐구'는 없고 '명강의', '개론', '설파', '대중화' 등만이 판을 치고 있는 것이다. 그래서 딴에 열심히 공부하는 교수나 학생 들도 "지금은 포스트모더니즘이 한물가고 있으니 다음은 어떤 것이 유행할까"라는 주문呪文의 노예가 되고 만다.

이런 맥락에서 조동일(서울대 국문학)이 1993년 펴낸 『우리 학문의 길』은 우리가 고민하는 문제를 해결하는 데 있어 상당히 의미 있는 길을 제시한 책이라고 평가할 수 있다. 우선 그가 주장하는 바의 골자를 정리해 보자.

조동일은 현재 우리나라 교수들의 학문하는 자세는 제조업자가 아니라 유통업자 스타일이라고 지적한다. 그것도 세계를 대상으로 하는 국제 경쟁이 아니라 국내만을 대상으로 삼고 있다는 것이다. 이를 전국체전과 올림픽에 비유해 조동일은 올림픽을 지향한 학문을 해야 한다고 역설한다.

우리 학문이 이렇게 된 까닭에 대해 그는 전통 학문을 계승하지 못하고 외국 이론의 수입상을 자처했기 때문이라고 진단한다. 그래서 그는 우리 것을 주체로 하고 시야를 넓혀 나가는 학문 방법을 제창한다. 이는 학문을 그 내부에서 개혁하는 문제와 직결돼 있다. 사실 나열에 그치는 부류나 검증되지 않은 주의 주장이나 내세우는 기존의 학풍을 일소하고 사실들의 상관관계를 파악해 일정한 원리를 찾아내는 일이야말로 학문 본연의 과제임을 역설한다. 사실 이는 너무나도 당연하다. 그리고 연구자의 탐구에 요구되는 초보적인 자세이기까지 하다. 그럼에도 우리나라 학풍은 이런 것조차 제대로 자리 잡고 있지 못하다는 것이 그의 일관된 논지이다. 그 증거로서 그는 한국문학을 철학과 어우러지게 하면서 동아시아 문학으로 지평을 넓혀 간 자신의 연구 경험을 실례로 들고 있다.

조동일의 주장에 대해 나는 전적으로 동감한다. 또 앞에서 밝힌 바 있듯이 이 책을 쓰게끔 한 동기 중에 그의 『우리 학문의 길』 출간도 포함돼 있다. 특히 우리 스스로를 제3세계로 인식해야 한다는 그의 세계관에는 전적으로 동감한다. 그러할 때만이 이행 과정으로서의 우리의 현대사를 정확하게 파악할 수 있고, 그런 연후라야 과거를 오늘에 되살리는 문제도 허황된 논리에 빠지지 않을 수 있기 때문이다.

사실 우리 자신에 대한 인식이 있고 난 연후에 세계 인식으로 나아가야 한다는 주장은 다산 정약용을 비롯한 여러 실학자들도 강조한 바이다. 다산은 "우리에게는 괴이한 버릇이 있어서 우리의 글이라면 덮어놓고 배척하여 우리 선인들의 문헌은 거들떠보려고도 하지 않으니 이것이 큰 병통이다. …마땅히 우리나라 사람은 삼국사기, 고려사, 국조보감, 여지승람, 징비록, 연려실기술 그 외에 동방 문자를 가지고 그 사실을 채택하여 그 지방의 것을 연구하여 창작에 있어서 쓰게 된 연후에야 이름을 세상에 떨치고 후세에 전할 수 있을 것이다"라고 당시의 학문적 사대주의에 대해 통렬한 비판을 가하고 있다. 그래서 조동일의 주장은 다산의 경고를 다시금 듣는 듯한 느낌을 준다.

이런 맥락에서 서구 이론 수입상들의 병폐를 좀 더 살펴보자. 예를 들어 포스트모더니즘을 주창하는 사람들의 경우 문제점은 그 이즘ism 자체가 아니라 그런 이즘을 우리 사회 전체를 규정하는 전면적 현상으로 보려 한다는 데 있다. 물론 우리 사회에는 전근대적인 면과 근대적인 면이 혼합되어 있는 데다가 일부에서는 상당 부분 그런 요소가 나타나고 있는 것은 사실이다. 그러나 그것이 서양 문화의 선진국에서 나타날 때와 우리처럼 제3세계에서 나타날 때 그 양상은 다를 수밖에 없다. 그런데 새로운 이즘의 주창자들에게는 이런 점이 전혀 고려되지 않는다. 유행이 사라지는 그 순간까지도 "이 이즘이야말로 우리 사회를 새롭게 그리고 명쾌하게 해명해 줄 것"이라고 입에 거품을 물고 강조한다. 그러나 이런 이즘이 유행으로 그치고 곧 사라지게 만드는 것은 근대주의자들의 이론적 반박이 아니라 그렇게도 그들이 포스트모던하다고 역설했던, 바로 우리가 처한 독특한 현실이다. 이 현실은 결코 포스트모더니즘이라는 좁은 틀에 갇힐 수 없는 것이다. 얼마나 역설적인 일인가?

한마디만 더 하자면 포스트모더니즘은 일관되게 서양의 정신사적 전통을 형이상학적 역사로 파악하고 이 형이상학을 벗어나자는 데 초점을 맞추고 있다. 그런데 서양 형이상학을 공부해 보면 알겠지만 도대체가 동양 전통에는 그 같은 형이상학적 사고가 있어 본 적이 없다. 물론 일부 동양철학자들 사이에는 동양철학의 권위를 높이기 위해 '형이상학'이니 '형이하학'이니 하는 용어를 사용하는 경우가 있는데 전혀 그 뜻도 모르고 하는 말장난에 불과하다. 어쭙잖은 비교로 동양철학은 말할 것도 없고 서양철학까지 망쳐 놓는 것이다. 하여간 우리에게는 서구와 같은 형이상학이 없었다는 것은 형이상학의 개념을 제대로 이해한 사람에게는 상식에 속하는 사항이다.

그런 판에 그것을 극복하고 해체하겠다고 나선 포스트모더니즘이 뭐가 그렇게 우리에게 절실하게 필요한가? 이런 비판은 '현재성 없는 동양철학', '박제화된 동양철학'을 되살려보겠다고 목청을 돋우는 사람들에게도 마찬가지로 해당된다. 특히 윤리 문제만 나오면 흥분해서 마치 윤리 문제야말로 자신들의 전유물인 양하면서 "도덕과 윤리를 되찾기 위해서 동양철학을 공부해야 한다"라고 소리 높여 외쳐 댄다.

지금 우리 현실은 어떤가? 개략적으로만 보더라도 전통적 요소보다는 서구적 요소가 훨씬 강하게 지배하는 '짬뽕 문화' 속에 살고 있다. 서구화는 어떤 의미에서건 이제 피할 수 없는 바이다. 그렇다면 '서구화'의 본질적 의미를 정확히 파악하면서, 최대한 우리 전통과 접목하려고 노력하는 것이 우리의 당면한 과제이다. 전자가 주로 서양 학문을 전공하는 한국인들이 맡아야 할 과제이고 후자는 동양 학문을 전공하는 한국인들이 맡아야 할 과제. 이 같은 기본적인 인식도 없는 사람들이 대학 교수랍시고 학문을 논하고 사회를 논하며 학생들을 가르치고 있는 것이 우리네 대학의 우울한 자화상이다.

　서양 학문을 하는 사람은 '보편성'을 내세워 우리 전통은 고사하고 당면한 우리 현실조차 외면한 채 외국의 현실을 준거 삼아 이렇게 저렇게 떠들어 댄다. 마찬가지로 동양 학문을 하는 사람은 '민족성'을 내세워, 버려야 할 것과 지켜야 할 것을 가릴 안목도 없이—이들은 서양 문화의 본질에 대해 사색해본 적이 없기 때문에 애당초 그런 안목이 생기질 않았다—전통적인 것은 무조건 숭배한다. 이들이 하는 말 중에 "서양은 물질문명이 뛰어나지만 동양은 정신문명이 뛰어나다", "요즘에는 서양도 동양 문화에 눈을 돌리지 않는가" 등이 있다. 어떤 기준에서 하는 말인지는 몰라도 나는 동서양의 정신문화에 차이는 있을지언정 어느 것이 다른 것보다 뛰어나다는 것은 말도 안 되는 소리라고 생각한다. 그리고 서양 사람들이 동양 문화에 관심을 갖는 것이 동양 문화가 우월하다는 것의 증거는 될 수 없다. 이는 마치 외국이라고는 전혀 나가 본 적이 없는 곳의 사람들이 자신들을 찾아오는 외국인들을 보면서 우리나라가 훨씬 아름다우니 저렇게 찾아오는 것이 아니냐고 착각하는 것과 같다.

　전통 학문의 현대화! 이 작업은 '현재성을 상실한 동양 학문'과 '현실성을 상실한 서양 학문'의 갭을 메우는 이중적인 의미에서의 해석학적 작업이다. 그런데 그 작업은 이 두 무책임한 경향을 단순히 합친다고 해서 되는 것이 아니다. 오히려 바로 이 같은 태도를 물리치고 '전통 학문의 현대화'라는 전체적인 맥락에서 동양학자건 서양학자건 각자 자기의 역할과 한계를 의식하고 연구를 추진해 나갈 때 완성될 수 있는 성격의 것이다.

2
장

동
양
철
학

1. 동양철학의 전사前史 : 실종된 전통 철학

조선시대에 사단칠정四端七情을 둘러싼 이기理氣 논쟁이 한국철학의 깊이를 더해 주었다고는 하지만 일본에 나라를 빼앗김과 동시에 주자학적 세계관은 곧 망국의 '제1원인'으로 지목됐다. 그 결과 지식인들은 물론 일반인들 사이에서도 주자학적 세계관에 대한 불신이 급속히 퍼져 갔다. 물론 생활 속에서는 뿌리 깊게 유교적인 사고방식이 자리 잡고 있긴 했지만 말이다.

여기서 우리는 '철학과 현실의 관계'에 관한 성찰을 해 볼 필요가 있다. 조선시대의 주자학은 분명 농경사회를 지탱시키는 이데올로기였다. 그런데 식민지화되면서 어쨌거나 우리는 전통사회에서 벗어나 미미한 수준에서나마 근대사회로 접어들었다. 주자학의 효용성은 사실상 끝난 것이다. 그런데 정신이란 것은 일정한 관성이 있어서 현실이 바뀌었다고 즉각 변할 수 있는 것이 아니다. 더욱이 500년을 지배한 사상 체계에서 일순간에 벗어난다는 것은 어쩌면 불가능한 일인지도 모른다.

게다가 식민지적 상황에서는 '탈脫식민지'라는 민족 최대의 과제가 급선무인지라 차분하게 전통적 사고방식으로서의 유학을 어떻게 극복

할 것인지—이것은 두 가지로 나눌 수 있는데 하나는 완전히 폐기하고 서구 사상으로 개종할 것인지 아니면 재해석을 통해 유가적 사고틀을 계속 이어나갈 것인지이다—에 관해 생각해 볼 여유가 없었다. 막연히 일본이 강요하는 반‡봉건적이고 반‡근대적인 생활방식과 사고방식을 수용할 수밖에 없었다. 우리의 고유한 전통사상으로서의 동양철학은 한마디로 실종돼 버린 것이다. 사실 이 같은 실종 상황은 지금까지 계속되고 있다고 해도 과언이 아니다. 그 이유를 조금만 짚어 보자. 국학계의 원로인 이우성(전 성균관대 교수)은 『실학연구입문』의 서설에서 이런 말을 한 적이 있다.

> 어떤 연구자에 있어서는 실학을 단순히 지나간 우리나라의 문화사적 현상으로 다루어 놓고 자기의 역사 상식을 풍부케하는 데 만족하고 있는가 하면 어떤 논자들은 실학을 오늘의 시대와 손쉽게 연결해 오늘의 현실에 대한 안가安價한 해석과 더불어 실학을 그들의 현실적 행동의 이론적 배경으로 이용하려고 한다는 것이다.

이우성은 여기서 실학에 대해서만 이야기하고 있지만 나는 이러한 지적이 동양철학, 나아가 동양학 전반에 해당된다고 생각한다. 즉 동양철학계에는 지금도 이 같은 두 가지 비非학문적인 태도가 만연하고 있다. 하나는 독서하듯이 경전과 그에 대한 주석을 다는 태도이다. 그러다 보니 논문이라고 해서 쓰는 것이 독후감이다. 또 하나는 '현실과 과거의 철학을 연결 짓는다'는 명분하에 보잘것없는 자기주장을 덧붙이는 식의 아마추어적인 연구 자세를 보이는 것이다. 둘 다 진정한 의미에서 학문하는 것과는 관계가 없다. 이것은 전부 과거의 학문 중에서 정말로 취해야 할 것—나는 특정한 내용보다는 철저한 태도에서 더 많은 것을 배울 수 있다고 생각한다—과 버려야 할 것을 뒤바꿔서 배우기 때문이다. 이런 것이 따지고 보면 식민지 때부터 제대로 학문하는 습관이 단절된 데서 오는 것이 아닌가 생각한다.

본론으로 들어가 식민지하에서 동양철학을 배울 수 있는 곳은 경성제국대학 철학과의 '지나철학(중국철학)' 강좌와 불교 계통의 혜화전문학교(동국대의 전신)와 유교 계통의 명륜전문학교(성균관대의 전신)가 고작이었다. 이들은 엄격한 의미에서 동양철학을 가르쳤다기보다는 한학漢學 일반을 가르치는 곳이었다고 보는 것이 정확할 것이다. 다만 경성제대만이 학문으로서의 중국철학을 가르쳤다고 할 수 있는데, 한국인으로는 조용욱(전 동덕여대 총장), 민태식 등이 있었을 뿐이다. 동양철학에 대한 연구란 것이 이처럼 전무하다고 할 정도였기 때문에 해방 이후에도 한동안은 '철학'이라고 하면 서양철학만을 말하는 것이었고 동양철학이라고 하는 것은 미아리 점占집과 동일시되는 웃지 못할 사태가 벌어졌던 것이다. 실제로 한국 정신문화의 결집이라고 하는 『한국민족문화대백과사전』을 봐도 '동양철학'이나 '한국철학'이라는 항목은 아예 없고 '철학'이라는 항목에는 서양철학의 역사와 도입 과정에 대한 이야기로 가득 차 있다. 그런데 그 항목의 집필자는 역설적이게도 한국철학 전공자였다.

2. 주요 대학의 학풍 : 성균관대, 서울대, 연세대, 고려대

'동양철학과'라는 학과가 처음 생겨난 것은 1947년 성균관대가 처음이다. 조선 유학의 본산 성균관의 맥을 잇는다는 것이 성균관대의 설립 이

넘이었기 때문에 어쩌면 당연한 것이다. 당시 서양철학과는 구별되는 우리 선조들의 사유를 담은 학문을 뭐라고 부를 것인가를 둘러싼 논란에서 '유학과'와 '동양철학과'가 경합을 벌였는데 당시 학장이던 심산 김창숙이 동양철학과로 정했다고 한다. 이처럼 동양철학은 출발부터 정체성 Identity 문제를 안고 있었다. 당시의 교과 편성에 대한 유정동(전 성균관대 교수)은 《대한일보》의 시리즈 「한국의 학보」에서 "동양철학과라고 하더라도 공맹철학을 중심으로 하고 불교철학, 인도철학, 노장철학을 안배하는 식"이었다고 서술하고 있다.

당장 시급한 문제는 교수난難이었다. 학문으로서의 동양철학이라는 것이 애당초 없었으니 학과와 학생은 있어도 제대로 강의가 이루어졌을 리가 없다. 경전 강독이 고작이었던 것이다. 그것은 여러모로 불행한 사실이다.

이런 가운데도 졸업생이 나오고 여러 대학에 동양철학과가 생겨났다. '유학의 본산지'인 성균관대의 경우 1967년에는 동양철학과를 유학대학으로 확대해 유학과와 철학과를 신설했다. 당초 논란이 됐던 유학과를 되살리기 위함이었다. 1981년에는 한국철학과와 동양철학과를 신설해 동양철학의 세분화를 이루었다. 1987년에는 유학대학원을 신설, 석사과정으로 유교경전학과와 한국사상학과를 설치해 '유학 전문' 대학의 특성을 발휘하기 위한 제도적 기반을 마련했다. 성균관대의 학풍은 전통적 방법에 충실한 편이다. 한국철학이라고 할 때도 전통 주자학에 주안점을 두는 오랜 전통이 이어지고 있다. 그래서 동양철학계 내부에서도 성균관대의 학풍에 대해 '보수적이고 시대에 뒤떨어져 있다'라는 지적이 있다. 경전간행사업 및 유교진흥사업에서는 활발한 반면 학문적으로 특출난 학자가 배출되지 못한 것도 이런 분위기와 무관치 않다고 볼 수 있을 것이다. 경전 읽기가 학문은 아닌 것이다.

그러나 1980년대 중반부터 성균관대의 학풍도 '유학의 현대화'를 지향하는 방향으로 바뀌었다. 최근에 박사학위를 받은 학자들 중에 상당수가 이런 경향을 보이고 있는 것은 여러모로 반가운 현상이다.

서울대의 경우는 사정이 더욱 참담했다. 『서울대학교 40년사』에 보면 '철학과' 항목이 있는데 여기에는 동양철학과 관련해 이렇게 서술하고 있다.

철학과는 처음부터 서양철학 위주여서 동양철학에 대한 고려가 너무 빈약했다. 유학 전공의 민태식 교수가 1946년 부임했으나 3년 후에 곧 떠나게 되고 그 후 1972년에 유학 전공의 이남영이 전임으로 부임할 때까지 20여 년 동안 동양철학은 오로지 한두 분의 시간강사에 의존하게 되어 이 부문의 후진을 제대로 양성하지 못했다.

동양철학 '부재不在'를 공식적으로 시인하고 있다. 그 후 1980년에 와서야 불교철학의 심재룡, 1982년에 인도철학의 길희성이 보강됐지만 길희성은 여러 가지 사정으로 1984년 서강대로 학교를 옮겼다. 그 후 중국철학 분야에는 송영배가 영입되고 1992년에 한국철학 분야에 허남진이 보강돼 이제 겨우 학문적 진용을 갖추었다는 평가를 듣고 있다. 그래서 송영배의 『중국사회사상사』를 제외한다면 서울대 동양철학과 교수들의 학문적 성과는 빈약하기 그지없다. (서양철학 전공의 박종홍이 동양철학에 관한 몇몇 저서와 논문을 썼지만 시론적 성격을 벗어나지 못했다.)

그나마 연세대와 고려대는 성과 면에서 보면 훨씬 사정이 낫다. 연세대는 유학의 배종호가 유학을 현대 학문으로 정착시키는 데 큰 공을 남겼다. 일제하에서 경성제대 철학과를 졸업한 그는 교사와 시간강사 생활을 하면서 독학으로 동양철학을 공부하다가 정석해(전 연세대 교수)의 권유와 추천으로 42세라는 늦은 나이에 1960년 연세대에 자리를 잡으면서 초창기 동양철학의 기초를 다지는 작업에 혼신의 노력을 기울였다. 다만 동양철학 제1세대로서 겪어야 했던 시대적·상황적 한계 탓이었겠지만 '동양철학을 어떻게 할 것인가'에 관한 보다 근본적인 물음은 유보한 채 전통학문의 복원 차원에서 주로 성리학과 퇴계학을 중심으로 개념 연구에 학문적 생애를 다 바쳤다.

그는 스스로 밝힌 대로 "진리는 영원한 것이고 시조時潮는 일시적이다"라는 믿음하에서 외래학外來學, 즉 서양의 과학과 철학보다는 전통학에 더 관심을 쏟았던 것이다. 이 점과 관련해서는 비판의 여지를 남겨 두고 있다고 하겠다. 하여튼 배종호는 『한국유학사』, 『한국유학의 철학적 전개』 등의 저서를 남겼다. 제자로는 유인희(연세대)가 있다. 하지만 노장철학의 경우 마땅한 제자가 배출되지 않아—결과적으로는 학문적 근친상간을 피했다는 점에서 바람직스러운 것이지만—고려대 출신의 이강수가 파격적으로 기용돼 한동안 화제가 되기도 했었다.

고려대의 경우 중국에서 중국철학을 공부한 이상은과 김경탁이라는 두 걸출한 학자를 중심으로 '동양철학 연구의 선두주자' 자리를 굳히게 된다. 1931년 북경대 철학과를 졸업한 이상은은 1947년부터 1970년까지 고려대 교수로 재직했다. 중국철학 첫 세대이자 개척자인 이상은은 1960년 3·15부정선거에 항거하는 재경在京 교수단 궐기대회 소집인의 일원으로 시국 선언문 기초, 교수단 시위에 앞장서 5·16 후에는 정치 교수 명단에 오르기도 했다. 지행일치를 강조했던 '선비' 이상은은 부산 피난 시절 당시 이승만 대통령을 중국의 독재자 원세개에 비유하는 글을《고대신문》에 게재했다가 《고대신문》이 폐간되기도 했다. 학문적으로 그는 중국철학의 현대화에 심혈을 기울이는 한편 한국철학의 가능성을 모색하는 데도 많은 관심을 쏟았다. 한국철학 중에서도 그가 크게 주목했던 부분은 퇴계 사상이었다. 그가 남긴 저서 중에서 한국철학과 관련된 것이 『퇴계의 생애와 학문』, 『현대와 동양사상』 등인 것은 이를 직접적으로 보여주는 사례이다.

일찍이 1930년대에 중국과 일본 등지에서 동양철학을 공부한 김경탁은 44세인 1949년, 고려대 철학과 교수로 부임해 이상은과 함께 동양철학의 양대 산맥을 형성했다. 『중국철학사상사』, 『율곡의 연구』, 『노자의 도道』, 『중국철학개론』 등의 저술과 『율곡 성리학전서』, 『대학』, 『논어』 등 사서四書를 비롯해 노장 계열의 『노자』, 『장자』, 『열자』 등도 번역해 고전 국역화와 함께 국내에 노장老莊 학풍을 이식하는 데 나름 기여를 했다. 그의 학문에 관해 금장태(서울대 종교학)는 "그의 학문적 특성은 사상사, 학파, 문헌 고증 등의 방법에 머무르지 않고 (자신의 고유한 철학인) 생성철학에 의해 통일된 중국철학의 방법적 체계를 계발하여 일관되게 전개하는 데 있다"라고 말했다. 이상은이 서구적인 학문 방법으로 동양철학을 재해석하려 했다면 김경탁은 자신이 파악한 동양 고유의 학문 방법으로 동양철학의 재해석을 시도한 것이다. 이 같은 학문 정신은 여러 가지 차이에도 불구하고 후배 학자인 김충렬(고려대 중국철학)에게 충실히 계승돼 있으며 '고려대 동양철학'이라 부를 수 있는 독특한 학풍을 형성하는 데 결정적인 기여를 했다고 볼 수 있을 것이다. 1980년대의 '김용옥 신드롬'도 따지고 보면 이런 학풍의 산물이었다.

3. 동양철학계의 우뚝 선 기둥 현상윤

조선시대까지 우리나라 지식인, 즉 선비의 교양은 문사철文史哲이었다. 이는 우리 조상들이 예로부터 '문사철'을 한 덩어리로 사유했던 것이지 서양식으로 따로 '철학'이라는 분야를 연구한 적은 없었다는 것을 의미한다.

오늘날 '동양철학'이라고 하면 분야별로 유가철학, 불교철학, 노장철학 등을 말하고 지역별로는 중국철학, 한국철학, 인도철학 등으로 나뉜다. 그러나 해방 직후만 하더라도 동양철학은 곧 중국철학이나 마찬가지였다. 일제 36년을 거치며 한국철학의 맥脈은 사실상 단절된 상태였기 때문이다.

이런 상황에서 해방 후 4년 만인 1949년에 나온 현상윤의『조선유학사』는 가뭄에 단비와 같은 역할을 했다. 일제 때 다카하시 같은 일본 학자는 노골적으로 "한국은 중국에서 유불도儒佛道를 받아들이기만 했을 뿐 독창적인 것이 없다"라고 주장했고, 상당수 한국 지식인들도 이런 주장에 동조했던 것이 사실이다. 물론 이에 맞서 민족주의 계열 지식인 그룹인 박은식·신채호·정인보 등은 우리 민족의 얼과 혼을 강조했고, 이능화는 1918년『조선불교통사』를 쓰기도 했다. 고려대 초대 총장을 역임한 현상윤의『조선유학사』는 이런 맥락에서 조선 유학의 학통이 발전적으로 계승돼 오고 있음을 밝힌 저서로 민족주의적 동기에서 저술된 것이었다.

특히 자료가 전무하고 어려운 시대 상황 속에서 조선 유학의 '통사通史'를 저술했다는 것은 당시의 학문적 성과 축적의 결과라기보다는 현상윤 개인의 학문적 탁월성에 힘입은 바 크다. 특히 그의 한문 실력과 관련해 다음과 같은 일화는 유명하다. 1910년대에 그는 일본 와세다대 사학과에 재학 중이었다. 한번은 한문 시간에 시험을 치르게 되었는데 그의 성적은 100점 만점에 120점이 나왔다. 일본 학생들이 선생에게 "어떻게 120점이란 점수가 있을 수 있느냐?"라고 따지자 그 선생은 "지금까지 가장 잘한 사람에게 100점을 줬는데 그들보다 20점 더 잘해서 줬다"라고 대답했다는 것이다.

현상윤의 『조선유학사』의 특징은 1) 국한문의 우리말로 쓴 최초의 한국 유학사, 2) 유학사를 인식하는 문제의식, 3) 유학사의 독특한 구성 체계 등을 꼽을 수 있다.* 그전에 장지연의 『조선유교연원』(1922), 하겸진의 『동유학안東儒學案』(1943), 이병도의 『자료한국유학사초고』(1937년 저술, 1959년 등사본 형태로 발표) 등이 있었지만 모두 한문으로 저술된 것이었다. 현상윤은 『조선유학사』에서 한국 유학이 민족사에 끼친 공과를 엄격히 구분해 논하고 있다. 공功은 군자학의 면려勉勵, 인륜도덕의 숭상, 청렴절의 존중 등이며, 과過는 모화사상, 당쟁, 가족주의의 폐해, 계급 사상, 문약文弱, 산업 능력 저하, 상고주의尚古主義, 복고사상 등을 꼽았다. 이것은 단순한 개인적 평가가 아니라 유학의 근대화를 위한 기본 조건을 제시한 것이라는 점에서 충분히 주목받아 마땅할 것이다. 이런 점에서 본다면 현상윤의 학문이 후학들에 의해 지금 얼마나 진보했는지 묻는다면 긍정적인 평가를 내리기는 어려울 것이다. 현상윤이 너무 멀리 갔거나 후학들이 별로 나아가지 못했거나 둘 중 하나가 아닐까.

현상윤의 궁극적인 관심사는 유학사에만 국한되지 않고 조선사상사 전반에 걸쳐 있었다. 그가 강의한 내용을 묶은 것이긴 하지만 『조선

---

* 금장태, 『속유학근백년續儒學近百年』 참고.

사상사』에 관한 개론을 남긴 것을 보면 알 수 있다. 그러나 아쉽게도 그는 6·25 때 납북됐으며 그 후 행적에 관해서는 전혀 알려진 바가 없다. 이때부터 한국사상사 혹은 한국철학사 연구는 10년 이상 단절된다. 박종홍이 서울대에서 한국철학사를 최초로 강의하는 것이 1959년이고, 이상은이 한국철학에 관심을 갖고 고려대에서 본격적인 강의를 시작하는 것도 1960년대에 와서이기 때문이다. 다만 유가철학을 중심으로 한 동양사상과 조선조 유학에 관한 강의만이 성균관대 등에서 이어졌을 뿐이다.

4. 유가철학 말고는 불모지

국내의 동양철학계는 한마디로 유학, 그중에서도 조선 성리학 일색이다. 새로운 연구 분야의 개척보다는 이미 해놓은 것을 대충 정리해 보겠다는 심리가 저변에 깔린 결과이다. 그러다 보니 학문적으로 유학 못지않은 비중을 갖는 도가道家나 불교철학은 관심 밖이다. 불교철학은 동국대를 중심으로 철학이라기보다는 종교에 가깝게 연구되고 있을 뿐이다.

국내의 동양철학계에서 도가철학에 관심을 가진 학자들은 대부분 고려대 출신이다. 이는 김경탁과 김충렬의 영향 때문이다. 그러나 이들은 자신들의 세계관이나 학문하는 방법에서 도가의 영향을 받았을 뿐 근본적으로는 유학을 공부한 학자이다. 도가철학에 관한 한 속된 말로 학계에서는 "냄새만 피울 뿐 학문적 성과는 전무한 실정"이다.

아닌 말로 흔히 우리의 전통사상이라고 하면 유-불-도라고 외우다시피 말한다. 그러면서도 동양철학계에서는 유가의 전통이 절대적이고 다른 분야는 거의 다뤄지지 않는다. 이것은 지식 사회학적 관찰을 요하는 흥미 있는 현상이다.

우선 초창기 동양철학 교수들 중에 한학자가 많았다. 여기서 한학이란 곧 유학이다. 그러다 보니 동양철학하면 곧 유학이요, 그중에서도 공맹과 성리학이 전부였다.

두 번째는 근대사회에서 전통 유학을 어떻게 연구해야 할 것인지에 관한 성찰과 반성이 아예 결여돼 있었다. 성리학이 중국 주나라로 돌아가자고 외쳤다면 현대 한국의 동양철학계는 조선으로 돌아가자고 외치는 꼴이었다. 즉 학문으로서의 유학을 어떻게 연구해야 할 것인지에 관한 의식이 부족했다. 이는 학문적 훈련을 제대로 받지 못한 결과였다.

세 번째는 한국 사회 특유의 가족주의가 침투하기에 가장 좋은 분야가 전통 유학 분야였다. 조상들을 빛내는 데 있어 그 조상이 훌륭한 학자였다는 내용의 세미나나 논문을 학자들로 하여금 발표시키는 것만큼 그럴싸한 일도 없기 때문이다. 이런 일들은 지금도 벌어지고 있다. 그러다 보니 정작 있었던 실체는 사라지고 후손들의 영향력에 따라 과거의 지성사가 좌우된다. 논문이라고 해서 발표하는 것들은 찬양 일색이다.

이런저런 이유로 동양철학계는 전체적으로 유가철학만 비대하고 다른 분야는 전혀 볼품없는 이상한 꼴을 하고 있다.

5. '한국철학' 연구의 태동

1960년대에 접어들면서 동양철학계는 본격적으로 '한국철학이란 과연 있는가?', '있다면 그것의 실체는 무엇인가?'라는 문제에 관심을 갖게 된다. 초창기 한국철학 연구를 주도한 학자는 박종홍과 이상은이었다. 배종호도 이때부터 동양철학 연구를 시작하지만 한국철학에 대한 성과가 나오는 것은 1970년대 초반이다. 이들은 둘 다 근대적 방법을 통해 한국철학을 재해석하려고 했다. 그래서 흔히 이 두 사람은 한국철학 제1세대로 불린다. 배종호는 1.5세대라고 부르는 것이 더 정확할 것이다. 그때까지 한국철학만을 전공하는 학자는 없었고 중국철학을 전공하는 학자들이 단편적으로 조선시대 유학자들에 관한 논문을 발표하는 것이 전반적인 수준이었다.

박종홍은 서양철학을 전공하기는 했지만 애당초 "한국의 사상사를 연구하기 위해서는 서양의 방법을 익혀야 한다"라고 했을 만큼 궁극적 관심사는 한국철학사의 정립이었다. 한때 고등학교 교과서에도 실렸던 그의 명문 「한국사상 연구의 구상」에는 이런 구절이 있다. "영어, 불어, 독어로 된 책을 아무리 독파하여도 그것만으로 우리의 한국 사상은 나오지 못할 것이다. 무의미하다는 것이 아니라 그것이 한국말을 통하여 소화되지 못하는 한 그것은 영미 사상, 프랑스 사상, 독일 사상은 될지언정 우리 자신의 사상은 될 수 없다."

박종홍의 학문적 출발점이 '조선 예술사'였다는 것은 철학계에서도 별로 알려지지 않은 사실이다. 《개벽》에 1922년 4월 호부터 다음 해 5월 호까지 「조선 미술의 사적 고찰」을 연재했던 것이다. 그 후 그는 1924년 3월 지방의 한 학술지에 「퇴계의 교육사상」을 실어 한국철학에 대한 관심의 일단一端을 내비치었다. 이때부터 1960년대 초반까지 40여 년간은 박종홍에게 있어서 서양철학의 학습 기간이었다. 5·16과 함께 민족 주체성에 대한 관심이 높아 가는 분위기에서 박종홍은 그동안 묻어 두었던 한국철학에 대한 관심을 다시 쏟기 시작한다. 그래서 『한국의 사상적 방향』(1968), 『한국사상사-불교편』(1972)이 나왔고, 『한국사상사-유교편』 (1977)은 제자들에 의해 유고 형태로 출간되었다. 박종홍은 동서양 철학을 두루 섭렵하면서 제자를 양성했기 때문에 동양철학에서 딱히 제자라고 할 만한 학자는 서울대 이남영이 전부라고 해도 과언이 아니다. 이점은 아무래도 아쉬움으로 남는다.

박종홍과 달리 이상은은 1960년대부터 한국철학 분야의 제자 양성에 상당한 노력을 기울인 결과 윤사순(고려대), 안종운(공주사대), 이강수(연세대), 정인재(서강대) 등 상당히 폭넓은 제자군群을 형성할 수 있었다. 윤사순은 이상은의 학문 경향에 대해 "초기에는 근대 학문 방법으로 중국철학, 특히 공자와 맹자를 소개하는 일에 관심을 기울이다가 1960년대에 접어들면서 퇴계 연구에 전념했다"라고 밝혔다.

여기서 나는 사족을 달지 않을 수 없다. 당시 한국철학 연구의 주류는 '조선 성리학'이었다. 특히 퇴계의 학문이 많은 학자의 관심을 끌었다. 연세대 배종호, 고려대 윤사순, 성균관대 유정동, 서울대 이남영 등이 이 무렵에 퇴계에 깊은 관심을 갖고 공부해 각종 논문과 저술 들을 잇달아 발표하게 된다. 가히 '퇴계 열풍'이라 할 만한 것이었다. 그러나 당시 시대적 상황과 관련짓고 동시에 오늘날에 와서 갖는 의미 등을 살펴볼 겨를 없이 맹목적이라 할 만큼 선양宣揚에만 치우쳤던 것은 학문적인 반성을 요하는 대목이다. 퇴계의 이름만 높이 외쳤지 정작 그의 학문 중에서 어떤 내용이 오늘날에도 그렇게 높이 찬양해야 했던지에 대해서는 별다른 얘기가 없었던 것이다. 사상사를 다룰 안목과 사전 연구 축적이 부족한 상태에서 사상사, 특히 한국사상사에 손을 대는 바람에 정작 되살려야 할 학문적 내용과 가치들을 상실한 것은 아닐까 하는 의문을 갖게 된다.

어떤 의미에서 특정 학문 분야의 제1세대나 제2세대는 그 분야를 어떻게 발전시켜 나갈 것인가에 대한 방향을 세우고, 번역-자료 수집 등 기초적인 연구에 전념하는 것이 결과적으로는 가장 생산적인 작업이다. 극히 한정된 원전들을 읽고 거기서 얻은 교훈을 마치 학문적 내용인 양 착각해 도덕적 교훈이나 주려고 한다면 본인들은 좋을지 몰라도 3세대, 4세대 후학들은 처음부터 다시 공부를 하지 않을 수 없는 것이다. 게다가 학문이 서푼어치 교훈 얻자고 하는 것도 아닌 바에야 말이다.

그러다 보니 책이나 논문이라고 해서 나온 것들이 매양 비슷한 제목에 비슷한 내용으로 일관한다. 이 말이 의심스러우면 누구든지 대형 서점의 동양철학 칸에 꽂힌 책들의 제목과 목차를 한번 살펴보라. 그렇다고 내용을 읽어 봐도 새로운 관점이나 입장에서 쓰인 것이 없다. 늘상 "너희들은 모르겠지만 우리에게도 이런 훌륭한 사상적 전통이 있었다"라는 것만 강조하고 끝날 뿐이다.

이렇게 된 데는 동양철학 연구자들 자신의 책임이 크다는 것을 이번 기회에 밝혀 두고자 한다. 오늘날 한국 사회에서 학문하겠다는 사람은 서양 학문을 하건 동양 학문을 하건 '주체성과 근대성'이라는 두 가지 근본 문제에 대한 일정한 문제의식을 갖추어야 한다. 그런데 많은 동양철학 연구자에게는 근대성에 대한 고민이 너무나 피상적이지 않은가 하는 의구심이 든다. 주체성 문제도 마찬가지이다. 이 같은 국내 학계의 낡은 동양철학 연구 방식에 대한 비판적 문제 제기가 나오는 것은 1980년대에 이르러서이다. 1970년대에도 이런 그릇된 풍토는 이어졌다는 말이다.

6. 실학의 재발견과 다산철학

구한 말부터 단편적으로 논의돼 온 실학 연구는 1952~1953년 언론인이
자 사학자였던 천관우가 일련의 논문들을 발표하면서 본격화된다. 여기
서 그는 실학의 발전 과정을 준비기(16세기 중엽~17세기 중엽), 맹아기(17세기
중엽~18세기 중엽), 전성기(18세기 중엽~19세기 중엽)로 나누고 실학의 성격을
자유성〔實正〕, 현실성〔實用〕, 과학성〔實證〕 등 삼실론三實論으로 규정했다.

　　이는 1960년대 초반까지 계속된 '실학 논쟁'의 발단을 제공했다. 사
학자 한우근이 실학이란 용어를 조선 후기에만 적용하는 것은 곤란하다
고 반발한 것이다. 그는 "실학이란 용어는 원래 성리학이나 불교나 사장
학詞章學에 대하여 스스로의 학문 영역을 지칭하는 것이기 때문"이라며
"조선 후기에 새롭게 등장한 학문 경향은 경세학經世學이라 불러야 한다"
라고 반박 논리를 내세웠다.

　　이 논쟁의 승부는 1960년대 들어 실학을 조선 후기 사회의 내재적
발전이 가져온 결과로 보는 견해가 우세를 점하면서 천관우 쪽으로 기울
었다. 특히 1960년대에 사회경제사적인 입장에서 내재적 발전론을 전개
시킨 사학자들로는 강만길(고려대), 김용섭(연세대), 송찬식(국민대), 유원동
(숙명여대), 한영우(서울대) 등이 있다.

　　사학자들의 이 같은 논란 과정에서 주목을 받게 된 것은 실학의 근
대성과 민족성 문제였다. 그러나 이 두 가지는 더 이상 실증의 문제가 아
니라 개념의 문제였기 때문에 실학에 관한 역사학 연구는 교착상태에
빠질 수밖에 없었다. 이는 철학이 맡아야 할 과제였기 때문이다.

　　오늘날의 학자들이 실학에 관심을 보인 동기 자체가 애당초 근대성
문제와 관련돼 있었다. 그리고 이는 '조선조 성리학과 실학의 관계를 어

떻게 볼 것인가'라는 문제를 중심으로 전개됐다. 즉 성리학과 실학을 연속성으로 볼 것인가 아니면 불연속성으로 볼 것인가 하는 문제였다. 천관우는 1967년 자신의 견해를 수정·보완하면서 실학이 "전前 근대 의식에 대립하는 근대 정신을 의미한다"라고 갈파했다. 그래서 그는 실학을 '개신유학改新儒學'이라고 부를 것을 주창했다. 이는 주자학 혹은 성리학과 실학의 연속성 문제로 이어졌다.

　철학자로서 이 문제에 처음으로 관심을 기울인 윤사순은 실학을 탈脫성리학으로 이해했다. 이는 실학에 와서야 비로소 근대가 시작된다는 사학계의 주장과 일치한다. 금장태, 이을호(전 전남대 교수)도 같은 입장을 취했다. 최근 학계의 관심을 모았던 한형조(한국정신문화연구원)의 박사학위논문 「주희에서 정약용에로의 철학적 사유의 전환」도 이런 선상에서 한 걸음 더 나아가 다산을 성리학의 해체론자로 해석한 작업이라 할 수 있다. 반면 유인희(연세대), 김용걸(성신여대) 등은 성리학과 실학의 연속성을 강조하는 입장에서 실학의 탈脫성리학론을 반박하고 있다. 이들은 "실학을 성리학에 대립되는 것으로 파악하는 것은 북한학계의 입장을 무비판적으로 수용한 것"이라며 "성리학이 곧 근대 의식의 출발"이었다는 견해를 제시한다. '성리학과 실학의 근대성 문제'라고 할 수 있는 이 논쟁은 아직 명확한 결론이 나오지 않았기 때문에 그 추이를 좀 더 지켜봐야 할 것 같다.

　그리고 실학의 '민족성'을 한국철학의 맥락에서 파악하려 할 때 당장 문제가 되는 것은 조선 중기 주기主氣·주리론主理論과 실학의 관계를 어떻게 볼 것인가 하는 것이다. 이에 대해 윤사순은 이수광, 유형원, 박세당, 이익, 안정복을 전기 실학자로, 홍대용, 박지원, 박제가, 정약용, 김정희, 최한기를 후기 실학자로 분류하고 이들의 이기론理氣論을 검토한 결과 이수광, 이익, 안정복만이 주리파이고, 나머지 7인은 주기파라는 결론에 도달했다. 특히 후기 실학자가 모두 주기파에 속한다는 사실에 주목, 주기主氣야말로 실학의 대표적 경향이라고 해석했다. 나아가 그는 실학파가 주기主氣의 성향을 띄고 있고, 성리학의 정통파는 주리主理임을 대비시켜 철학으로서의 실학은 '비전통 지향에 의한 주자학의 극복 의지'라고 단정했다.

그러나 지두환은 실학을 주기론의 입장에서 파악한 윤사순의 견해에 의문을 표시했다. 조선조의 대표적 성리학자 송시열만 하더라도 주기파였고, 실학자 중에 주리론자가 있었다는 사실을 반박의 근거로 제시한 것이다. 이에 대해 윤사순은, 송시열의 경우는 매우 특이한 사례이며 게다가 그의 주기론은 유학의 목표나 사고방식에 있어서는 주리론과 거의 차이가 없으며 실학자의 주리론은 경험적 세계를 더 중시했다는 점에서 성리학의 주리론과 구별된다고 재반박했다. 결국 실학은 한국사상사의 전통에 뿌리를 두고 있는 한편, 그것을 비판적으로 극복하려 한 것으로 보아야 한다는 것이 대체적인 주류를 형성하게 된 것이다.

그러나 지금까지 진행된 실학의 철학적 성격에 대한 해명 작업은 대부분 사학계의 연구 성과에 대한 소극적 대응 수준에 머물고 있다. 실학자들의 독자적 세계관에 대한 해명과 계승 작업이 미흡했다는 말이다. 학계에서는 앞으로 이에 대한 작업이 현대의 문제에 대한 철학적 해명과 함께 더욱 진척되기를 기대하고 있다.

이런 논란이 계속 진행되는 가운데 실학자들 중에서 철학적으로 가장 주목받는 사상가는 다산 정약용(1762~1836)이다. 그것은 다산만의 독자적 세계관을 구축했기 때문일 것이다. 그러나 다산이 사회개혁가로서가 아니라 철학자로서 주목받게 된 것은 최근의 일이다. 그것은 전적으로 이을호 다산학연구원장의 일생에 거친 연구에 의해 이뤄졌다.

서울대 약학대의 전신인 경성약전京城藥專을 나온 이을호는 박종홍의 사사를 받으며 실학, 그중에서도 다산의 철학에 일관된 관심을 기울여『다산경학사상 연구』와『다산학의 이해』,『한국개신유학사시론韓國改新儒學史試論』등 주목할 만한 저서를 잇달아 내놓아 다산 연구의 새 지평을 열었다.

이을호에 따르면 다산학의 골자는 '6경經 4서書'의 수기지학修己之學과 '1표表 2서書'의 치인지학治人之學으로 대별된다. 전자는 경전학經典學이고 후자는 경세학經世學이다. 현대의 학문 분류법으로 하자면 경전학은 인문학, 그중에서도 철학이고 경세학은 사회과학인 셈이다. 여기서 이을호는 "지금까지 거의 모든 다산 연구 혹은 다산학은 역사학자나 사회과학자들에 의해 주도돼 왔기 때문에 후자에만 치중해 왔다"라며 "다산 사상의 본령을 이해하기 위해서는 경전학에 대한 연구가 필수적"이라고 말했다. 경전학과 경세학의 관계에 대해 이을호는 "당대 실학자들이 성리학에 대한 반성 차원에서 경세학 일변도로 치닫고 있을 때 다산은 이들의 경세학을 전적으로 수용하면서도 이에 대한 이론적 기반을 제공하기 위해 자신의 독자적인 경학經學을 구축했다"라며 다산철학의 의의를 설명했다.

이렇게 해서 마련된 다산철학을 이을호는 '수사학洙泗學적 세계관'이라고 불렀다. 이는 정약용이 자주 언급했던 '수사洙泗'에서 원용한 것인데 다산철학이 주자학의 세계관을 버리고 원시유가原始儒家의 정신으로 복귀하려 했다고 보는 것이다. 그래서 그는 신유학으로 불리는 주자학에 대비시켜 다산의 철학을 '개신유학'이라 부를 것을 제창했다. 그리고 이는 학계에 수용돼 학술용어로 자리 잡았다.

이을호는 다산학에 대한 이 같은 철학적 이해에 기초해 그것을 일곱 가지로 정리했다. 그 첫째가 천天·성性·중中에 대한 새로운 해석을 기초로 한 독자적 세계관이고, 둘째는 인仁과 덕德을 중시하는 실천윤리 사상이다. 셋째는 왕도王道-예악禮樂을 중심에 두는 정치사상이고, 넷째는 중농정책과 토지개혁을 강조한 경제사상이며, 다섯째는 직업적 평등관에 입각해 사농일여士農一如를 주창한 근대 지향적 개혁론이다. 그리고 여섯째는 실증과 실용의 정신을 강조한 과학 사상이고, 일곱 번째는 그의 시時 정신이 잘 드러나는 문학 사상이다.

이 같은 학문 체계를 이을호는 "서양에서 변증법을 통해 서양 학문을 집대성한 헤겔에 비견된다"라고 말했다. 연구 인력 부족으로 아직은 철학 분야에서 이을호의 이 같은 해석에 대해 정면으로 도전장을 낸 학자는 거의 없다. 학계는 대부분 다산의 철학이 반反성리학적 혹은 탈脫성리학적 성격을 갖는다는 데 동의하고 있다. 다만 야마노우치 같은 일부 일본 학자들이 "정약용이 주자나 이황에게 보이는 존경과 신뢰가 대단히 컸다"라는 점을 들어 "일방적으로 다산을 반反주자학자라고 단정하는 것은 사실의 중요한 일면을 놓치는 것"이라는 주장을 내놓고 있는 실정이다.

「주희에서 정약용에로의 철학적 사유의 전환」이라는 박사학위논문으로 학계의 큰 관심을 모은 한형조의 입장도 일부 이견을 달고 있기는 하지만 크게 보면 이을호의 패러다임 내에서 이뤄진 작업이라 할 수 있다. 신세대 다산철학 연구자로 등장한 한형조는 앞으로 다산철학 연구 과제로 1) 다산의 세계관적 구상, 2) 양명학과의 관계, 3) 서학西學과의 관계 등을 꼽았다.

7. 미완의 과제 : 한국철학사의 집필

1974년 7월 5일 한국철학회는 『한국철학사』 간행을 학회사업으로 확정했다. 국내 철학계의 숙원 사업이던 한국철학사의 서술이 해방 후 30년 만에 본격적으로 시작된 것이다. 한 나라의 철학사는 그 나라 정신사의 정수이기 때문에 당시 지식사회의 반향은 컸다. 10여 년에 걸쳐 『한국철학연구』 3권과 『한국철학사』 3권이 출간되었는데, 당시 인문학 연구에 대한 지원이 인색했던 상황에서 한국문화예술진흥원, 산학재단, 아산재단 등이 재정 지원을 아끼지 않았다고 한다. 그만큼 한국철학사에 대한 각계의 기대가 컸기 때문에 가능한 일이었다. 지금으로서는 생각도 할 수 없는 일이다.

1975년 5월 문교부와 한국문화예술진흥원이 연구·출판비를 지원하기로 결정하면서 이 사업은 본궤도에 오르기 시작했다. 그해 5월 15일 9인으로 구성된 한국철학사 편집위원회가 정식 발족한 것이다. 여기서는 원래 기초 연구 차원에서 『한국철학연구』 상·하권을 내고 이를 바탕으로 『한국철학사』 상·하권을 간행하기로 결정했다. 그래서 1977년 4월 『한국철학연구』 상권이 나오고, 1978년 9월 하권을 중·하권 두 권으로 나눠 출간했다. 한국철학사 서술의 기초 작업이 완성된 셈이었다. 이 작업에 동원된 철학자만 48명에 이르렀다.

이를 토대로 한국철학회는 1978년부터 곧바로 『한국철학사』 중·하권 집필에 들어갔다. 상권을 뒤로 미룬 것은 한국철학의 기원과 범위를 둘러싸고 이견이 많았기 때문에 우선 비교적 그간 연구가 축적된 고려시대 이후의 철학부터 정리키로 한 방침에 따른 결과다. 1987년 상권이 출간돼 『한국철학사』가 완간되기까지 10년간 철학자 19명이 참여했다.

당시 집필자 면면을 보면 금장태(서울대 종교학), 김길환(충남대 동양철학), 김형효(한국정신문화연구원 서양철학), 배종호(전 연세대 한국철학), 서경수(전 동국대 인도철학), 송항룡(성균관대 동양철학), 신용하(서울대 사회학), 신일철(고려대 서양철학), 유명종(동아대 동양철학), 유병덕(원광대 한국철학), 유정동(전 성균관대 한국철학), 윤사순(고려대 한국철학), 이기영(전 동국대 인도철학), 이남영(서울대 한국철학), 이을호(전 전남대 한국철학), 진교훈(서울대 서양철학), 차주환(단국대 명예교수), 채수한(영남대 불교철학), 최동희(전 고려대 서양철학) 등 당시로서는 국내 철학계를 대표할 만한 중견 학자들이 총망라됐다. 이들 중에는 일부 타계한 사람도 있지만 나머지는 대부분 현재 철학계를 이끌고 있는 원로의 위치에 올라 있다.

제1편 「고대신화에 나타난 한국인의 철학적 사유」에서 시작하는 『한국철학사』는 삼국시대, 통일신라, 고려, 조선을 거쳐 서양철학이 수용된 20세기 초까지를 그 범위로 하고 있다. 뜬구름 잡는 것과 같은 한국철학이 이들의 복원작업을 통해 최초로 그 실체를 드러냈다는 점에서 그들의 노고를 아무리 높게 평가해도 지나침이 없다는 것이 대다수 후배 학자들의 평가다.

그럼에도 불구하고 공동집필에 따른 일반적인 문제점이 여기서도 그대로 나타났다. 『한국철학사』가 완간된 1987년 한국철학회를 맡고 있던 한전숙은 "통일된 방법론에 따른 집필이 이뤄지지 못해 각 사상과 시기의 역사적 연결 작업에 대한 해명이 거의 없다"라고 인정했다. 본래적 의미의 철학사라기보다는 시대별 연구사를 절충해 놓은 철학 논문 모음집에 그쳤다는 것을 자인한 셈이다. 그래서 일부에서는 "시작만 거창했지 결과는 초라하다"라는 비판을 하기도 했다.

이는 북한에서 1970년대 초에 이미 조선철학사 정리 작업을 완결한

데 비하면 한참이나 뒤진다고 할 수 있다. 게다가 집필진으로 참여한 교수들 중 한 명이 개인적으로 저술한 『한국사상사』가 북한의 학문 성과를 표절한 것임이 뒤늦게 밝혀져 학계에 큰 물의를 일으키기도 했다. 보다 체계적이고 완결된 한국철학사 정리 작업은 후대 학자들에게 과제로 남은 셈이다.

8. '한' 철학의 허구성과 북한의 주체철학

대형 서점의 철학 칸에 가 보면 '한'철학이라고 해서 서가의 상당 부분을 차지하고 있다. 주로 최민홍(중앙대)의 저서들인데 그 밖에도 소위 재야 학자들이 이런 책을 많이 내고 있다. 《해동철학》이라 해서 학술지까지 나오고 있다. 이들은 '한'이라는 단어 자체의 다양한 의미에서 출발해 나름대로의 철학을 전개하고 있다. '한'은 하나(一)이기도 하고, 순우리말로 '많다', '크다'는 뜻도 있고, 심지어 '한恨', '한韓'이라는 뜻도 갖고 있다고 하며 논리를 전개한다.

결론부터 말하자면 이것은 말장난에 불과하다. 왜 '한'이라는 다중적인 의미에서 출발해야 하는지, 그렇게 함으로써 어떤 설명력을 갖는지 그리고 무엇을 새롭게 해명할 수 있는지에 대한 아무런 시사도 없다. 마냥 '한'이라는 말의 다의성多義性에 착안해 무원칙한 논리를 전개해 나간다. 논리라고 할 것도 없다. 사고의 긴장과 성실한 사색이 결여된 이 같은 부류의 사상(과연 사상이라고 할 수 있는 것인지 모르겠지만)은 '우리만의 것'이라고 하는 데 대해 감성적으로 호소하려 든다. 그러나 우리 것도 다른 것과의 교섭과 갈등을 통해 성장해 가는 것이기 때문에 하나의 단어로서

'한'에 머문다는 것은 있을 수 없는 일이다.

그러면 왜 이런 사이비 철학이 사라지지 않고 계속 등장하는가? 그것은 철학이 무엇인지에 대한 기본적인 개념조차 없이 '독자적인 철학을 찾아보겠다'라는 순진한 일념으로 외국의 철학에 대한 피상적인 모방을 시도하기 때문이다.

북한의 '주체철학'이란 것도 이와 하나도 다를 바 없다. 차이가 있다면 남한의 '한'철학은 권력을 가지지 않은 학자들의 이색적인 주장 정도에 머물고 있지만, 주체철학은 최고 권력을 정당화하는 무기로 사용되고 있다는 점이다. 그래서 이것은 더욱 위험하다. 여기서 '주체'라는 것은 '한' 만큼이나 뜻도 많고 내용도 황당하다. 아무런 역사적 사실과도 부합되지 않고 오직 특정인을 우상화하기 위한 내용으로 일괄하고 있다. 철학적 사색의 결핍을 보여주는 단적인 경우라 할 수 있다.

그러면서도 일반인들은 '주체'라는 단어 하나에 사로잡혀 "주체가 좋은 것 아니냐"라고 반문하기도 한다. 그걸 모르는 사람이 누가 있는가? 문제는 우리보다 더욱 뛰어나고 힘센 외부 세력과 맞서 어떻게 주체를 유지하고 발전시키느냐 하는 것이 중요한데 '한'철학이나 '주체'철학 모두 아집을 벗어날 줄을 모른다.

그래서 '한'철학이나 '주체'철학 모두 철학이나 사상을 공부하려는 사람들에게 역설적인 교훈을 준다. 다른 사상이나 철학에 대한 충분한 학습이 없을 경우 빠지기 쉬운 함정이 어떤 것인지를 극명하게 보여주기 때문이다. 한마디로 그것은 무지의 소산이다. 일고의 가치도 없음에도 불구하고 이렇게 한 절을 할애한 것도 이 같은 위험성을 경고하기 위함이다.

9. 20세기 말의 선비 김충렬

중국에서는 서양철학이 도입된 이후 중국철학을 연구하는 경향이 북경대를 중심으로 한 서양 본위의 연구 방식과 남경대를 중심으로 한 중국본위의 연구 풍토로 나뉜다. 전자를 대표하는 학자는 풍우란이고, 후자의 대표주자는 대만대 교수로 재직했던 방동미이다. 풍우란은 『중국철학사』로 유명한 현대 중국철학자이고, 방동미는 김용옥도 '나는 방동미의 마지막 제자'라고 자랑할 만큼 추켜세우는 사람이다.

　일제 식민 통치로 인한 학문의 단절에도 불구하고 다행스럽게 국내의 중국철학계는 양자의 학풍을 각기 이어받았다. 북경대의 경향은 이상은에 의해 계승됐고, 방동미의 학풍은 1970년대에 와서 김충렬(고려대)에 의해 이어졌다. 특히 김충렬은 꾸준한 저술 활동과 제자 양성으로 국내 중국철학계에서 독보적인 위상을 점하고 있다.

　그는 자신의 학문을 "원시유가, 원시도가, 대승불교를 3대 축으로 한다"라고 말한다. 우리의 전통 학문인 유-불-도에 기초한다는 말이다. 이는 그가 지금까지 출간한 저서 『중국철학산고』, 『동양사상산고』, 『고려유학사』, 『모택동사상론』, 『유가윤리강의』 등 다수의 저서와 100여 편의 논문에서 일관되게 나타난다. 그의 학문 특징은 우선 스케일이 크다는 점이다. "중국철학의 역사는 5,000년이지만 서양철학의 영향으로 중국철학을 정리한 것은 100년밖에 더 되는가"라고 반문하는 그는 "서양철학의 시각에서 중국철학을 짜 맞추는 것은 생명력 없는 철학이 되고 말 것"이라고 단언한다. 방동미 제자다운 발언이다.

　그래서 그는 10년 계획으로 1982년부터 중국철학사 강의를 시작했다. 이 강의에는 당시 같은 대학에 교수로 재직 중이던 김용옥도 학생 자격으로 청강해 화제가 되기도 했다. 여러 가지 사정으로 늦춰져 아직도 진행 중인 이 강의는 1994년 마무리되는 대로 일곱 권의 책으로 펴낼 계획이다.

전통 한학자의 집안에서 태어난 김충렬에게는 호가 여러 개인데 그중 하나가 '곱게 미쳤다'는 뜻의 청광淸狂이다. 결혼 직후 처가에 놀러 갔다가 술에 취해 노는 모습을 보고 처가 어른들이 붙여 준 것으로 그의 풍류와 낭만을 유감없이 보여준다. 지금은 한 정치인 때문에 쓰지 않는 허주虛舟라는 호도 그의 이 같은 정신세계의 한 단면을 잘 드러내 준다. 김충렬은 정통 유가를 공부했음에도 불구하고 노장사상에도 정통하다.

동양철학이라고 하는, 일반인들이 보기에는 보수적인 학문을 하면서도 한때 반정부운동에 가담하고 서명운동 때마다 그의 이름이 맨 앞에 등장했던 것은 그의 대쪽 같은 선비관에서 비롯된다. "선비는 죽을지 언정 지조는 바꾸지 않는다"라는 것이다. 그의 스승 방동미는 김충렬의 이 같은 기상을 일찍이 간파한 듯 그에게 '땅의 기운이 하늘로 솟는 듯 맑은 정기를 토한다'라는 뜻의 토홍吐虹이라고 불렀고, 50대 이후에는 '기운이 하늘에 다다르다'라는 뜻에서 중천中天이라는 호를 지어 주었다.

이런 그에게도 아픈 기억이 있다. 제자인 김용옥이 한 저서에서 그를 노골적으로 비방한 것이다. 이 사건에 대해 그는 "용옥이하고는 약간의 오해가 있었을 뿐이다. 당시 상황이 좋지 않아 일단 지방대학으로 피신해 있으라고 했던 말을 곡해했던 것 같다"라며 "이제는 용옥이에 대해 아무런 감정도 없다"라고 밝혔다. 당시 상황이란 1980년대 중반 김용옥이 '양심선언'을 하고 학교를 자진 사퇴한 이후의 상황을 말한다. 김충렬은 앞으로의 저술 구상에 대해 "우선은 화엄 사상을 한국불교사 차원에서 정리하는 것이 최우선 과제이고 차후에 주역에 관한 체계적 저서를 쓰고 싶다"라고 말했다.

10. 김용옥 신화의 허와 실

지금은 원광대 한의학과 학생인 김용옥(전 고려대 교수)을 이해하는 일은 우리 시대를 이해하는 일 못지않게 어려운 일이다. 그의 사고와 행동은 '한국'이라는 장소와 '현재'라는 시간을 중심으로 하되 그 폭과 양상이 워낙 다양하고 때로는 기이하기 때문이다. 따라서 흔히 하듯이 그에 대해 '천재적 사상가인가, 화제를 모으는 삼류 독설가인가'라는 단순이분법적 질문은 그의 실체를 담아낼 그릇으로 적당치 않다.

첫 번째 저서 『동양학 어떻게 할 것인가』는 학문론이기에 앞서 '서양화된 동양인'인 현재의 한국인은 자신을 어떻게 보아야 하는가에 관한 문제 제기이다. 『여자란 무엇인가』도 조선 500년간 세계적으로 유례없는 가부장적 사회를 유지했고 지금도 그 영향하에 있는 한국 사회가 정면 대결해야 했던 물음이다.

그가 첫 번째 시집 제목으로 『이땅에서 살자꾸나』를 선택한 것은 이런 점에서 볼 때 전혀 우연이 아니다. 1992년 펴낸 『삼국유사인득三國遺事 引得』 간행 작업이나 최근 세계적인 한국인 예술가 백남준에 대한 그의 관심도 마찬가지이다. 『태권도철학의 구성원리』, 『백두산 신곡神曲』, 『새춘향뎐』, 『도올 김용옥의 신한국기新韓國記』 등 그의 주요 저서들에서 진한 된장 냄새를 맡게 되는 것은 어쩌면 당연한 일일는지 모른다. 중국 소설을 번역한 『루어투어 시앙쯔』나 시나리오 「장군의 아들」 등도 표현 양식을 달리 하지만 내용 면에서는 언제나 '우리 것'에 대한 문제 제기로 일관하고 있다.

그의 수많은 저술을 이런 선상에서 이해할 때 '번역'을 중시했던 그의 의도를 간파할 수 있다. 이상과 같은 맥락에서 본다면 번역은 단순한 '말 옮김'이 아니라 '문화 옮김'이고 나아가 '우리 것으로 만들기'라는 그의 번역관이 하등 억지가 아니라 탁월한 통찰이었음이 드러난다. 번역은 그에게 곧 학문 방법론이다. 그가 국내에 들어와 첫 번째로 쓴 논문이 「번역, 어떻게 할 것인가」였다는 것은 이처럼 치밀한 계획하에서 나온 것이라 할 수 있다. 인문과학서가 1만 부를 넘기 어려운 국내 독서 시장에서 독보적으로 10만 고정 독자를 가질 수 있는 비결은 따라서 그의 기행이나 남다른 언변이 아니라 서양 문화와 중국 문화를 거쳐 우리 것으로 인도하려는 김용옥의 '우회 전략'이 먹혀든 것이다.

김용옥은 분명히 방향 상실로 진통을 겪고 있던 한국 사회의 중추 신경을 자극했다. 김용옥에 대한 지식사회의 반응이 절대 지지와 절대 반대로 양분된 것은 그의 문제 제기 방식이 극단적이었던 데도 일부 원인이 있지만 실은 '한국적인 것'이라는 것이 생사의 기로에 있을 만큼 절박했다는 것이 더 큰 원인인지도 모른다. 이는 분명히 김용옥에게는 유리한 정황이다. "한국의 미래를 이끌어 나갈 사상을 제시하지는 못했다"라는 비난을 그 혼자서 덮어써야 책임에서 벗어날 명분을 얻을 수 있기 때문이다.

그러나 문제는 이 지점에서 시작된다. '한국적인 철학' 혹은 '한국철학'의 창출에 대한 요구가 높은 시점에서 누가 이 과제를 떠맡을 것인가. 김용옥은 10년 전 이 과제를 분명 떠맡겠다고 자임했다. 그에 대한 비판은 여기서부터 시작된다. 그가 과연 대안을 제시했는가? 하는 것이다. 그를 '저널리즘 수준의 철학 평론가'라고 혹평하는 것은 그가 대안을 제시하지 못했다고 보는 사람들의 입장이다. 그리고 "그의 문제 제기만으로도 보수적인 우리 철학계에 긍정적인 기여를 했다"고 보는 사람들도 있다. 또 그를 아끼는 사람은 "아직은 40대인 그에게 완결된 체계를 요구하는 것은 아무리 그 스스로 천재임을 자처하지만 무리한 요구"라며 "좀 더 지켜보아야 한다"는 견해를 펴기도 했다.

이런 논란들에 대한 해답은 결국 '철학자로서' 김용옥 자신의 노력과 더불어 시간이 말해 줄 것이다.*

*

요즘 서점에 들러 보면 『동양학 어떻게 할 것인가』, 『여자란 무엇인가』, 『절차탁마 대기만성』, 『도올세설』, 『대화』 등 10여 권이 한 곳에 놓여 있는 것을 흔히 보게 된다. 이 책들을 한 사람이 10년도 안 되는 기간 안에 다 썼다는 것도 놀랍지만 더 관심을 끄는 사실은 이 책들이 모두 베스트셀러에 올랐던 적이 있거나 지금도 올라 있는 책들이라는 점이다. 여기에는 그냥 지나쳐 버릴 수 없는 하나의 신화가 있다.

이야기는 1982년 9월 고려대 한 강의실에서 시작된다. 처음 보는 젊은 교수가 아무 말 없이 강단에 올라 칠판에 노자의 『도덕경』에 나오는 첫 구절 '道可道 非常道 名可名 非常名'을 써 놓고 영어로 번역한 다음 중국어로 읽고 일본어로 주석을 달았다. 이것이 김용옥 신화의 도입부이다. 그 후 다방면의 저술 활동, 양심선언, 교수직 사퇴, 삭발, 연극-영화-무용-

---

* 이어지는 글은 필자가 1991년 5월 《중앙일보》에 기고했던 김용옥론이다. 긍정적 측면을 강조한 앞의 글과 부정적 측면에 초점을 맞춘 이 글을 비교해 보면 김용옥의 양면성을 이해하는 데 도움될 것이다.

태권도-한의학 등 수없이 많은 분야에서 화제를 뿌리며 신화를 부풀렸다. 그리고 얼마 전에는 한 재벌과 자리를 함께하는 장면을 연출하여 신화의 극적 효과까지 한껏 높였다. 여기에는 감각적인 언론과 김용옥 씨 특유의 천부적인 상업주의 학문 태도도 일조했다. 그의 저서 대부분이 센세이션을 일으킬 만한 대중적 소재를 다룬 것이었고 언론이 따라가며 이를 부추긴 것이다.

시기적으로 좀 늦은 감이 있지만 김용옥 신화를 1980년대의 문화 현상이라는 차원에서 일단 정리해 보고자 한다. 그의 공功은 한마디로 하자면 철학의 대중화에 있다. 우리나라 철학계에서 철학의 대중화에 기여한 인물을 꼽으라면 단연코 김용옥 씨를 첫손에 꼽아야 한다. 1980년대 중반부터 운동권을 중심으로 많이 읽힌『세계철학사』와『철학에세이』는 물론이고 윌 듀란트의『철학이야기』도 철학의 대중화에 기여한 바가 크지만 이것들은 모두 외국책을 번역한 것이다. 이런 점에서 철학의 대중화와 관련한 김용옥 씨의 업적을 높이 평가하는 데 인색해서는 안 될 것이다.

이 점을 좀 더 구체적으로 살펴보자. 철학의 대중화란 면에서 그의 일차적인 기여는 대중과 괴리되어 강단에 갇혀 있던 철학을 해방시켰다는 점이다. 또 하나 우리나라 독자들에게 잠재되어 있는 철학에 대한 관심을 일깨웠다는 것이다. 그의 개인적인 독단-언어폭력-좌충우돌식 글쓰기 등에 문제가 없는 것은 아니지만 그럼에도 불구하고 우리가 반드시 수용해야 할 가치 있는 제언은 많다. 고전의 중요성, 동양 문화에 대한 자부심, 번역 경시 풍조에 대한 이론적 비판, 주체성 자각 등이 그렇다. 아쉬운 점이 있다면 본인 스스로 구체적 작업을 통해 모범이 되어 주질 못했다는 것이다. 그러나 이것은 좀 더 시간을 갖고 지켜볼 일이다.

그런데 보다 중요한 문제는 그가 지금까지 제반 활동을 통해 '대중의 철학화'에 얼마나 기여했는가 하는 데 있다. 얼핏 비슷한 개념 같지만 철학의 대중화와 대중의 철학화는 다르다. 기존의 철학들을 적당히 통속화하여 서술하는 것이 철학의 대중화라면 대중의 철학화는 대중들이 스스로 올바른 철학적 사고를 할 수 있도록 이끌어 그들의 사고 수준을 높이는 일이다.

이런 점에서 김용옥 씨의 글은 사실 『동양학 어떻게 할 것인가』를 제외한다면 대중의 철학화에 기여했다기보다는 대중들을 헌 수준에 묶어 둔 채 기존의 철학과 자기 독단을 잘 포장해서 판매한 것에 지나지 않는다. 그럼에도 불구하고 우리의 독자들은 오랫동안 김용옥 씨가 생산한 글의 충실한 소비자 역할을 해왔다. 이 점을 어떻게 이해해야 할 것인가?

물론 일차적인 이유는 학문적 내용보다는 뭔가 신기하고 특이한 것을 찾아 헤매는 대중사회의 인간 속성에서 찾을 수 있다. 본질적인 것보다는 즐거움이나 호기심에 쉽게 사로잡히는 것이 대중사회를 사는 사람들의 본질인 것이다. 그러나 보다 중요한 이유는 제대로 읽을 만한 철학책이 없었다는 데 있다. 이것은 우리나라 철학계의 고질적인 문제이다. 철학사 연구와 철학적 탐구조차 구별되지 않는 풍토에서 대중들이 쉽게 철학에 접근할 수 있도록 내용 있는 책을 써낸다는 것은 어쩌면 불가능한 주문일지 모른다. 잡스러운 에세이는 흘러넘쳐도 '현대'에 대한 진지한 탐구가 없기 때문에 이 땅의 철학계는 빈곤한 것이다.

크게 이런 두 가지 문제가 있었기 때문에 김용옥 신화는 가능했다고 보여진다. 신화는 단순한 허구와는 구별된다. 오히려 신화는 당시의 사회상을 철저하게 반영한다. 그리스신화나 단군신화를 통해 당시의 사회적 관계들을 알아낼 수 있는 것도 바로 이런 신화의 사회 반영적 성격 때문이다. 그렇게 볼 때 김용옥 신화는 결코 바람직스럽다고 할 수 없는 우리나라 독서 풍토, 철학계의 현실 그리고 사회적으로는 오랜 식민지와 독재의 경험 등을 반영하고 있다고 할 수 있다.

철학 자체의 발전은 물론이고 대중의 수준을 끌어올리는 대중의 철학화를 위해서라도 철학계 전체는 철저한 자기반성이 있어야 할 것이다. 공개적인 학문 토론의 활성화, 인맥·학연을 떠난 공정한 교수 선발, 철학 교육 프로그램의 다양화 등을 통해 모두의 지혜를 모을 때 '유령처럼 떠돌고 있는' 신화를 극복할 수 있을 것이다. 그래야만 비로소 한국인의 주체적이고 보편적이며 건강한 사고는 싹틀 것이다.

11. 동양철학의 현대화

동양철학을 현대화하기 위한 최우선 과제는 현대적인 관점을 확보하는 일이다. 연구자의 지평이 현대화되어야 한다는 말이다. 이와 관련해 1980년대 말부터 확산되고 있는 '유물론적 동양철학 연구'는 주목할 만한 가치가 있다. 서구의 자유주의 사상은 기본적으로 반反봉건적이기 때문에 봉건적 요소가 다분한 동양의 전통사상을 이해하기 위한 현대적 패러다임으로 적절치 못하다. 우리 동양철학계가 마땅한 현대적 지평을 확보하지 못하고 동양철학에 대한 전통주의적 접근법을 고수해 온 것도 따지고 보면 이 같은 불가피한 사상사적 요인 때문이기도 하다.

그런 가운데 1980년대 말에 석·박사 과정에 있는 소장 연구자들을 중심으로 중국 본토의 유물론적 접근법에 기대어 동양철학을 이해하려는 풍조가 확산된 것이다. 이들은 대부분 '한국철학사상연구회(한철연)' 동양철학분과에 소속되어 있다. 그리고 중국에서 나온 『기의 철학』, 『음양오행설의 연구』 등 유물론적 입장에서 동양철학을 현대화한 책들이 이들에 의해 집중적으로 번역-소개되고 있다. 그리고 김교빈(호서대)·이현구(성균관대 강사) 두 사람은 『동양철학 에세이』를 펴내 좋은 반응을 얻고 있다. 아직 입문 단계이긴 하지만 이들의 연구가 소개 단계에서 집필 단계로 넘어가는 과정에 있음을 보여주는 사례라는 점에서 주목할 만하다.

이들의 작업 중에서 긍정적으로 평가해 주고 싶은 대목은 어쨌거나 '현대적 지평'에서 동양 전통 철학에 접근하고 있다는 점이다. 해방 후 이런 시도는 처음 이루어지는 것이나 다름없기 때문이다. 젊은 연구자들이 이런 방법에 빠지게 되는 것도 그 밑바탕에서 보면 그것이 유물론적이어서가 아니라 거의 유일한 현대적 방법이기 때문인지 모른다.

그러나 이들에게도 문제는 있다. '유물론'이라고 해서 맹목적으로 신봉하려는 태도가 그것이다. 세계의 현실은 유물론만으로는 버티고 설 수 없다는 것을 나날이 보여주고 있다. '현실'과 '변화'를 가장 중시하는 유물론을 신봉한다고 하면서 현실의 변화를 제대로 예측은 고사하고 파악하지도 못한다면 그것은 아무짝에도 쓸모없는 이론이 아닌가? 게다가 그 유물론이라는 것이 소박하고 교조적인데다가 '철저하게 중국적'이어서 '현재 우리나라'에서 통용될 수 있는 것인지도 의심스러운 것이다. 그들에게서 독자적인 사유보다는 또 다른 기성 사고틀에 의존하려는 태도가 두드러져 보이는 것도 이 때문이다.

철학은 길을 한번 잘못 들어서면 방향을 바꾸기가 개별 인문·사회과학에 비해 훨씬 어렵다. 자꾸 외국 이론에 의존하려 들지 말고 스스로의 힘으로 자신의 현대적 지평을 확보하고 이를 통해 전통사상을 재해석해 내려는 노력을 보여야 한다. 그런 훈련이 되어야만 우리도 살고 전통사상도 살 수 있을 것이다. 특히 중국도 외국이며 그것도 우리에 비해 전통문화 면에서는 훌륭하지만 20세기 들어 근대화라는 면에서는 훨씬 뒤떨어진 나라라는 것을 명확히 의식해야 한다. 사상도 그런 현실에 따라가야 하는 것이다. 유물론자라는 이름으로 시대에 뒤떨어진 사상적 사대주의자가 되어서는 곤란하지 않은가?

동양철학 전체가 안고 있는 또 하나의 문제는 동양철학의 글쓰기에서 찾을 수 있다. 크게 두 가지를 지적할 수 있겠다. 하나는 논문 작성법의 구태의연함이고 또 하나는 한문 사용법의 문제점이다. 논문 작성법을 보면 자신의 문제의식을 밝히는 부분은 하나도 없이 천편일률적으로 예닐곱 절로 나누어 개념 설명을 해 들어가는 것으로 논문을 다 썼다고 한다. 아무리 다른 분야도 엉망이지만 논문을 그렇게 작성하는 분야는 없다. 자신이 다루고자 하는 개념이 현대에서 어떤 의미를 갖는지에 대한 설명조차 없이 15세기면 15세기 식으로, 16세기면 16세기 식으로 써 내려간다. 예를 들어 「정도전 사상에 대한 현대적 조명」이라는 논문을 써 놓고 논문 내용은 해설로 일관하다가 결론 부분에 가서 '앞으로 정도전의 사상을 현대적 맥락에서 재해석해야 할 것'이라고 하고서 끝맺기가 일쑤이다. 이건 심하게 말하면 고급 사기라 할 수 있다. 이런 글쓰기를 개혁하지 않으면 동양철학이 근대 학문으로 선다는 것은 요원한 일이 될 것이다.

두 번째는 한문, 한자의 남발이다. 동양철학뿐만 아니라 동양학 분야 전공자들 상당수가 논문을 쓰면서 한문과 한자를 섞어 써야 동양철학의 품위가 나는 것으로 생각하는 경향이 있다. 이것은 그들이 한문을 잘해서라기보다는 학문적 의식의 결여와 한자 해독 능력의 부실함에서 오는 것이다. 만일 영국 관련 학문을 하는 사람들이 글에서 영문을 섞어 쓰고 인용문은 아예 영어로 해 버리고 독일, 프랑스, 러시아 등 모든 외국 학문 분야가 그런 식으로 한다면 그건 이것도 저것도 아닌 '짬뽕'이 될 것이다. 학문이 혼란만 야기하는 것이다. 이 말을 듣고 '한글 전용을 하자는 말이냐'라는 식의 유치한 반응을 보이는 사람이 있다면 그 사람은 당장 학문을 그만두어야 한다. 한글을 전용하자는 것이 아니라 한문을 해도 철저하게 현대의 한국말로 하자는 말인데 그 정도도 제대로 이해하지 못하는 사람이 학문을 해서 무슨 성과를 남길 수 있겠는가?

동양철학 분야를 끝내며 정말로 강조하고 싶은 말은 '학문을 할 수 없는 사람과 학문을 해서는 안 되는 사람은 학문을 하지 말아야 한다'라는 것이다. 다른 분야도 별 차이는 없지만 학문을 할 수 없는 사람과 해서는 안 되는 사람이 너무도 많이 학문을 한다고 착각하고 있기 때문이다.

끝으로 학문을 한다는 것은 학자 개인의 선호도 문제이기에 앞서 그가 속한 공동체 전체의 문제이기도 하다. 왜 이 말을 하는가 하면 나는 유학이 좋아서 유학만을 하겠다는 식의 태도로 학문을 해서는 안 된다는 말이다. 우리의 전통 생활과 전통사상을 보면 유학 못지않게 불교와 도교가 깊은 영향을 끼친 것이 명백한 사실이다. 그런데 현대에 와서 유학에 연구가 치중되었다는 이유로 과거의 역사도 유학 일색이었던 식으로 규정하는 것은 역사를 왜곡하는 것이나 다를 바 없기 때문이다.

3장

서
양
철
학

1. 서양철학의 전사前史 : 궁리학에서 철학으로

서양철학의 경우 그것이 들어오기 전까지 우리에게는 그 씨앗이 될 만한 것도 없었으니 도입사導入史가 곧 전사前史가 된다. 우리나라에는 서양철학이 조선 후기 천주교 전래와 함께 처음 들어오기 시작했는데 20세기 전후에 이르면 제법 소개된다. 그러나 이를 지칭하는 말조차 없어 '필로소피아'라는 원음의 소리를 본따 '비록소비아比祿蘇費亞'라 하든가 이학異學, 궁리학窮理學 등이라고 부르다가 1874년 일본의 '니시'라는 학자가 '철학哲學'이라고 번역하면서부터 동양 3국이 점차 이 용어를 일반적으로 사용하게 돼 현재에 이르렀다.

그 후 서양철학을 의미하는 '철학'이란 용어는 1895년 일본에서 간행된 구한 말 개화사상가 유길준의 『서유견문』, 1905년 칸트철학을 성리학과 비교한 유학자 이정직의 문집 『강씨철학설대략』, 1909년 11월 24일자 장지연의 《황성신문》 논설 「철학가의 안력眼力」, 1912년 한학자 이인재의 『희랍고대철학교변』, 1914년 《청춘》 창간호에 실은 최남선의 「백학명해百學名解」 등에 등장하고 있다. 이 중에서 이정직과 이인재의 글은 당시 유학자의 서양철학 인식을 공부하는 데는 도움이 되겠지만 전체적으로 학술적 가치는 없다.

우리나라 사람으로 정규대학 철학과를 처음으로 졸업한 이는 1917년 일본 와세다대 철학과를 졸업한 최두선이다. 그는 1922년 다시 독일 마르부르크대학으로 유학을 떠나 니콜라이 하르트만과 하이데거의 강의를 들었다. 그러나 도중에 귀국하면서 철학과는 거리를 두게 되었다. 그는 귀국할 때 서양 철학책 100여 권을 함께 갖고 들어와 당시 보성전문학교에 기증했는데 필자가 고려대에 다니면서 도서관에서 빌린 책의 표지 안쪽에 찍혀 있던 '崔斗善'이란 이름 석 자가 이렇게 해서 생겼다는 것을 이 책을 쓰면서 알게 되었다.

'처음'이니 '최초'니 하는 문제와 관련해 언급해야 할 또 한 사람은 최초의 철학박사 이관용이다. 1923년 스위스 취리히대학에서 「의식의 근본 사실로서의 의욕론」으로 학위를 받고 귀국해 연희전문학교에서 논리학, 심리학, 철학 등을 강의했는데 해외 독립운동과 사회주의 계열 활동에 가담한 것으로 알려져 있다. 그러나 특별한 학문적 업적을 남기지 않고 1933년 불의의 사고로 세상을 떠났다.

1920년대는 서양철학에 대한 관심이 청년 지식인들 사이에 폭넓게 퍼져 나간 기간이라고 할 수 있다. 조요한 전 숭실대 총장은 그 당시 분위기를 이렇게 전한다.

당시에 이미 세계적으로 명성이 있었던 버트런드 러셀이 1910년대 말에 북경대학에 와서 「마음의 분석」이라는 논문을 발표하였고 일본의 《개조》지에 사회문제에 관한 논문을 발표했다. 또 존 듀이는 1919년 일본의 동경제대에 와서 '철학의 개조'라는 강연을 하고 그 길로 북경대학에 가서 '현대의 세 철학자'라는 강연을 가진 바 있어 한국의 지식인에게도 크게 자극된 바 있었다.

1920년대라는 이 시기가 서양에서는 루카치, 하이데거, 비트겐슈타인이 각각 『역사와 계급의식』(1923), 『존재와 시간』(1927), 『논리철학논고』(1922)를 내놓아 서양의 전통 철학 지평을 전환하고 있던 때라는 점만 상기해 두자.

1920년대에는 프랑스 파리대학 철학과에서 정석해(전 연세대 교수), 김법린(전 문교부 장관), 이정섭 등이 학사학위를 받았고, 1925년에는 백성욱(전 동국대 총장)이 독일 뷔르츠부르크대학에서 「불교의 형이상학」이란 논문으로 박사학위를 취득해 귀국했다. 1926년에는 안호상(전 문교부 장관)이 독일 예나대학에서 「헤르만 로체의 관계 문제를 위한 의미」라는 논문으로 학위를 받고 귀국해 보성전문학교에서 강의를 맡았다. 그밖에 이름을 거명하자면 10여 명은 족히 될 사람들이 서양철학을 공부해 각종 전문학교 교수를 맡았는데 그 학문적 수준이라는 것은 조야했다고 보는 것이 정확할 것이다. 박영식 전 연세대 총장은 1970년대 초에 발표한 「1900년에서 1965년까지의 인문과학으로서의 철학 수용 및 전개 과정」이란 글에서 당시의 철학을 이렇게 평가하고 있다.

초창기의 여러 전문학교에서 개설된 철학 관계 교과목은 철학 개론, 논리학, 윤리학, 심리학, 사회학, 교육학 등 오늘날 교양 철학의 범위를 벗어나지 못하고 있었는데……

한편 1926년에 경성제대에 철학과가 설치되고 1929년에 김계숙(전 서울대 교수), 권세원(전 성균관대 교수), 조용욱(전 동덕여대 학장) 등이 1회 졸업생이 되었다.

1930년대가 되면 철학 전문 학술지가 등장하게 된다. 또 학회 성격의 학술 모임도 만들어진다. 그만큼 연구자가 증가한 것이다. 1933년에 일본 입교 대학 철학과 출신 이재훈(전 서울대 미대 교수)이 주도적 역할을 해 《철학》이라는 학술지를 발간한 것이다. 1936년 이재훈이 시국 사건으로 일본 경찰에 검거될 때까지 《철학》은 3호를 발간했다. 이 같은 학술지 발간은 우리나라 서양철학 연구사에 있어 획기적인 사건이라고 평가해도 지나치지 않을 것이다.

창간호에는 박종홍, 권세원, 이종우(전 고려대 총장), 안호상, 김두헌(전 건국대 총장), 신남철(월북) 등이 글을 실었다. 2호(1934년)와 3호(1935년)에는 동경대 철학과 출신 이인기(전 숙명여대 총장), 시카고대학에서 학위를 받고 귀국한 갈홍기(전 공보부 장관), 일본 경도대 철학과를 졸업한 전원배(전 원광대 교수), 경성제대 출신의 박치우(월북) 등이 논문을 발표했다. 해방 후 한국의 서양 철학계를 이끌게 되는 사람들은 이때 대부분 등장한 셈이다. 물론 여기에 실린 글들은 대부분 문학으로 치자면 습작 수준이었다. 그러나 이들은 뒤에 학문적 성과가 입증하듯이 학자로서의 충분한 소질을 이미 발휘한 것으로 보아야 한다.

이 시기에 또 하나 짚고 넘어가야 할 사실은 '철학담화회哲學談話會'라는 학술 모임을 발족시킨 일이다. 경성제대 철학과 출신들이 중심이 된 이 모임에는 김계숙, 권세원, 박종홍, 고형곤(전 서울대 교수), 최재희(전 서울대 교수), 김규영(전 서강대 교수) 등이 주축이 됐으며 안호상, 이종우, 손명현(전 고려대 교수) 등이 가담해 당시로서는 사실상 한국철학회의 역할을 했다고 할 수 있다.

여기서 한 가지 지적해 두어야 할 점은 이들은 한 분야만 충실히 하는 학문적 태도를 보였다는 점이다. 그것은 아마도 일본식 학풍의 영향인 듯싶다. 그래서 박종홍 하면 하이데거, 권세원 하면 윤리학, 최재희하면 칸트, 이종우 하면 딜타이의 생철학, 손명현 하면 그리스철학이라는 등식이 성립할 정도였다.

그리고 1945년 해방이 불현듯 찾아왔다. 요즘 같으면 한창 공부할시기에 이들은 모두 교수가 되고 이 분야에서는 국내 최고의 학자로 떠오르게 된다. 이것은 그 개인들에게는 영광이었는지 몰라도 우리 학문을 위해서는 지극히 불행한 일이 아닐 수 없다. 석사학위만 갖고서, 때로는 학사학위만으로 교수가 된다는 사실은 학문적 훈련의 결여를 의미하기 때문이다. 박종홍을 제외한 나머지 학자들이 에세이 모음집 정도의책만 남기고 학술적 가치를 지닌 저서들을 별달리 남기지 못한 것도 따지고 보면 이런 정황에서 비롯되는 것이다. 그 폐해는 이들이 길러낸 2세대 학자군에서 단적으로 드러나게 된다.

2. 서양철학과 한국철학 기초를 다진 박종홍

국내 서양철학과 한국철학의 기초를 닦은 열암 박종홍에 대한 평가는아직도 양극단이다. 그의 사상을 '열암철학'이라 부르며 '해방 이후 최고의 철학자요 참스승'이라고 극찬하는 입장이 있는가 하면 유신체제에 협조한 극우 철학자라는 혹평도 있다. 젊은 시절 그가 '미치다시피' 흠뻑빠졌던 독일 철학자 하이데거가 나치 정권에 협력함으로써 죽는 그 날까지 시달려야 했던 '극우 철학자'의 족쇄에 자신도 걸려든 셈이라고나 할까. 게다가 두 사람은 1976년 같은 해에 세상을 떠났다.

해방 이후 안호상, 김두헌, 고형곤, 최재희 등과 함께 국내에 서양철학을 본격 소개한 제1세대에 속하는 열암은 그러나 학문적 업적 면에서 이들과 비교할 수 없는 탁월한 각인을 학계에 새겨 놓았다. 해방 직후 경성제대 철학과에 재직했던 일본인 교수들의 귀국환송회 때 아베노세 교수는 "장차 조선의 철학을 이끌 사람은 박종홍"이라고 했는데 그대로 된 셈이다.

열암이 철학을 하게 된 동기는 엉뚱하게도 3·1운동 때문이다. 고등보통학교 3학년인 17세 때 3·1운동에 관련돼 일본 경찰에 끌려가 3주 동안 고초를 겪었는데 이때 그는 "조선 사람이 조선 독립을 한다는데 왜 일경日警에서 경을 쳐야 하는가. 도대체 우리나라는 무엇인가"라는 민족의식을 갖게 된다. 그가 이후 대학에서 서양철학을 강의하면서 틈틈이 한국철학사를 쓰기 위해 무진 애를 썼던 것도 실은 이 같은 청년기의 의식이 반영된 것이다.

고등보통학교를 졸업하고 청년기를 교사로 지내던 열암은 27세 때 경성제대 철학과에 입학한다. 당시 철학과는 독일과 교류가 잦았던 일본 학계의 영향으로 신칸트주의와 현상학, 특히 하이데거에 대한 관심이 높았다. 그는 마르크스주의와 하이데거를 접목했던 미키 기요시에 매료되기도 했다. 이때부터 열암은 이론과 실천의 통합 문제에 관심을 기울였던 것으로 보인다. 그가 《철학》지에 기고한 논문의 제목도 「철학하는 것의 현실적 지반」이었고 학문적 생애를 일관해 '현실'과 '실천'이라는 쌍개념은 박종홍을 움직였던 사상적 테두리를 그려주는 핵심이다.

해방 이후 1976년 세상을 떠날 때까지 독보적인 철학자의 위치를 굳힌 열암은 실존철학과 분석철학 그리고 한국사상사를 강의하며 이 땅의 젊은 지성들을 사로잡았다. 열암의 탁월성은 관심 분야의 폭과 깊이를 동시에 유지했다는 데 있다.

열암의 학문은 "서양의 학문 방법을 익힌 다음 우리 사상의 맥을 잡겠다"라는 일관된 방향으로 나아갔다. 이는 요즘 일부 학자들이 시도하듯 서양철학을 단순히 한국철학에 적용해 보는 식의 조잡한 시도가 아니었다. 이미 서양 문물에 접하면서 근대에 들어선 한국인의 정신 구조를 제대로 파악하려면 그것을 동서철학이 융합된 복합적 정신세계로 이해할 때 가능하다고 본 것이 열암의 입장이었다. 그가 한국사상사의 후반부를 '한국인에게 근대적인 사상의 추이'와 '서구사상의 도입과 그 영향'이란 주제로 장식한 것도 이 때문이다.

이 같은 평생 작업을 통해 그가 도달한 결론은 '한국사상의 요체는 중용中庸'이라는 것이다. 미완성으로 끝났지만 그가 각기 3권의 저작을 통해 서양의 논리학을 형식논리, 인식논리, 변증법적 논리로 체계화한 다음 구상했던 것이 '역易의 논리'인데 이는 중용의 전개 양상을 밝히려 했던 것으로 보인다. 서양철학과 관련해서 박종홍의 업적이 두드러지는 것이 이 부분이다. 제1세대 학자로서의 책임성에 대한 자각에 기초해 후학들에게 두고두고 도움이 될 수 있는 작업으로서 서양철학의 방법론을 형식논리학, 인식논리학, 변증법적 논리학이라는 나름의 체계를 통해 정리해 낸 것이다. 그것도 삼류 해설서는 제쳐 두고 원전과 씨름해 얻어 낸 성과를 자신의 사유에 바탕을 두고 엮었다는 점에서 그의 학문하는 정신은 지금의 학자들에게도 귀감이 되고 남음이 있다. 그는 여기서 그치지 않고 동양철학의 문제에도 관심을 기울여 '역의 논리'와 '창조의 논리'를 구상하고 일부는 연구를 진행했는데 미완성으로 끝났다. 학계는 지금도 이 부분이 그의 생전에 결실을 보지 못한 데 대해 안타까움을 금하지 못하고 있다.

최근 활기를 보이는 '열암철학'의 개화 작업은 우리 학계에 흔한 상투적 스승 예찬과 격을 달리한다. 1987년 김규영(전 서강대 교수)이 논문 「열암사상의 철학적 골자」를 발표한 이래 박종현(성균관대), 김병우(한남대) 등이 분야별 연구 결과를 발표했으며 한전숙(전 서울대)은 열암철학의 전모를 밝히는 작업에 몰두하고 있다.

격동의 현대한국사를 치열하게 살다 간 철학자 박종홍이 이 땅에 남긴 정신적 자양분은 일시적인 현실 참여로 인한 그의 오점을 상쇄하고도 남음이 있다. '세계 속의 한국'이 점차 절박한 문제로 떠오르고 있는 현재의 정신적 상황에서도 더욱 그러하다.

3. 북으로 간 철학자 박치우와 신남철

초창기 경성제대 철학과 입학생들 면면을 보면 김계숙, 권세원, 박종홍, 고형곤 등 제1세대 철학자들 이외에 낯선 이름인 신남철과 박치우도 포함된다. 이 두 사람은 자진 월북했다. 이로 인해 그들은 남한의 지식인 명부에서 지워졌고 이내 잊혀진 인물이 되고 말았다. 자료에 따르면 신남철은 1950년대까지 김일성대학의 철학 교수로 재직하다가 숙청된 것으로 알려져 있고 박치우 또한 반反김일성 노선을 취했다는 이유로 1949년에 숙청되었다고 한다. 혹은 남한에 빨치산으로 파견돼 오대산에서 전사했다는 이야기도 있다.

이 두 사람과 함께 대학 생활을 했던 원로학자들의 이들에 대한 기억과 평가는 각기 다르다. 김규영은 "그 사람들을 철학자로 분류할 수 없으며 언급하고 싶지도 않다"라고 강한 불쾌감을 보였다. 박치우와 대학

동창인 고형곤은 "그는 해방 전까지는 학문에 열심이었는데 해방이 되면서 사상운동에 몰두했다"라고 회고했다. 그러나 김일성대학 창설을 주도했던 재在 러시아 학자 박일은 "해방 직후 북한에는 학자들이 없어 서울에 있던 학자 600명을 평양으로 비밀리에 불러올렸는데 그때 박치우도 포함돼 있었다"라며 "탁월한 한문 실력과 온화한 인품이 아직도 기억에 남는다"라고 말했다.

중요한 것은 저서다. 그들이 남한에 있을 때 책을 냈다면 일단 월북 이전까지 그들은 남한의 지식인으로 활동했다고 봐야 한다. 박치우는 1946년에 『사상과 현실』을, 신남철은 1947년에 『역사철학』을 출간했다. 숭실전문학교 교수를 거쳐 1940년 일제에 의해 폐간되기 직전까지 《조선일보》 학예부 기자로 일했던 박치우는 해방 이후 좌파 신문인 《현대일보》 발행인 겸 주필을 맡아 논객으로 활동했기 때문에 전문 학자라고 분류하기는 곤란하다. 그러나 『사상과 현실』에 담긴 논문 「철학의 당파성」, 「현대철학과 인간문제」, 「세대사관 비판」 등은 국내 여러 학자의 연구를 통해 수준 높은 학문성을 유지하고 있는 것으로 평가돼 왔다. 그를 '철학자'라고 부르기에 전혀 손색이 없다는 것이다.

반면 일관된 학자의 길을 걸은 신남철의 『역사철학』은 「역사철학의 기초론」, 「르네상스와 휴머니즘」, 「신헤겔주의와 그 비판」 등 고도의 학술 논문으로 이뤄져 있다. 특히 실존주의가 유행하기도 전에 이를 '독일의 부르주아 지식인이 자신들의 무력無力을 자각하고 기분상의 안심입명安心立命을 찾으려는 침체의 철학'이라고 적확하게 인식하고 이를 비판한 논문 「실존철학의 역사적 의의」는 지금 보아도 경탄을 자아내게 할 정도라는 것이 이를 읽어 본 학자들의 한결같은 평가이다.

이들에게 특히 주목해야 하는 이유는 각기 독자적인 철학 이론을 펼쳤다는 점이다. 일본 교수들로부터 '일본에서도 보기 드문 천재'라는 이야기를 들을 정도로 명민했던 박치우는 이미 30대 초반에 「위기의 철학」이라는 논문에서 '주체적 파악설'이라는 독자적 인식론을 전개했다. 그는 인간이 사물을 인식하는 단계를 교섭적 파악, 모순적 파악, 실천적 파악으로 구분하고 모든 사회적·역사적 인식은 이런 3단계를 거쳐야 하며 특히 실천적 파악 단계에 이르러야 완전한 인식이 가능하다고 주장했다. 그리고 신남철은 인식 과정을 수용, 가공, 표현의 3단계로 된 '신체의 변증법'을 제시했다.

두 사람이 이처럼 독자적 이론을 전개한 데 대해 이들에 관한 연구를 해온 황문수(경희대 철학)는 "이들의 독자적 이론이란 것은 사실 초보적이고 순진하기까지 하다"라고 평가하면서도 "그러나 당시 다른 철학자들이 개론 수준의 저술을 내고 있을 때 외국 이론에 대한 수준 높은 이해를 바탕으로 나름의 이론을 세우려 했다는 사실은 높이 살 만하다"라고 말했다. 최근에는 김재현(경남대 철학)이 계간지 《시대와 철학》에 이 두 사람의 학문과 생애를 조명하는 글을 싣기도 했다.

남南을 버리고 갔지만 북北으로부터도 환영받지 못한 박치우와 신남철, 이념 대립이 극심한 시대를 살아야 했던 지식인의 운명을 단적으로 보여주는 이 두 사람에 대한 올바른 평가는 아무래도 냉전의 잔재가 완전히 사라진 이후 후대 학자들이 맡아야 할 몫인 것 같다.

덧붙일 점은 박종홍과 박치우의 관계이다. 뒤늦게 입학한 관계로 박종홍이 박치우보다는 나이가 좀 위였지만 상당한 친분을 유지했던 것으로 전해진다. 그러나 두 사람은 공히 이론보다는 실천의 우위를 강조하면서도 박종홍은 우파에, 박치우는 좌파에 섰다. 박치우가 자신의 저서에서 제기한 "이론보다 실천을 강조하는 것은 옳다. 그러나 다시 실천을 위한 이론으로서는 볼셰비즘과 파시즘이 있는데 어느 쪽을 선택할 것인가"라는 물음은 박종홍을 염두에 둔 것으로 이해해도 무리가 없을 것이다.

이런 선상에서 박종홍은 말년에 유신체제에의 참여로 '극우 철학자'의 오명을 쓰게 되고, 박치우 자신은 북한 이데올로기의 희생물이 되었다는 역설적 현실은 격변하는 시대를 살아야 했던 지식인의 삶이 얼마나 자신의 의지와는 무관할 수 있는지 그리고 '학문과 현실'의 일정한 긴장 관계를 유지하는 것이 얼마나 어려운 일인지를 새삼 느끼게 해 준다.

박종홍과 박치우 그리고 신남철이 더불어 다루어지고 재조명을 받게 되는 시점이 바로 통일의 그 날이 아닐까 생각해 본다.

4. 독후감 철학의 계몽과 교양

국내 서양철학자들은 흔히 1950년대와 1960년대를 실존철학이 풍미했던 시기로 파악한다. 조요한은 한국의 서양철학을 회고하는 글에서 "전란의 폐허 속에서 불안이니 죽음이니 하는 실존철학이 당시 지식인들을 사로잡은 것은 당연한 것"이라고 말했다. 실제로 철학뿐만 아니라 문화 전반에 걸쳐 실존實存은 당시 최고의 화두였다. 문학에서 도스토옙스키와 톨스토이, 카뮈 등이 그리고 철학에서는 니체, 하이데거, 사르트르, 야스퍼스 등이 일반인뿐 아니라 학자들 간에도 최고의 인기를 누렸다.

이미 한국전쟁 당시 피난 캠퍼스에서부터 '실존철학 바람'은 일기 시작했다. 서울대 박종홍, 고형곤 두 교수가 하이데거와 야스퍼스 철학을 집중적으로 강의하면서 압도적인 다수가 이 두 철학자를 전공하게 되었다. 이는 다른 대학들도 마찬가지였다. 또한 1950년대 초반부터 관련 번역서들이 줄을 이었고 1958년 김준섭이 『실존철학』을 낸 이래 이효상의 『두 가지 실존주의』, 안병욱의 『키에르케고르』, 조가경의 『실존철학』 등의 저서가 선보였다. 실존주의는 해방 전 마르크스주의에 이어 두 번째 유행 사조였던 셈이다. 그러나 지금에 와서 보면 이들 개론서들은 원전에 대한 연구가 제대로 되지 않은 상태에서 일본의 도식적인 소개서 몇 권을 취합한 것이 많았기 때문에 학술적 가치가 있는 것은 드물었다.

단적인 예로 한국정신문화연구원에서 나온 『한국민족문화대백과사전』의 실존주의 항목을 읽어 보면 된다. 실존주의를 몇 가지로 구분하면서 "둘째는 최고의 원리로서의 신을 부정하고 인간의 존재를 거기에 있다는 사실로서 파악하려고 하는 하이데거, 야스퍼스 계열의 실존주의로 카뮈, 블랑쇼, 누보로망 계열의 소설이 여기에 속한다"라고 설명하고 있는데 야스퍼스가 신을 부정한다는 것은 도대체가 말도 안 된다. 또 "실존주의는 하이데거의 저서 『시간과 존재』에서 처음 사용된 개념인 듯하다"라고 해서 『존재와 시간』의 책 제목도 거꾸로 알고 있을 뿐만 아니라 그 책에는 실존이란 용어는 나와도 실존주의라는 용어는 전혀 없다는 것을 모르고 있다. 더욱이 실존과 실존주의의 차이가 얼마나 큰지에 대해서도 아무런 이해가 없다. 문학계의 대표적인 인물이 쓴 이 항목만 보더라도 1950~1960년대의 실존주의 이해가 얼마나 엉성하고 피상적이었는지를 분명하게 알 수 있다.

다만 조가경의 『실존철학』은 지금도 이 분야의 명저, 아니 우리나라 서양철학 연구를 통틀어 몇 번째 안에 드는 저작으로 꼽힐 만큼 탁월한 안목을 보이고 있다. 당시로서는 비교적 생소한 철학자였던 셸링과 후설에게서 실존철학의 단서를 찾아내 사르트르와 하이데거에 이르는 실존철학의 계보를 일관되게 서술했기 때문이다.

한국 서양철학계에서 조가경이란 존재는 특이한 자리를 점하고 있다. 1950년대 초 서울대 철학과를 졸업하고 독일 하이델베르크대에 유학, 「노자의 자연사상」에 대한 연구로 박사학위를 받고 귀국한 그는 1950년대 후반 서울대 교수가 되고 1961년에는 『실존철학』이라는 명저를 냈다. 그러나 내부적 갈등으로 서울대를 떠나 뉴욕주립대 버펄로대학에서 다시 교편을 잡았다. 지금도 동양사상에 관한 논문을 미국과 독일 학계에 꾸준히 발표하고 있다.

한편 실존주의 못지않게 많은 관심을 끈 것은 미국의 프래그머티즘이다. 이 시기에 윌리엄 제임스의 『프래그머티즘』, 블라우의 『미국철학의 인간과 사상』, 타운센트의 『미국 사상사』 등이 번역됐고, 국내 저술로는 안병욱의 『미국철학사』, 김계숙의 『구미교육과 철학의 동향』 등이 나왔다. 이는 당시 미국이 한국에 조직적으로 미국 학풍을 심으려는 움직임과 무관치 않았다. 특히 이런 움직임은 교육학계에 뚜렷했고 프래그머티즘이 강한 영향을 남기게 된 것도 결국은 철학보다는 교육학 쪽이었다.

이처럼 1950년대 말 우리의 서양철학 연구 수준이 일천했음에도 불구하고 독일의 실존철학자 칼 뢰비트와 오토 볼노브, 미국의 프래그머티즘 철학자 콰인과 시드니 훅 등이 잇달아 방한해 강연을 가졌던 것은 실존주의와 프래그머티즘에 대한 국내 철학계의 이상 열기와 무관치 않았다.

그러나 전체적으로 보면 당시의 철학 연구 수준은 박종홍, 조가경의 저서를 제외하고는 좀 혹평이 되겠지만 '독후감 철학'을 맴돌았다. 연구라기보다는 읽고 이해하기에 급급했던 것이다. 국내 저술이 거의 없었고 원서마저 구입하기 어려운 실정에서 일제하에서 교육을 받은 제1세대와 제2세대에게는 어쩌면 당연한 일이었는지 모른다. 이런 현상은 1950년대 말부터 해외 유학생들이 본격 귀국할 때까지 계속됐다. 1950년대에 유학을 하고 돌아온 학자는 미국에서 김준섭, 김하태, 독일에서 조가경, 서동익, 김종호 등이다. 이들은 소개 수준에서나마 활발한 저술 및 번역 활동을 펼쳐 영미와 독일 등 해외 학계 동향에 목말라 있던 국내 식자들의 지적 갈증을 상당히 해소해 주는 역할을 했다.

서양철학계가 나름대로 모습을 갖추게 된 것은 1960년대에 와서다. 국내에서는 하기락, 최일운, 이영춘 등이 박사학위를 받았고, 독일에서 이규호, 임석진, 박용호, 김여수, 차인석, 이정복 등이 학위를 받고 귀국해 국내 학계에 활력소 역할을 했다.

그러나 지금의 시점에서 보면 하기락의 『하르트만 연구』, 조가경의 『실존철학』, 이규호의 『현대철학의 이해』, 임석진의 『헤겔의 노동 개념』, 차인석의 『사회인식론』, 『사회의 철학』 등을 제외하면 학술적 가치를 가진 저서를 낸 사람들이 거의 없다. 정규 과정을 밟아 국내외에서 학위를 받은 세대가 이 정도였으니 그렇지 못한 학자들에게 큰 기대를 건다는 것 자체가 무리이기도 했다. 게다가 독일 유학생 중에서 어떤 이는 학위를 받기 위해 독일인 지도교수에게 반半협박 반半애걸을 했다 해서 한동안 철학계의 이야깃거리가 되기도 했다.

1950년대와 1960년대에 독후감 수준의 '계몽과 교양 철학'이 활발했던 반면 학문적 연구는 부실했다는 사실은 1953년 환도 직후 발족한 한국철학회의 학회지 《철학》의 운명에서 확인된다. 1953년 창간호를 내고 2년 후인 1957년 제2집이 나온 후 1969년까지 전혀 나오지 못했다. 이는 재정상의 이유도 있었겠지만 논문다운 논문이 없었던 것이 가장 중요한 이유일 것이다. 이런 점에서 1950, 1960년대는 좋게 말해서 철학의 기초를 다진 시기라고 할 수 있겠지만 사실은 '아류亞流의 시대'라 부르는 것이 더 정확할 것이다.

5. 에세이 철학자의 등장 : 안병욱, 김형석, 김태길

책이 나오기만 하면 베스트셀러가 될 만큼 에세이 철학이 광범위하게 읽혔던 적이 있다. 1950년부터 시작된 이런 풍조는 1980년대 초반까지 이어졌다. 철학을 알고 싶어 하는 일반 독자들에게 가장 손쉬운 에세이 형태로 접근해 갔기 때문에 어쩌면 그 같은 인기를 누렸던 것은 당연한 일면도 있다. 그러나 그것이 과연 바람직하였는지는 반성의 여지가 있다는 것이 학계의 일반적인 시각이다.

흔히 에세이 철학자라 하면 안병욱(전 숭실대 교수), 김형석(전 연세대 교수), 김태길(전 서울대 교수)을 꼽는다. 이들은 1950년대부터 1980년대 말까지 각각 36종, 33종, 16종의 저서를 내 왕성한 집필 의욕을 보였다. 이 중에는 간혹 전문 학술서가 한두 권 포함돼 있지만 대부분 일반인이나 학생들을 상대로 쓴 에세이다. 내용은 주로 청소년들을 향해 '이렇게 살아라, 저렇게 살아라' 하는 식의 교훈과 계몽을 담은 것들이다.

학자들이 연구하는 틈틈이 생활 속 단상이나 현실에 대한 통찰을 담담한 필체로 담아 수필집을 내는 것은 동서고금 어디서나 환영받는 일이다. 국어학자 이희승의 『딸깍발이』나 국문학자 조지훈의 『지조론』이 많은 사람에게 잊혀지지 않는 감동으로 남아 있는 것도 그 때문이다. 서양의 경우 몽테뉴나 베이컨의 수상록이 대표적으로 아직도 널리 읽히는 고전에 속한다.

그러면 이들 세 명의 에세이 철학자가 이루어낸 성과는 어떻게 평가할 수 있을까? 학계 의견은 대부분 비판적이다. "내용 면에서 철학이라고 할 만한 것이 별로 없는데도 철학에세이 운운함으로써 학문으로서의 철학을 저속화했다"라는 것이다. 실제로 이들 저서의 제목을 보면『때로는 마음이 아플지라도』,『누가 들꽃보다 아름다운 옷을 지으랴』,『갈대는 바람에 흔들려도』,『홀로 있는 시간에』 등 보기에 따라서는 사춘기 소녀의 감성에 호소하는 수준이다. 내용도 철학석 사고를 함양하기보다는 인생론, 처세술 수준의 권고에 머문 것들이 대다수다.

그러나 일부 긍정적 평가도 있다. "철학이 대중을 위해 존재하는 것은 아니지만 대중을 무시해서도 안 된다는 점에서 이들의 계몽적 역할이 크다"라는 것이다. 특히 "전후戰後 황폐화된 국민들의 마음을 쓰다듬고 새로운 출발을 위한 초석을 놓는 데 크게 기여했다는 점에서 이들의 역할을 과소평가해서는 안 될 것"이라는 시각이다. 조요한은 이들의 작업에 대해 "진리를 연구실의 책 먼지 속에서만 찾으려는 강단 철학은 화석과 같이 굳어서 철학이 짊어져야 할 과제를 상실하게 된다. 역사적 현실에서 자기의 과제를 발견하는 것이 철학이라면 대중을 위한 철학적 교양은 깊은 뜻을 갖는다"라고 평가했다.

1980년대 들어 본격화되기 시작한 '철학의 대중화' 문제와 관련해 이들 세 명의 에세이 철학자는 선구적 역할을 한 셈이다. 특히 김태길은 1990년대 들어 철학문화연구소를 개설해 계간《철학과 현실》을 간행하는 한편 황경식(서울대), 이명현(서울대), 엄정식(서강대), 이한구(성균관대) 등 20여 명의 후배 학자들과 함께 철학을 일반인에게 널리 알리기 위한 각종 행사들을 주최하고 있다. 그리고 이 중에는 '어린이를 위한 철학' 교재나 강좌에 관심을 기울이는 사람도 있다.

이 그룹은 어떤 의미에서는 국내에서 유일한 철학 전문 연구단체인데다가 정기적인 저널까지 발행하고 있다는 점에서 주목할 만한 가치가 있다. 그런데 좀 더 자세히 들여다보면 사정이 긍정적인 것만은 아니다. 대부분 영미철학 계통을 전공한 서울대 교수들이 중심이 되어 사랑방 철학, 교양 철학, 청소년을 위한 철학, 어린이를 위한 철학 등 새로운 연구와는 전혀 무관한 사업성 철학에 치중하고 있다는 점에 그 특징이 있다. 속되게 말하면 미국에서 배운 철학을 상품화해서 판매하겠다는 것이다.

문제는 이들이 국내에서는 최고의 대학에 있었던 혹은 있는 교수들이라는 데 있다. 이들이 함께 모여 공동연구를 진행하고 한국 내 서양철학의 연구 수준을 심화하는 일보다는 철학의 대중화에만 전념한다는 것은 아무래도 일의 순서가 맞지 않다. 학파나 학맥이라기보다는 '인맥'이라는 비판을 듣게 될 소지가 크다는 말이다.

실제로 그 같은 우려를 보여주는 일이 있었다. 주로 영미 계통의 윤리학설을 요약, 정리한 김태길의 저서 『윤리학』이 「우리 시대의 명저」라는 한 일간지의 시리즈에 채택된 일이 있었다. 그 추천자들이 바로 그의 주변에 있는 후배 학자 3인이었다. 그 책 『윤리학』이 과연 우리 서양 철학계를 대표할 만한 명저에 속할 수 있는가—만일 이 책이 그 범주에 속한다면 그만큼 우리 철학계가 연구한 것이 없다는 방증이 되겠지만—도 의문이지만 서로의 관계를 세상이 다 아는데 어떻게 이런 책 선정이 있을 수 있는지 이해가 되지 않는다. 물론 다른 책을 선택할 것이 전혀 없었다면 모르지만 말이다.

그리고 최근에는 강영계(건국대)의 『젊은 여성을 위한 철학 에세이』, 이명현의 『열린 마음 열린 세상』, 엄정식의 『철학으로 가는 길』 등이 연이어 출판돼 제2세대 에세이 철학자군이 형성될 조짐을 보이고 있기도 하다. 동국대 교수직에서 물러난 황필호 씨도 개인 연구소를 내고 《어느 철학자의 편지》라고 해서 잡지를 내는 등 이와 비슷한 작업을 하고 있다. 이들은 1세대 에세이 철학자들에 비해서는 강단 철학 이야기가 더 많이 들어 있다는 공통점을 갖고 있다. 소위 순도純度가 조금 높아진 것이다.

텍스트를 깊이 연구하고 번역하고 이에 관한 연구 성과를 내는 가운데 느끼는 자기 생각이나 느낌을 정리해서 내는 에세이라면 얼마든지 환영받을 수 있다. 그 대표적인 경우로 철학 분야는 아니지만 불교미술사를 전공하는 강우방(국립중앙박물관 학예연구실장)의 경우를 들 수 있다. 그는 30년에 걸친 일관된 연구 끝에 불교미술에 관한 연구서인 대작『원융과 조화』를 내고 뒤이어 그 연구를 하면서 느꼈던 개인적 단상을 정리한『미의 순례』를 펴냈다. 학계에 있지 않으면서도 한국 불교미술의 새로운 지평을 열어낸 그의 학구적 노력도 경탄스럽지만 더욱 놀라운 것은 개인적 단상을 담았다고 하는『미의 순례』란 책이 지금까지 읽은 그어떤 국내 학자의 글보다 탁월한 자기 철학을 일관되게 제시하고 있다는 점이다.

'얄팍한 연구'와 '얄팍한 글' 그리고 거기에 따르는 '허명虛名'. 소위 에세이 철학자들이 가진 세 가지 무기이다.

6. 오랜 연구 전통, 빈약한 연구 성과 : 현상학

국내 유일의 철학 전문 출판사로 1980년대 중반부터 독보적인 위치를 구축한 서광사의 편집장이었던 주상희 씨는 1991년 「한국 철학서적 출판에 대한 실태 분석—해방 이후부터 1990년까지」라는 논문으로 중앙대 신문방송대학원에서 석사학위를 취득했다. 몇몇 언론에 단편적으로 보도되고 끝났지만 나는 이 논문을 읽으면서 주상희 씨의 철학에 대한 절절한 애정을 느낄 수 있었을 뿐만 아니라 우리나라의 철학 연구가 어떻게 진행돼 왔는지를 한눈에 알아볼 수 있었다. 분야별 연구사가 거의 없는 우리 학계의 실정에 비추어 본다면 더할 나위 없이 소중한 연구 성과라고 할 것이다. 철학 분야에 관한 한 조희영(전 전남대)의 박사학위 논문 「현대 한국의 전기 철학사상 연구」와 함께 주 씨의 이 논문은 내가 이 작업을 하는 데 다시없이 귀중한 참고 문헌이 돼 주었다는 점을 밝혀 둔다.

주 씨의 논문 중에 그동안 우리나라에서 석·박사학위 논문 테마로 가장 많이 언급된 철학자를 30위까지 뽑아 놓은 자료가 있는데 그중 10위까지만 열거하면 다음과 같다. 칸트, 헤겔, 하이데거, 플라톤, 듀이, 후설, 마르크스, 아리스토텔레스, 니체, 야스퍼스 등이다. 그런데 이는 해방 이후 지금까지를 모두 포함시켰기 때문이고 1980년대부터 따진다면 헤겔, 하이데거, 플라톤, 후설, 아리스토텔레스, 니체 등이 단연코 두각을 나타내고 있다고 할 것이다. 이 중 하이데거와 후설이 현상학자로 분류된다. 그만큼 우리 학계에는 현상학에 대한 관심이 높은 편이다.

실제로 현상학에 대한, 좀 더 정확히 말하면 후설에 대한 우리 철학계의 관심은 서울대를 중심으로 1950년대 중반부터 생겨나기 시작했다. 그런데 여기서 짚고 넘어가야 할 문제가 좀 있다. 도대체 전쟁 직후의 한국에서 왜 굳이 '현상학'이란 철학 분야가 큰 관심을 끌어야 했는가를 생각해 보지 않을 수 없는 것이다. 이 무렵 현상학을 전공한 철학자들이 지금은 다 학계의 원로들이다. 그 면면을 보면 한전숙(전 서울대), 윤명로(전 서울대), 소광희(서울대), 신귀현(영남대), 이영호(성균관대) 등이다. 국내 현상학의 제1세대라고 할 수 있는 이들은 대부분 박종홍 식의 현상학 연구, 즉 인식의 기초를 탐구하는 선험철학으로서의 현상학 연구로부터 큰 영향을 받았으며 한국현상학회를 중심으로 활동을 해왔다. 그런데 이들의 현상학 연구는 한결같이 '엄밀학'이라는 현상학의 내적 이념에 사로잡혀 현상학을 전체적인 시야에서 이해하지 못하고 그 안에서 머물뿐 독자적인 문제의식을 전개하지 못한 한계를 드러냈다. 좋게 말하면 주석이고 나쁘게 말하면 해설에 머문 것이다.

그래서 이들 중에서 현상학에 관한 학술 저서를 낸 학자는 한전숙과 윤명로 두 명 정도이다. 정년을 몇 년 앞두고 그간의 연구 성과를 집결해 『현상학의 이해』라는 저서를 낸 바 있는 한전숙은 스스로 자신의 학문하는 태도를 '훈고학'이라 부를 만큼 집요하게 후설 현상학의 기초 개념 해명과 주석 작업에 충실해 왔다. 따라서 한전숙의 작업은 후학들에게 여러모로 도움을 준다. 다만 자기 색깔을 지나치게 억제한 것이 흠이라면 흠이라 할 수 있을 것이다.

윤명로는 일관되게 신칸트학파와 후설의 현상학을 동일선상에 놓고 비교 연구를 해왔다. 후설에만 한정된 국내의 전반적인 학풍에서는 조금 벗어나 있었던 셈이다. 그가 심혈을 기울여 번역한 리케르트의 『문화과학과 자연과학』이 그의 관심사의 일단을 보여주며 저서 『현상학과 현대철학』 등은 그의 철학적 관심 영역을 전체적으로 보여준다. 그런 한편 후설의 후기 사상과 맥락이 통하는 시대비판이나 문명비판에 대해서도 『현대의 정신적 위기』, 『현대문명비판』 등의 저서를 펴내 그의 학문적 성향을 짐작하게 해 준다. 이 또한 후학들을 위한 의미 있는 발판을 제시한 것으로 볼 수 있다. 그 밖의 학자들은 이렇다 할 저작을 내지 않아 평가한다는 것 자체가 불가능하다.

여기서 딴 얘기를 조금 해야겠다. 서양철학사를 읽어 본 사람이라면 대충 알겠지만 후설은 여러 점에서 칸트와 비교되는 철학자이다. 칸트 이전의 모든 서양철학이 칸트에게로 흘러 들어갔으며 칸트 이후의 모든 서양철학이 칸트로부터 나왔다. 이 말은 칸트가 기존의 철학함을 근본적으로 혁신했다는 뜻이다. 이 말은 그대로 후설에게도 적용된다. 칸트가 중세의 잔재를 씻고 근대적 사고의 초석을 마련했다며, 후설은 근대의 한계를 문제 삼고 현대를 향한 문제의식을 제시한 철학자이다.

이처럼 그 이전과는 전혀 다른 사상이나 철학을 제시한 철학자가 등장할 경우 크게 두 가지 해석 경향이 대립하게 되는 것이 사상사나 철학사에서 흔히 볼 수 있는 사태이다. 갑자기 등장한 철학이라면 당연히 이해를 제대로 하는 사람보다는 그 혁신적 성격을 충분히 인식하지 못하고 과거의 안경으로 보는 사람이 더 많은 것이다. 이 점은 철학의 오랜 역사를 통해서 확인된 바이다.

칸트의 경우 크게 두 가지 해석 경향이 있다. 하나는 형이상학적 해석으로 독일관념론이 이를 대표한다. 즉 피히테-셸링-헤겔로 이어지는 독일관념론은 칸트의 철학 전체를 문제 삼아 순수이성과 실천이성의 통일, 과학과 윤리의 조화를 추구하는 방향으로 나아갔다. 그래서 이들은 사변思辨/speculation을 자신들의 무기로 삼아 독일의 '정신Geist'을 찬양하는 방향으로 나아갔다.

반면 칸트의 『순수이성비판』 중에서 전반부에 나오는 과학론 혹은 인식론만을 따로 떼어 집중적으로 연구한 부류가 있었는데 이들이 바로 신칸트주의이다. 이들은 순수이성과 실천이성은 통일, 조화될 성질의 것이 아니라 이원적인 것이라고 보는 점에서 공통점이 있었다. 사실과 가치의 이분법이란 테마도 여기서 나온 것이다. 현재에도 서양철학에서는 칸트에 대한 이 두 가지 해석 경향이 서로 경쟁하고 갈등하면서 현대의 서양철학을 풍요롭게 하고 있다.

후설에 대한 해석 경향도 인식론적인 것과 존재론적인 것 두 가지이다. 인식의 명증한 기반을 찾으려 했던 후설의 철학적 성찰에 초점을 맞추는 사람들은 현상학을 인식비판으로 이해하고 후설을 칸트의 후계자 정도로 생각한다. 국내의 제1세대 현상학자들은 대부분 후설에 대한 이같은 접근 방법에 서 있었다.

또 하나는 존재론적인 해석이다. 이는 하이데거나 사르트르로 이어지는 계열로 현상학의 시대 비판적 기능에 주목해서 독자적으로 발전시켜 나간 사상 조류이다. 이런 조류는 길게 보면 후설에서 시작해 하이데거와 프랑스 철학자 레비나스를 거쳐 데리다에 의해 포스트모더니즘에까지 이어진다. 그런데 국내 철학자들은 1980년대 후반까지도 하이데거나 사르트르를 현상학자로 다루기보다는 실존주의자로 분류해 왔다. 그만큼 그들의 현상학적 성격에 대한 연구가 부족했다는 것이다. 이는 제2세대 현상학자들의 등장과 함께 시정되기 시작한다.

현상학 제2세대는 1980년대 중반부터 성립되기 시작한다. 이들은 대부분 국내파가 아니라 독일 유학파라는 공통점을 갖고 있다. 이들에 대해서는 조금 후에 이야기하고 그 중간 격인 '1.5세대'로 신오현(경북대)을 언급하지 않을 수 없다. '온몸으로 철학한다'라는 표현이 적합한 신오현의 구도자적 철학함은 지금까지 펴낸 일련의 저서 『자유와 비극』, 『자아의 철학』, 『철학의 철학』, 『절대의 철학』을 통해 쉽게 확인된다. 하이데거에 대한 초보적인 관심에서 출발해 분석철학으로 박사학위를 받고 사르트르에 기울고 마르크스를 파헤치고 불교의 유식철학唯識哲學에 매료

되며 하이데거를 되씹는 과정을 통해 자신의 철학을 세우기 위해 고민해 온 사상적 편력이 차례차례 담겨 있는 것이다. 그래서 그의 책은 항상 맨 마지막에 나온 것을 읽어야 효과적이다. 자신의 사색이 진행되는 과정에서 과거 자신의 견해가 잘못되었다고 여겨지면 단호한 자기비판과 수정을 가하기 때문이다. 물론 신오현의 철학 전체를 이해하려면 처음부터 끝까지 다 읽어야겠지만 말이다.

신오현은 1993년 8월 16일 인터뷰를 통해 "'자아의 철학'에서 '철학의 철학'으로 그리고 '절대의 철학'으로 진행돼 온 것은 의도했던 바는 아니며 자연스럽게 나의 사상적 편력이 걸어온 길"이라고 스스로 풀이했다. 그에게는 철학이 자신을 가로막는 벽임과 동시에 자신을 살찌우는 자양분이다. 창백한 논문을 멀리하고 육성 담긴 철학으로 일관하는 신오현의 철학함은 한마디로 '자아의 탐색'이다. 이 하나의 문제의식으로 인해 그는 동서철학을 두루 다루면서도 산만해지지 않고 자기 색깔을 담을 수 있었던 것이다. 문제 중심의 철학 연구가 거의 없는 우리나라 서양철학계의 풍토에서 신오현은 분명 소중한 존재이다.

현상학 제2세대는 독일 유학파들로 1980년대 중반부터 귀국하기 시작한 이길우(고려대), 이기상(한국외국어대), 김영한(숭실대) 등을 꼽을 수 있다. 이들의 학위논문은 각각 '후설과 하르트만', '후설과 하이데거', '후설과 나토르프'를 연구 주제로 삼았으며 비교 연구의 성격을 지니고 있다. 이길우는 『현상학적 정신이론』이란 저서를 낸 바 있으며 그 이후에는 후설의 윤리학을 이해하고 폭을 넓히는 데 정진하고 있다. 이기상은 하이데거의 철학을 전체적으로 해설하고 소개하는 데 관심을 기울여 『하이데거의 실존과 언어』, 『하이데거의 존재와 현상』 등의 저서와 함께 하이데거 관련 서적 번역에도 많은 노력을 들이고 있다. 김영한은 현대 해석학의 발달 과정을 추적한 『하이데거에서 리쾨르까지』라는 방대한 책을 펴내 자신의 학문적 역량을 보인 바 있으며, 최근에는 프랑스 철학자 리쾨르를 중심으로 종교현상학에 학문적 노력을 쏟고 있다.

1980년대 후반부터 최근까지 20여 명의 독일 유학생들이 현상학을 전공하고 돌아와 교수 예비군을 형성하고 있다. 이들이 학계에 본격 진입하게 됨으로써 국내 현상학 연구의 질적 비약이 예고되고 있다. 이는 한국의 서양철학 전체를 한 단계 끌어올리는 계기가 될 것이다.

7. 허공에 뜬 독일철학에 대한 반격 : 분석철학

분석철학이 국내에 본격 도입되기 시작한 것은 1960년대 말이다. 당시 철학계는 일제 때부터 이루어진 독일철학의 일방적 영향으로 인해 비전적秘傳的 언어와 과장된 심오함이 범람했으며 점차 이에 대한 거부감이 확산되기 시작했다. 물론 이런 현상은 앞에서 살펴본 바와 같이 연구의 심화에서 온 것이라기보다는 제대로 이해를 하지 못한 데서 생긴 결과이다. 따라서 명료한 언어와 논리성을 강조하는 분석철학이 국내 소장 학자들의 관심을 끈 것은 어쩌면 당연한 일일는지 모른다. 현실성의 철저한 배제로 인해 지금은 분석철학이 비판의 대상이 되긴 하지만 당시 많은 철학도가 분석철학에 관심을 갖게 된 동기는 분명 기존 학계에 대한 비판이었던 것이다.

이는 비트겐슈타인을 기점으로 영국에서 분석철학이 태동하던 무렵의 사상적 배경이나 분위기와 흡사하다. 영국에서도 20세기 초 독일 헤겔주의 영향을 받는 보즌켓이나 브래들리와 같은 신헤겔주의자들이 철학을 신비화하는 데 러셀과 무어 등이 반발하면서 분석철학이 발달했다.

분석철학이란 한마디로 일상언어에 담긴 애매모호한 내용을 논리적으로 분석해 제거함으로써 명확한 세계 인식을 하겠다는 야심찬 철학이었다. 이들이 결국 노렸던 대상은 단순한 일상언어가 아니라 일상언어를 사용하는 독일식의 형이상학이다. 분석철학자들이 대부로 삼았던 데이비드 흄의 다음과 같은 말은 분석철학의 동기를 적확하게 설명해준다. "우리가 신학책이나 형이상학에 관한 책을 손에 들 때 이런 질문을 하자. 이 책이 양과 수에 관한 추상적 이론을 담고 있는가. 아니다. 그러면 이 책이 사실과 존재에 관한 실험적 이론을 포함하는가. 아니다. 그러면 이 책은 불로 태워 버려야 한다. 왜냐하면 그 내용은 궤변과 환상에 지나지 않겠기 때문이다."

분석철학의 이 같은 전통 철학에 대한 비판의식은 국내 철학계에도 그대로 이어졌다. 국내 철학계에 분석철학의 움직임을 일찍이 소개한 학자는 김준섭(서울대)이다. 그는 「고전논리학과 현대논리학」(1955), 「유형론의 논리적 분석」(1956)과 같은 논문과 『과학철학서설』(1963) 등의 저술을 내놓아 분석철학의 기초를 놓았다. 뒤이어 김여수(서울대), 이명현(서울대), 이초식(고려대), 엄정식(서강대) 등이 속속 귀국해 분석철학에 대한 연구범위가 확대됐다. 그리고 미국에 남아 계속 연구를 한 브라운대 철학과의 김재권은 '심신수반心身隨伴 이론'을 제창해 세계적인 분석철학자의 한 사람으로 꼽히고 있다.

1976년 김여수, 이명현, 박영식(연세대), 소흥렬(이화여대) 교수 등이 주동이 돼 회원 35명으로 출발한 분석철학분과연구회는 이후 한국분석철학회로 확대 개편됐으며, 현재 80여 명의 회원을 기반으로, 한국현상학회와 함께 가장 활발한 활동을 보이고 있다.

당시의 분석철학'운동'에 대해 김여수는 "철학적 논의에서 개념적 명료성과 엄정성을 요구하는 분석철학자들의 목소리는 1970년대를 통하여 철학 회합에서 가장 높아서 그들에게 공감하는 사람들 사이에서도 지나친 영향력에 대한 우려를 불러일으킬 정도였다"라고 말했다. 그러나 1980년대 들어 이데올로기의 파고가 거세게 일면서 분석철학은 목소리를 줄여야 했다. "현실비판이 더욱 시급한데 한가하게 언어비판이나 하고 있을 수 있는가"라는 주장이 폭넓은 공감을 얻고 있었기 때문이다.

그리고 1980년대에 분석철학이 침체하게 된 또 다른 이유는 이들이 기존의 철학을 비판하면서도 자신들의 성과를 제대로 내지 못했기 때문이다. 영미 학계의 경우 분석철학은 과학의 발전에 상응하는 분석의 수준을 지속적으로 유지해 왔지만 국내의 분석철학은 독자적 연구를 해나가기보다는 비트겐슈타인이나 러셀 등의 철학을 해설하고 소개하는 수준에 머물렀다.

그 결과 1980년대 중반부터는 분석철학에 대한 관심이 현저히 사라지고 그 반작용으로 다시 헤겔을 비롯한 '독일철학 붐'이 일기 시작했다. 여기에는 마르크스에 대한 관심 고조도 한몫했다. 그러나 1990년대에 접어들면서 사정은 다시 반전되고 있다. 이념의 퇴조와 함께 거시적인 전망을 중시하는 독일철학이 다시 쇠퇴하고 미시적인 세계와 실용성을 강조하는 영미철학에 대한 관심이 높아지고 있는 것이다.

오늘날의 분석철학은 과거처럼 과학언어 분석에만 매달리지 않는다. 영역을 확대해 윤리 문제와 함께 사회철학과 역사철학까지 다루고 있다. 포스트모더니즘 철학의 선구자로 『철학과 자연의 거울』이라는 기념비적 저작을 쓴 프린스턴대학의 리처드 로티만 하더라도 분석철학의 전통에 깊이 뿌리박은 사회철학자이다.

국내의 분석철학자들도 초보적인 수준에서나마 점차 '윤리' 문제에 대한 관심을 기울이기 시작했다. 최근 정대현(이화여대)이 우리의 일상언어 분석을 통해 윤리 문제에 대한 접근을 시도하고 있으며 이런 경향은 앞으로도 가속화될 것으로 보인다.

8. 철학계의 이단아 박홍규

"그는 태어났고 사유하다 죽었다." 독일의 대표적인 20세기 철학자 하이데거가 아리스토텔레스에 대한 강의를 시작하며 한 말이다. 철학자의 삶은 겉으로 볼 때 이처럼 단순해야 한다는 역설逆說이 담긴 말이기도 하다. 철학자가 주목받는 것은 그가 한 말과 쓴 책을 통해 남긴 '사유의 흔적' 때문이다.

사후에야 비로소 전집이 나오기 시작한 고故 박홍규(전 서울대 교수, 1919~1994)는 실제로 "태어나서 교수가 되어 제자를 기르다가 죽었다"라고 말해도 될 만큼 단조로운 삶을 살았다. 물론 겉으로 그랬다는 말이다. 그는 35년간 서울대 교수 생활을 하면서 맡은 행정직은 돌아가면서 하는 학과장이 전부였다. 그래서 1994년 그가 세상을 떠났을 때도 주변 친지들 말고는 아무도 몰랐다.

그러나 최근 제자들이 간행한 『박홍규 전집』 1, 2권이 나오면서 박홍규란 이름 석 자가 새삼 그 빛을 발하고 있다. 총 5권이 나오게 될 『박홍규 전집』은 현재 나온 두 권만 보더라도 우리 학계의 관행이 되다시피 한 상투적인 스승 예찬론이나 잡문 모음집과는 격을 달리한다.

학자의 글에 엄격함을 부여하려 했던 박홍규는 생전에 한 권의 책도 낸 적이 없다. 그가 남긴 것은 원고지 1,200매가량의 논문 아홉 편과 60분짜리 테이프 100개 분량의 강의 녹음이 전부이다. 이번에 그의 제자들이 간행한 전집은 주로 녹취를 풀어 재편집한 것이다. 그래서 아홉 편의 논문을 모은 제1권 『희랍철학 논고』만이 일반 저서 형태이고, 제2권부터 제5권까지의 『형이상학 강의1』 『형이상학 강의2』, 『플라톤 후기 철학 강의』, 『베르그송의 창조적 진화 강독』은 제자들과의 '대화'를 수록하고 있다.

『희랍철학 논고』는 플라톤의 대화편 네 개에 대한 분석과 희랍철학 전반에 관한 내용을 담고 있다. 여기에 실린 글들은 한결같이 난해하지 않으면서도 빈틈이 없다는 특징을 갖고 있다. 그리고 '형이상학'이라는 철학 중에서도 가장 추상적인 분야에 관심을 쏟은 학자라고는 믿기지 않을 만큼 생생한 구체성이 돋보인다. 이는 박홍규의 학문 전체를 조망해 보면 쉽게 납득이 간다.

그의 제자이며 서울대 교수인 김남두는 "선생님은 헤겔로 대표되는 독일관념론 철학에 대해 과도하다 싶을 만큼 폄하하셨으며 인류학, 심리학, 생물학, 물리학 등 실증적 지식을 강조하고 토목술, 군사술, 법률 등 실제적인 측면에서 두드러진 성과를 냈던 로마문화에 주목했었다"라며 "희랍철학과 함께 현대 프랑스철학에 관심을 기울인 것도 프랑스철학이 지닌 구체적이고 현실적인 성격 때문이었던 것 같다"라고 말했다.

『희랍철학 논고』가 박홍규 사상의 서론이라면 『형이상학 강의』 1, 2권은 본론에 해당한다. 우리 학계에서는 처음으로 스승과 제자의 '철학적 토론'을 생중계하고 있는 이 책은 형이상학에 대해 잘 모르는 일반 독자들도 그 대화 내용을 따라가다 보면 자연스럽게 형이상학의 세계에 이르게 해 준다. 여기서 박홍규가 도달한 높은 학문적 경지는 "선생의 저술과 함께 우리의 사상과 철학도 이제 서양철학의 단순한 수용 단계를 넘어 스스로 조화와 탐구의 대상이 될 원전을 갖게 되었다"라는 김남두의 말이 전혀 과장이 아님을 보여준다.

9. 마르크스주의 철학의 대두

1948년 단독정부 수립과 함께 남한은 북한을 적대시하면서 북한의 이념 체계인 마르크스주의에 대해 '사문난적斯文亂賊'의 낙인을 찍어 철저하게 금기시했다. 철학의 지평 절반이 날아가 버린 셈이다. 그 바람에 한국철학계에서는 한동안 마르크스주의가 아니더라도 '사회' 자字가 들어가는 철학은 철학으로 간주하지 않는 풍토가 지배하게 됐다. 1980년대 중반까지도 그랬다. 그러다가 대학가를 중심으로 좌파운동이 활성화되면서 학계에서도 서서히 마르크스철학에 대한 관심이 고조되고 1980년대 후반에 이르면 이에 관한 학위논문들이 하나둘 나오기 시작한다. 이런 연구자들이 모여 만든 학술 단체가 바로 '한국철학사상연구회'이다.

한국철학사상연구회는 1989년 3월 서울대 중심의 '사회철학연구실'과 비非서울대 중심의 '헤겔학회'가 통합해 발족한 소장 철학 연구자들의 모임이다. 흔히 '한철연'으로 불리는 이 모임이 결성된 동기는 '철학적 이념에 기초한 사회 비판을 효율적으로 수행하기 위해서'였다. 그러나 모임의 동기에 찬성하는 중견 교수들도 고문이나 자문위원 자격으로 대거 참여하고 있어 단지 소장 학자들의 모임으로 보기에는 어려움이 있는 것도 사실이다.

현재 한철연 회원 수는 서울지회 100여 명, 부산·경남지회 40여 명 등 모두 150여 명이다. 5인의 공동대표는 최종욱(국민대), 김홍명(조선대), 송영배(서울대), 이태수(서울대), 윤구병(충북대)이 맡고 있으며, 고문으로는 소홍렬(이화여대), 차인석(서울대), 하일민(부산대) 등이 참여하고 있다. 또 20명으로 구성된 자문위원에는 권기철(중앙대), 송상용(한림대), 이영호(성균관대) 등이 있다.

이들은 강단 철학의 학문 분류법에 대해 회의적인 시각을 갖고 있다. 그래서 서양철학을 이데올로기 분과, 역사유물론 분과, 변증법 분과로, 동양철학은 기氣철학 분과, 논전사論戰史 분과, 중국근현대철학 분과, 한국사상사 분과로 나누어 세미나와 강독 등을 진행한다. 그 밖에도 문제 중심으로 국가론 분과, 근대 및 칸트철학 분과, 헤겔철학 분과, 자연철학 분과 등을 두고 있다.

이들이 학계로부터 주목을 받게 된 계기는 논평이나 평론 수준을 넘어선 본격 논문집 《시대와 철학》을 매년 간행한 것이었다. 한철연 기관지이기도 한 《시대와 철학》은 1989년 창간호가 나온 뒤 현재까지 5호가 나왔는데 '국내 철학 연구 지평을 넓히는 데 크게 기여했다'라는 평가를 받고 있다.

한철연은 《시대와 철학》을 통해 꾸준히 논문을 발표하는 한편 공동 저술 작업으로 자신들의 연구 영역을 확충해 나갔다. 서양철학분과는 첫 번째 결실로 1989년 『철학대사전』을 발간했다. 이어 1990년에는 『철학소사전』을 냈으며, 1991년에는 『삶, 사회 그리고 과학』, 1992년에는 『현대사회와 마르크스주의철학』을 내는 등 매년 연구 성과를 발표하는 열성을 보였다. 그리고 동양철학분과에서도 1991년 『중국의학과 철학』, 1992년 『현대중국의 모색』을 펴내 왕성한 연구 활동을 자랑했다.

그러나 한철연 회원들에게 부담을 주는 것은 '이념 대립이 끝났는데도 아직도 마르크스를 붙들고 있는가'라는 사회 전반의 시각이다. 이에 대해 한철연 간사를 맡고 있는 우기동(성균관대 강사)은 "사실 과거에는 도그마에 사로잡혀 마르크스를 제대로 연구하지 못한 면이 있다"라며 "오히려 지금은 텍스트를 중심으로 심도 있는 연구를 할 수 있게 됐다는 점에서 바람직하다"라고 밝혔다. 또 그는 "그래서 요즘 회원들은 철학사에 대한 이해와 사회 분야별 인식을 심화시켜 한국사상사를 새롭게 창조해야 한다는 데 인식을 같이하고 있다"라고 말했다.

또 한 가지 부담 요인은 '철학을 집체적으로 할 수는 없지 않은가'라는 비판이다. 이에 대해 한철연의 한 회원은 "공동연구를 한다고 해서 반드시 공동의 세계관을 갖는 것은 아니다"라며 "오히려 서로의 장단점을 잘 알 수 있기 때문에 논쟁이 활발하게 이뤄질 수 있다"라고 반박했다.

1993년 현재 공동대표를 맡고 있는 최종욱은 "부정, 비리, 소외가 판치는 사회 현실에 대해 단편적인 비판이 아니라 체계적인 비판을 하기 위해서는 철학의 중요성이 더욱 부각될 것이다"라며 "한철연이 지금까지 병폐로 지적돼 왔던 도식성과 경직성을 탈피한다면 오히려 현재와 같은 급변하는 현실이야말로 기회"라고 강조했다.

10. 학문의 본질과 텍스트 번역

'학문한다', 여기서는 특히 '철학한다'는 것의 의미를 되새겨볼 필요가 있다. 가능한 한 적극적인 성과를 추려내려고 노력했음에도 불구하고 우리 학계의 현실이 앞에서 살펴본 것처럼 너무나 미미한 데 대해 원인이나 이유를 추적해 올라가다 보면 우리 철학계가 '학문한다는 것'의 의미를 잘못 이해해서 그런 것이 아닌가 하는 생각을 하지 않을 수 없기 때문이다. 좀 미안한 말이지만 어떤 때는 학문을 할 수 없는 사람 혹은 학문을 해서는 안 되는 사람들이 학계에 너무 많아서 그렇게 된 것은 아닐까 하는 생각도 든다.

원론적인 얘기지만 학문한다는 것은 분야별 고전 텍스트를 충실히 소화하고 연구하면서 자신의 학문 관심사와 범위를 가다듬고 이를 현실에 적용하면서 그 관심사와 범위를 확충해 나가는 것이다. 물론 기기에는 합리성과 객관성이라는 학문적 원칙이 있어야겠지만 그 또한 시간과 공간에 따라 변할 수도 있는 것이기 때문에 수시로 그런 원칙들의 현실 적합성을 확인하며 학문을 해나가야 한다. 이게 학문하는 올바른 태도의 알파요, 오메가이다.

문제는 실제로 이런 작업을 한다는 것이 말만큼 쉽지 않다는 데 있다. 고전 텍스트 연구의 기초는 번역이다. 고전은 통상 그 분야의 기초 개념들을 대부분 포함하고 있기 때문에 번역 완성도가 얼마나 높으냐에 따라 번역된 언어로 사고하는 지평이 결정되기 때문이다. 무슨 말인가 하면 칸트의 『순수이성비판』은 독일어책인데 우리말로 얼마나 잘 번역하느냐에 따라 우리말로 칸트철학을 잘할 수 있느냐가 결정된다는 뜻이다.

고전 텍스트에 대한 번역이 이뤄지지 않은 상태에서 그 분야에 관해 이러쿵저러쿵하는 것은 허공에 나발 불기와 같다. 혼자 원맨쇼를 하는 것과 뭐가 다른가? 번역된 후라야 그 텍스트를 둘러싼 우리 학계의 담론 구조가 형성되는 것이고, 그것을 기초로 논문들이 작성될 수 있는 것이다. 서양철학계에 담론 구조가 형성된 분야가 얼마나 되는지 궁금하다. 담론 구조가 형성돼 있지 않으면 누가 무슨 소리를 해도 평가할 기준이 없다. 각자 자기가 읽은 외국책에 나오는 이론이나 입장을 은근히 자기의 기준으로 끌어들여 좌충우돌식으로 상대방을 평가하거나 비판하면 그만인 게 우리 학계의 현주소이다.

본론으로 돌아가서 이야기를 해보자. 플라톤의 대화편 중에 신뢰할 만한 번역본이 뭐가 있는가? 아리스토텔레스의 주저 『형이상학』은 왜 번역되지 않았는가? 데카르트는 어떻고 로크는 또 어떠한가? 칸트는 좀 나은 편이지만 아직도 일본어 냄새가 곳곳에 절어 있지 않은가? 그 이후로는 말할 것도 없다. 좀 나은 번역이 있다 싶으면 일본어 중역이고 그렇지 않으면 읽을 수도 없는 오역투성이들이다. 번역자들의 이름을 보면 그래도 다 학계에서 한 가닥씩 하는 분들이 아닌가? 1년에 수십 편, 수백 편의 논문이 쏟아져 나온들 무엇하겠는가? 대부분은 아무짝에도 쓸모없는 수준 이하의 주석이나 독후감들인 것을. 그래도 논문이 통과되고 학위도 받고 하니 뭐라 할 말이 없다.

실례로 하이데거의 『존재와 시간』은 우리나라에 세 번이나 번역됐다. 처음에는 지금은 없어진 '청산문화사'라는 출판사에서 이규호의 번역으로 나왔는데 하이데거를 전공한 나도 도무지 알 길이 없게 번역을 해 놨다. 다음은 일본어를 참고해 정명오와 정순철이 세계사상대전집 중에 포함시켜 펴냈는데 비교적 이해할 수 있게 번역했음에도 불구하고 일본어식 한자에 결정적인 오역이 수없이 많다. 충분한 이해가 되지 않은 상태에서 번역됐기 때문이다. 그러더니 최근에는 독문학을 전공한 어떤 사람이 번역을 했는데 정명오의 번역과 별 차이가 없다. 이게 우리 학계의 실정이다. 예를 들자면 끝이 없다. 그런데 이렇게 엉망으로 번역한 사람들이 차후에 문제가 되면 하는 말이 더 심각하다. "이나마 이렇게라도 번역 해놓은 것을 평가는 못 해 줄망정 웬 비판이냐"라는 것이다. 학문의 기본인 '철저함'의 뜻조차 모르는 데서 나온 말이라 볼 수밖에 없다.

철학만큼 텍스트에 크게 의존하는 학문도 없다. 자기 학문을 하는 것은 최소한 그 시대가 요구하는 주요 텍스트들에 대한 일정한 이해가 끝난 이후에 할 일이다. 자기 철학 한답시고 개똥철학 수준의 이야기나 늘어놓는다거나 텍스트 독해 능력 자체가 없어 해설서 모자이크나 하는 구태는 이제 끝내야 한다. 동료나 후배 학자들이 그것을 모르고 있다고 생각하면 큰 오산이다. 번역된 만큼 연구하고 연구된 만큼 논문을 쓰는 자세가 필요하다. 학문하는 자세에 일대 전환이 있어야 하는 것이다.

11. 세대교체의 주역들

1990년대 들어 서양철학의 학술대회장에는 긴장감이 감돌기 시작했다. 발표자가 논문을 읽고 나면 칭찬 일색의 상투적인 말만 하고 끝내던 분위기가 사라지고 신랄한 비판이 담긴 논평이 행해지는 일이 잦아졌기 때문이다. 이런 변화는 곧 신세대 학자의 등장을 알리는 청신호이기도 하다. 신세대의 공통점은 모두 '30대'로 학문의 국제경쟁력을 갖추고 있다는 점이다.

분석철학에서 세대교체의 주역은 김영정(서울대), 임일환(한국외국어대)을 꼽을 수 있다. 이 두 사람은 분석철학의 본고장 미국의 명문 브라운대 출신으로 30대 초반에 박사학위를 받고 학교에 일찌감치 자리를 잡은 경우이다. 특히 귀국 후 5년간 30여 편의 논문을 발표한 김영정은 1989년 한 학술발표회에서 발표자의 논문보다 두 배가 긴 100여 쪽의 논평을 해 큰 화제를 모았다. 임일환은 '과학의 철학적 토대'를 밝히는 데 일관된 노력을 기울이고 있다.

독일철학의 경우 이진우(계명대), 임홍빈(고려대), 이남인(서울대 강사)이 기대주로 꼽힌다. 이진우는 이미 『탈이데올로기 시대의 정치철학』, 『탈현대의 사회철학』 등의 저서를 통해 자신의 사회철학적 관심을 구체화한 바 있으며 환경문제와 니힐리즘 그리고 정치철학을 자신의 사상적 스펙트럼으로 삼고 있다.

1989년 독일 프랑크푸르트대에서 「헤겔변증법에 관한 연구」로 박사학위를 받은 임홍빈은 환경문제와 윤리문제를 중심으로 자신의 연구 영역을 넓혀 가고 있다. 1991년 독일 부퍼탈대에서 「에드문트 후설의 본능의 현상학」으로 박사학위를 받은 이남인에 대해 독일 현상학회장이며 1993년 방한했던 그의 지도교수 클라우스 헬트 교수는 필자와의 인터뷰에서 '탁월하며 전도유망한 학자'라고 극찬을 아끼지 않았다. 한전숙의 수제자이기도 한 이남인은 귀국 후 여러 차례의 논문 발표를 통해 연구 역량을 인정받은 바 있으며, 집요할 정도의 탐문 자세로 학술발표회의 분위기 전환을 이끄는 주역 중 한 사람이다.

국내 철학계의 취약 분야로 꼽히는 프랑스철학 분야에서 주목을 끄는 신세대는 김상환(연세대)이다. 그는 1991년 소르본대로 알려져 있는 프랑스 파리4대학에서 프랑스철학의 원조 데카르트에 관한 연구로 박사학위를 받았다. 1992년에는 철학연구회로부터 우수철학연구논문상을 수상하기도 했다.

여기에 구체적으로 언급하지 않았지만 최근 외국 유학에서 돌아온 일부 신진 학자들의 연구 역량은 언제든지 외국 학회에서 발표를 해도 좋을 만큼 상당한 수준에 있는 것으로 평가되고 있다. 이들의 공통점은 학계의 보수주의와 권위주의라는 두터운 벽을 실력으로 허무는 데 있다. 이들의 자신감은 해당 분야의 고전에 대한 깊은 이해를 바탕으로 하고 있다. 이들의 고전 이해는 국제 수준이라고 해도 지나침이 없다. 이들의 과제는 앞으로도 해외 학계와의 교류를 계속해 모처럼 획득한 국내 서양철학계의 국제경쟁력을 지속시키는 일일 것이다. 그리고 기성 학계의 대충주의에 물들지 않고 학문적 철저함을 일관되게 유지하는 것도 그들에게 요구되는 과제의 하나이다.

철학의 새로운 조류와 관련해 또 하나 언급해야 할 부분은 좌파철학이다. 동구권 몰락으로 다소 침체된 양상을 보이고 있지만 '한철연'을 중심으로 한 텍스트 연구 활동이 지속적으로 진행되고 있기 때문에 수년 내에 주목할 만한 성과가 나올 수 있을 것으로 전망된다. 다만 그것이 과거와 같은 마르크스나 레닌의 저작에 대한 주석 수준에 머문다면 학계로부터 정말로 외면당할 가능성이 높다. 좌파건 우파건 이제는 창조성이 학문의 가장 중요한 척도가 되는 시대이기 때문이다.

4장

역사학

1. 근대 역사학의 성립 : 단재사학과 백암사학

조선조 말 유학자들의 성리학 텍스트에 대한 주석 작업에서 벗어나 실학자들이 실사구시 정신으로 탐구를 시작했을 때 한반도의 지리와 역사에 관심을 갖게 된 것은 어쩌면 너무나도 당연한 것이었는지 모른다. 실학자들이 우리나라를 연구 대상으로 한 각종 지리서와 역사서를 저술한 것은 이 같은 성리학적 세계관과의 단절을 알리는 신호였다고 볼 수 있다. 여기에는 '민족적 자각'이 배경에 깔려 있었다. 이렇게 해서 중국 변방의 역사가 아니라 주체적인 민족사로서의 한국사를 연구하고 쓰는 일이 가능해졌다. (물론 일부 실학자들은 여전히 중화사상을 버리지 않고 역사 서술 방법도 중국의 것을 따르긴 했지만 그것은 일종의 과도기적 현상으로 볼 수 있을 것이다.)

　　민족주의사학자로서 단재 신채호(1880~1936)와 백암 박은식(1859~1925)의 작업은 이런 맥락에서 시작됐다. 신채호는 1908년 《대한매일신보》에 「독사신론讀史新論」을 연재하며 민족과 국가의 중요성을 역설했다. 학계에서는 이를 민족주의사학의 출발점으로 보고 있다. 단재사학丹齋史學의 특징은 자강계몽운동自强啓蒙運動의 영향하에 왕조 중심의 역사관에서 벗어나 한 국가의 흥망성쇠를 역사 서술의 척도로 삼은 데 있다. 그 후 신채호는 『조선상고사』, 『조선상고문화사』, 『조선사연구초』 등을 통해 한국 고대사를 주체적으로 서술하는 데 주력했다. 반면 박은식은 『한국통사』와 『한국독립운동지혈사』 등을 통해 1863년 대원군 집정 이후 3·1운동에 이르는 당대사 서술에 힘썼다.

역사학계에는 근대 역사학 성립 시기를 놓고 두 가지 의견이 병존하고 있다. 하나는 신용하(서울대), 한영우(서울대) 등의 설로 1908년 신채호가 《대한매일신보》에 「독사신론」을 연재한 때부터라는 것이고, 또 하나는 김용섭(연세대), 이만열(숙명여대) 등의 설로 1920년대 들어 본격적으로 역사학을 연구한 정인보, 안재홍, 문일평, 손진태 등이 등장한 때부터라는 것이다. 이들은 신채호·박은식의 대한제국기 역사학을 '과도기적인 것'으로 본다. 어느 견해를 따르건 신채호의 역사학이 근대로 들어서는 길목에 있었다는 것은 분명하다. 따라서 단재사학을 제대로 이해하는 첩경은 거기에 담긴 '근대성'을 해명하는 것이다.

1880년 충청남도 대덕군 산내에서 출생한 신채호는 원래 한학을 공부했고 26세 때인 1905년 2월에는 성균관 박사까지 하였으나 망해가는 나라를 되살려야 한다는 생각에서 애국계몽에 효과적인 방법이라고 여겨 《황성신문》 기자가 되었다. 언론인으로서 그리고 독립협회 등 각종 사회단체에 가입해 활동하면서 근대적 의식을 갖추게 되고 세계의 변화에 눈뜨게 된다. 전통 학문을 배우긴 했지만 사회적 실천을 통해 근대의식을 갖추어 간 것이다.

'새롭게 역사를 읽는다'라는 뜻의 「독사신론」에서 신채호는 역사의 주체가 국가와 민족임을 분명히 한다. 이는 두 가지 맥락에서 이해돼야 한다. 하나는 우리를 소중화小中華로 보는 『삼국사기』류의 사대주의적 전통 사학에 대한 비판이며, 또 하나는 외세의 침략에 맞서 우리의 주체성을 펼치기 위함이었다. 그래서 그는 왕조 중심 역사관을 버리고 국가의 대내외적 강성과 쇠퇴를 기준으로 삼아 단군에서 발해에 이르는 고대사를 새롭게 쓴 것이다. 그가 고대사에 집중적인 관심을 쏟은 것도 '반도'에 국한된 현실을 뛰어넘어 대륙에 바탕을 두었던 우리 역사의 정신을 복원하기 위함이었다.

학계의 연구에 따르면 신채호가 역사를 보는 시야를 대륙에까지 넓힐 수 있었던 배경에는 대종교大倧敎의 영향이 있었다고 한다. 한영우는 "신채호가 활동하던 무렵 대종교에서 간행한 역사서들을 보면 대개 백두산 부근이 인류 문화의 발상지이고 우리나라, 우리 민족, 우리 종교가 세계의 중심지이고, 우리 민족의 활동 무대는 한반도와 만주는 물론 중국 북부 지방에까지 미쳤다고 되어 있다"라고 말한다. 물론 신채호가 이런 식의 역사관을 그대로 수용했다는 것은 아니다.

이에 대해 정재정(방송통신대)은 "신채호는 대종교의 영향을 받았으면서도 역사를 종교와 분리함으로써 민족주의사학을 정립하는 데 성공했다"라고 평가한다. 신채호가 이 같은 분리에 성공할 수 있었던 것은 실증 연구에 바탕을 두었기 때문이다. 그리고 '실증 연구'를 바탕으로 했다는 점에서도 단재사학의 '근대성'을 확인하게 된다.

신민회에도 관여했던 신채호는 1910년 4월 중국으로 망명을 하게 되는데 이때부터 그의 본격적인 역사 연구가 꽃피기 시작한다. 그래서 신용하는 이때를 기점으로 신채호의 역사학을 전기 민족주의 사관과 후기 민족주의 사관으로 나눈다. 그의 대표작 『조선상고사』는 바로 후기에 속하는 저작이다. 역사를 '아我와 비아非我의 투쟁'으로 보는 성숙된 역사관도 이때 분명하게 정립된다. 이 무렵 신채호 역사학의 근본 특징을 신용하는 '학문성과 계몽성의 통합'이라고 했다.

신채호에 대한 역사학계의 관심은 비교적 최근에 와서야 활기를 띠고 있다. '고구려에 대한 강조'와 '무정부 운동 관여' 등으로 학계에서 은근히 배척받아 온 신채호는 1960년대 들어 홍이섭, 김철준 등에 의해 단편적인 조명을 받아오다가 1970년대에 이르러 김영호(경북대 경제사), 신일철(고려대 철학), 신용하(서울대 사회학) 등 '비非'역사학자들에 의해 집중적으로 연구되었다. 역사학계에서는 이만열 교수가 비교적 일관되게 신채호에 관심을 쏟아 「단재 신채호의 고대사 인식」, 「단재사학의 배경과 구조」 등 각종 논문들을 발표한 비 있다. 이 같은 움직임에 힘입어 1972년에는 『단재 신채호 전집』이 발간되기도 했다.

신채호에 비한다면 백암의 역사학은 방법적인 면에서 다소 조야하고 근대의식도 떨어진다는 것이 학계의 일반적 평가다. 그러나 다루는 내용이 '당대'였다는 점에서 흥미를 끈다. 『한국통사韓國痛史』와 『한국독립운동지혈사』로 대표되는 박은식의 역사 연구는 생동적이라는 데 가장 큰 특징이 있다. 고대사에 전념했던 신채호와 달리 박은식은 언제나 당대사 서술에 정력을 쏟았기 때문이다.

그런데 역사학자로서 박은식을 조명하기 위해서는 약간의 사전 설명이 필요하다. 그는 근대 역사학 교육을 받은 적이 없고 엄격한 의미의 전문 역사가도 아니다. 황해도 황주 태생으로 젊어서는 정통 성리학을 공부했다. 그 후 향시鄕試에 합격해 능참봉이라는 미관말직을 맡아 본 것이 관 경력의 전부이다. 그러나 성리학에 대한 그의 공부는 높은 경지에 이르러 서북지방은 물론 중앙에까지 이름이 자자했다고 한다. 따라서 이때까지 박은식의 정신세계는 성리학과 위정척사衛正斥邪를 양대 축으로 하고 있었다고 볼 수 있다.

전형적인 전통 지식인이었던 박은식은 30세가 되던 1898년 서울에 올라오게 되는데 이는 그에게 인생관과 세계관 등 모든 면에서 결정적인 전기를 마련해 준다. 장지연, 남궁억 등과 사귀면서 애국계몽운동과 개화사상에 눈을 뜬 그는 독립협회에 가입하고 만민공동회에서 간부로도 활동한다. 또 같은 해 9월에 창간된 《황성신문》에서 장지연과 함께 주필을 맡아 언론인으로 활약했다. 이런 과정을 통해 그는 교육의 중요성을 새삼 질감하고 『학규신론學規新論』과 같은 교육 개혁론을 펼치게 된다. 이 같은 자각은 곧 실천에 옮겨져 서북협성학교 등 각종 근대 교육 기관을 설립하는 운동에 앞장서서 신교육구국운동을 구체화해 나갔다. 1908년 5월부터 1909년 말까지 63개 지교를 설립하는 열성을 펼치기도 했다.

이 무렵 그의 활약상에 관해 신용하는 "일제가 신기선 등의 대동학회大同學會를 내세워 유림계를 친일화하려는 정치공작을 전개하자 이에 대항해 장지연, 이범규, 원영의, 조완구 등과 함께 대동교大同敎를 창립했다"라고 말했다. 박은식은 대동大同사상과 양명학에 입각해 유교를 개혁함으로써 유림계를 국권회복운동 편에 서게 하려고 노력했다는 것이다.

그러나 결국 1910년 8월 한국은 완전한 일본 식민지로 전락하고 만다. 언론 활동과 교육 운동을 통한 국권 회복 노력이 수포로 돌아간 것이다. 이때부터 박은식은 역사 연구에 전념하게 된다. 그는 역사를 연구하게 된 동기를 『한국통사』 서언에서 이렇게 밝히고 있다.

옛사람이 이르기를 나라는 멸할 수가 있으나 역사는 멸할 수가 없다고 하였으니 그것은 나라는 형체이고 역사는 정신인 때문이다. 이제 한국의 형체는 허물어졌으나 정신만이 독존할 수는 없는 것인가. 이것이 통사痛史를 저작하는 소이이다. 정신이 보존되어 멸하지 아니하면 형체는 부활할 때가 있을 것이다.

이처럼 나라 잃은 지식인의 절박감을 먼저 이해하지 않고서는 박은식의 역사론을 제대로 파악할 수 없다. 그는 전문 역사학자로서 역사를 연구했던 것이 아니라 나라를 되찾기 위해 역사에 눈을 돌렸던 것이다.

박은식은 1911년 4월 독립운동과 민족혼이 담긴 역사서를 쓰기 위해 압록강을 건너 중국으로 망명한다. 그 후 4년이 지난 1915년 총 3편 114장으로 구성된 『한국통사』를 펴내게 된다. 이 책은 고종이 즉위한 1864년부터 105인 사건이 발생한 1911년까지 당대사를 주요 사건별로 상세히 정리하고 자신의 평가를 덧붙이는 형식으로 서술되었다. 이 책의 기본 골격은 한국이 일본에 의해 침략 받는 과정 중심으로 돼 있다. 이를 통해 박은식은 일제의 만행을 대내외에 폭로하고 민족의식을 일깨우려 했던 것이다. 『한국통사』는 출간과 함께 중국과 노령, 미주 등지의 동포들은 물론이요, 국내의 애국인사들에게까지 비밀리에 배포돼 독립투쟁 정신을 고취하는 데 결정적으로 기여했다.

또 1920년에는 상해에서 『한국독립운동지혈사』를 간행하게 되는데 1884년 갑신정변부터 3·1운동이 일어난 다음 해인 1920년까지의 독립 투쟁사를 서술한 것이다. 이 책에서 박은식은 3·1운동을 기점으로 한국민의 독립운동은 반드시 독립을 쟁취할 것이며 최후의 승리를 낙관한다고 밝혔다.

1925년 3월 박은식은 임정 요원들의 추대로 제2대 대한민국 임시정부 대통령에 취임하기도 했다. 그는 반드시 살아남아서 또 하나의 당대사인 '건국사建國史'를 쓰고야 말겠다고 다짐했지만 같은 해 기관지염 등으로 만리타국에서 한스러운 생애를 마감하고 말았다.

박은식의 유해는 서거 68년 만인 1993년 8월 5일 봉환돼 국립묘지에 안장됐다. 1910년대에서 1920년대 사이에 주로 활약한 이 두 사학자는 접근 방법에서 전통적 잔재가 많이 남아 있음에도 불구하고 내용 구성과 서술 체계 면에서 근대 역사학의 면모를 풍부하게 갖고 있었다는 것이 학계의 공통된 의견이다.

2. 문헌고증사학, 민족주의사학, 사회경제사학

1930년대에 오면 단재와 백암의 민족주의 학풍은 일제하 식민사관에 의해 배척당하는 가운데 정인보, 안재홍, 문일평, 손진태 등에 의해 면면히 이어졌다.[*] 반면 최남선은 이때부터 이미 일선동화日鮮同化를 주창하는 사론을 전개하기 시작했다. 당시의 연구 분위기를 정재정은 이렇게 묘사하고 있다.

> 정인보, 안재홍, 문일평 등은 1930년대 중반부터 문헌고증주의와 유물사관의 대립에 맞서 '조선에 고유한 것, 조선 문화의 특색, 조선의 전통을 천명하여 학문적으로 체계화'하려는 '조선학朝鮮學' 운동을 전개하고 그 학문적 정당성을 정약용 등의 실학과 신채호 등의 민족주의사학의 계승에서 구했다.

> 때로는 식민사관이라는 비판을 받기도 한 문헌고증사관(혹은 실증사학)도 1930년대에 오면 일본대학에서 공부를 마친 이병도, 김상기, 신석

---

[*] 이 무렵 활동한 사학자로 자산 안확(1886~1946)을 빠뜨릴 수 없다. 그러나 이 책은 말 그대로 스케치 형식이기 때문에 다분히 학문적 검토를 필요로 하는 안확을 다룬다는 것은 주제넘은 일로 여겨져 항목에 뺐음을 이해해 주기 바란다. 그에 관해서는 이태진, 「안확」, 『한국사 시민강좌』 제5집을 참조하라.

역사학 **191**

호, 유홍렬 등에 의해 활발하게 전개된다. 이들이 해방 후 정규 대학을 지배하게 됨으로써 남한에서 최대의 학맥과 학풍을 형성하며 역사학계 주류를 차지해 왔다.

이 무렵에는 유물사관 또한 중요한 학풍을 이루었다. 1937년 『조선 봉건사회경제사 상上』를 쓴 백남운을 필두로 전석담, 이청원, 노동규, 김광진 등이 이 부류에 속한다. 이들은 1933년 조선경제학회를 창립하고 전통 사학과 민족주의사학을 비판하며 세계사의 보편성 속에서 본 한국사의 특수성을 '과학적으로' 해명하려는 노력을 보였다.

이렇게 볼 때 1930년대는 한국 역사학의 골격이 드러난 시기이며 성과 면에서도 주목할 만하다. 이는 1920년대에 일제의 소위 '문화정치'가 실시되면서 조선 고유의 문화 전통에 대해 어느 정도 접근이 가능했기 때문에 생겨난 것으로 보인다. 그러나 동시에 정인보나 백남운과 같은 대학자의 출현도 역사학의 부흥에 크게 기여했다.

(1) 문헌고증사학: 장차 한국사 분야의 주류를 형성하게 될 문헌고증사학 혹은 실증사학이 형성된 것은 1930년대 초반이다. 그것은 1910년대와 1920년대에 일본 대학에서 근대사학을 본격적으로 배우고 귀국한 일군의 소장 학자들이 대거 활동을 시작한 것이 이때부터이기 때문이다.

이런 경향의 선두주자는 단연코 이병도였다. 일본 내 문헌고증사학을 대표하던 와세다대 쓰다 소키치와 동경제대 이케우치 히로시로부터 영향을 받으며 역사학자로 성장한 이병도는 일제가 우리 역사를 왜곡하기 위해 세운 '조선사편수회'에서 활동했다. 여기서 그는 고려사 이전의 시기를 담당했다고 한다. 그리고 이케우치의 계속된 영향하에서 삼한三

韓과 한사군漢四郡의 위치 비정에 주력하고 고려시대 풍수사상 연구에도 관심을 쏟았다.

또 이병도는 이상백, 이선근, 신석호 등 실증사학자와 문일평, 손진태 등 민족주의사학자들과 함께 1934년 진단학회震檀學會 창설을 주도했다. 그리고 1943년까지 기관지《진단학보》(총 14권)를 발간했다. 이와 관련해 정재정은 "진단학회는 한글로 발행한 《진단학보》를 냄으로써 국학의 기반을 다지고 그 전통을 해방 후로 연결시켜 주는 데 크게 기여한 것은 사실"이라고 평가하면서도 "일제의 파쇼적 지배가 강화되던 시기에 창립돼 전시체제 말기까지 존속할 수 있었던 것은 이들의 학문 성향이 일본인 관학자들의 연구 방법이나 역사관과 배치되지 않았기 때문이었다"라고 지적했다. 여기에 실증사학이 해방 후까지 '식민사관'이라는 혐의를 받게 되는 하나의 단서가 있는 것이다.

그래서 오늘날 소장 학자들의 평가는 좀 더 냉혹하다. 진보 계열 소장 역사학자 모임인 한국역사연구회가 1989년 펴낸 『한국사 강의』에서는 당시의 문헌고증사학을 이렇게 평한다.

그러나 이들이 일제 관학자들과 똑같은 역사관, 연구 방법론, 한국사 인식 체계를 가지고 연구를 하는 한 그것은 일제 식민주의 역사학의 한국사 인식을 보완하는 데 불과하였다. 문헌고증사학의 주도 인물인 이병도의 고대사 연구나 이홍직의 임나일본부 연구 등은 그 대표적인 예이다.

물론 이렇게 일방적으로 매도하기는 곤란한 면이 많다. 예를 들어 김상기의 경우가 그렇다. 그도 와세다대에서 쓰다의 지도를 받기는 했지만 연구 주제와 문제의식 면에서 일본의 한국사 인식과는 다른 독자적 영역을 구축했다. 그는 사료 비판과 합리적 실증이라는 문헌고증사학의 방법론은 수용했지만 역사의식 면에서는 한국사의 독자적 활력을 찾으려 했던 것이다. 그가 집중적인 관심을 보인 분야는 동학혁명과 고·중세의 문화교류 문제였다. 이 같은 그의 작업 성과는 지금도 명저로 꼽히는『동학과 동학란』(1947) 및『동방문화교류사논고』(1948)로 묶여져 나왔다. 이는 그가 귀국한 이후 일본인들과의 학문적 교류나 협력이 거의 없었기 때문에 가능했다는 것이 학계의 시각이다.

이선근은 대원군 집권부터 갑신정변까지의 역사를 실증적으로 정리했다. 이 작업은『조선최근세사』(1931)와『조선최근정치사』(1950)로 간행되었는데 그의 이 같은 연구 태도는 그 후 한국사 연구를 '정치사' 중심으로 방향 지우는 데 결정적인 역할을 했다는 평가를 받고 있다.

이홍직의 경우 동경제대에서 일본사를 전공했는데 이를 바탕으로 한국 고대사를 연구했기 때문에 일본 관학자들의 입장을 대부분 수용하는 문제점을 남겼다는 것이 오늘날 학계의 평가이다. 특히 지금은 거의 부정되다시피 한 임나일본부의 존재를 인정했다는 점에서 비판을 받고 있다.

신석호는 경성제대에서 한국사를 전공했는데 이병도와 마찬가지로 '조선사편수회'에서 활동했다. 그는 주로 조선 전기를 맡아 사화당쟁士禍黨爭 문제를 연구하는 데 주력했다. 그래서 학계에는 그에 대한 비판적 시각이 아직도 상존하고 있다. 당쟁의 부정적 측면만을 부각하려 했던 일본적 시각을 무비판적으로 수용했다는 것이다.

유홍렬도 경성제대에서 한국사를 전공했는데 규장각 자료를 활용해 서원, 향약 등 조선의 교육제도에 깊은 관심을 쏟았다. 특히 서원 성립과 주자학 정착 과정을 중국문화의 단순한 모방이 아니라 주체적인 수용으로 파악한 대목은 지금도 높이 평가되는 부분이다. 그는 또 한국 천주교 역사를 정립하는 데에도 큰 업적을 남겼다.

총론적으로 말해서 문헌고증사학이 식민사학과 간접적 친화성을 갖는 것은 부정하기 어렵다. 그렇지만 김상기나 유홍렬의 예에서 보듯이 같은 실증사학이더라도 역사관이나 문제의식을 달리할 경우 얼마든지 주체적인 역사학을 할 수 있었다는 점에서 '실증사학으로 포장된 식민사관'의 문제에 대해서는 학계에서 보다 명쾌한 해명을 내놓아야 할 것이다.

(2) 민족주의사학: 반면 민족주의사학에게는 1930년대가 심각한 위기 국면이었다. 내적으로는 연구 인력이 고갈됐고 외적으로는 조선총독부에 의해 1925년 독립된 관청으로 격상되고 확대 개편된 조선사편수회가 한국사의 주체성과 자율성을 부정하는 역사 서적을 대대적으로 간행하면서 본격적인 역사 왜곡이 시작된 것이 1930년대였기 때문이다. 일제의 의도를 구체적으로 보여주는 문건은 조선총독부가 『조선반도사』를 편찬하면서 밝힌 서문이다.

조선인은 다른 식민지에 있어서의 야만반개野蠻半開의 민족과 달라 독서속문讀書屬文에 있어서 문명인에게 떨어지는 바가 없다. 고래로 사서史書의 존재하는 바 많고 또 새로이 저작되는 바도 적지 않다. 그러나 전자는 독립 시대의 저술로서 현대와의 관계를 결缺하여 다만 독립국의 구몽舊夢을 추상追想시키는 폐가 있으며 후자는 근대조선에 있어서의 일청日淸·일로日露의 세력경쟁을 서술하여 조선의 향배를 말하고, 혹은『한국통사』라고 하는 재외在外 조선인의 저서와 같은 것은 일의 진상을 살피지 아니하고 망설妄說을 함부로 한다.

이 글은 얼핏 보면 상당히 우리 민족을 생각하는 듯한 생색을 내면서 사실은 박은식 등의 민족주의사학 융성을 견제하려는 의도가 노골화되어 있음을 쉽게 알 수 있다. 또한 최남선 같은 이는 이 무렵부터 '일선동화日鮮同化'를 주창하는 사론史論을 들고나왔고, 사회경제사가들에 의해 유물사관에 입각한 한국사 체계화 작업도 이루어지는 등 민족주의사학으로서는 내우외환이라 부를 수밖에 없는 환경이 조성된 것이다.

그래서 신채호·박은식의 역사의식을 계승한 일군의 지식인들이 '조선학' 운동을 전개하게 되는데 특히 적극적이었던 인물이 정인보와 안재홍이었다. 뒤에 정치가로 변신하는 바람에 학계의 큰 주목을 받지는 못했지만 안재홍(1891~1965)은 고대사를 중심으로 가야의 일본 진출을 부각시키는 등 역사학자로서 만만치 않은 업적을 남겼다. 또『여유당전집』 간행 등 정약용을 중심으로 한 실학 연구에도 많은 기여를 했다. 그의 저서로는『조선상고사감』과『신민족주의와 신민주주의』가 학술적 가치를 인정받고 있다.

사학자보다는 언론인으로 더 유명한 문일평(1888~1936)은 새로운 역사적 사실의 발굴이나 기초적인 연구보다는 한국사의 대중화에 더욱 힘썼던 인물이다. 그러나 단순 소개에 그치지 않고 국망의 시기를 당해 우리의 역사를 어떻게 이해하고 의미를 부여해야 할 것인가에 깊은 관심을 쏟았다. 다른 민족주의사학자들과 마찬가지로 그도 '조선심朝鮮心'을 우리 역사의 핵심으로 간주했지만 보다 구체적으로 '한글'이야말로 조선심의 결정체라고 보는 탁월한 통찰을 드러냈다. 또한 실학의 실사구시 정신도 조선심의 재현으로 간주했다. 학계에서는 그의 역사 연구의 특징을 "구사舊史 비판을 통한 독특한 사론을 제시하기보다는 사실史實을 흥미롭게 재구성함으로써 역사의 대중화에 힘썼다"라고 평가한다.

손진태(1900~미상)는 민속학자 겸 역사학자로 서울대 문리대학장으로 재직 중 6·25 때 납북당했다. 그는 원래 역사 연구를 희망했으나 '일제시대에 역사학을 자유로이 연구할 수 없었기 때문에' 민속학을 먼저 공부했다. 그는 민속학 분야에서 선구적 연구로 꼽히는『조선민담집』,『조선민족설화의 연구』등 굵직굵직한 저서들을 남겼으며 '민속학을 자료 수집이나 하는 잡학이 아니라 독자적 과학으로 확립시켰다'라는 점에서 학계로부터 높은 평가를 받고 있다. 역사학자로서 그가 남긴 저작은 신민족주의사관에 입각한『조신민족사개론』과『국사대요』인데 납북으로 인해 인상적인 연구를 남기지 못한 아쉬움을 남겼다.

신채호, 박은식 등 제1세대를 계승한 민족주의사학 제2세대라고 할 수 있는 이들은 식민지 치하라는 어려운 여건에서도 우리의 정신을 지키려 한 점에서 비록 그들의 학문에 '과학성'이나 '학문성'이 다소 결여되었다 하더라도 쉽게 과소평가되어서는 안 될 것이다. 과학성을 보충하는 일은 후세 학자들의 몫일 것이기 때문이다. 이런 점에서 1960년대 후반부터 불기 시작한 국학 연구 붐이 보다 활성화되지 못하고 1970년대 후반을 넘어서면서 식어 버린 것은 안타까운 일이 아닐 수 없다.

국망과 식민 치하 그리고 전란으로 이어지던 시대에 올곧은 선비로 산다는 것은 가시밭길을 뜻한다. 한학자이며 역사학자였던 위당 정인보(1893~1950)가 걸었던 길이 바로 그랬다. 그는 근대학문을 배운 적이 없다. 부친에게서 한문을 익힌 그가 제대로 학문을 배운 것은 어린 시절 강화도에 가서 이건방으로부터 전수받은 강화학江華學이 전부이다. 위당의 제자인 연세대 민영규가 이름 붙인 이 강화학이란 명분보다 실천을 중시하는 중국 양명학에 뿌리를 둔 것으로 18세기 초 강화도에 은둔한 조선 양명학의 대가 하곡 정제두에서 비롯된 학문이다.

위당의 세계관 형성에 결정적 기여를 한 또 하나의 사건은 스무 살이 되던 1912년 중국 상해로 망명한 것이다. 여기서 신채호, 박은식 등을 만나 동제사同濟社를 결성하고 두 사람으로부터 역사의식을 배우게 된다. 특히 위당은 신채호에게서 역사 방법론까지 배웠다고 한다. 다만 차이가 있다면 신채호는 실천적 독립투쟁에 보다 많은 강조점을 뒀던 반면 위당은 사료에 더욱 충실하려 했다는 것이다.

우여곡절 끝에 상해에서 귀국한 정인보는 30대에 연희전문학교의 강사를 맡으면서 본격적인 국학자의 길을 걷게 된다. 이때 그는 한학과 함께 한국사를 강의하면서 학문적 깊이를 더해간다. 그는 각종 전문학교에 출강해 민족혼을 일깨우는 강의를 계속하는 한편 1931년에는 《동아일보》에 「조선고전해제」를 연재해 우리 민족의 정신문화를 소개하는 데도 앞장섰다. 1935년 다산 서거 100주기를 맞아서는 대대적인 학술행사를 주도함으로써 실학 연구의 중요성을 다시금 환기시켰다. '실학'이란 용어도 이때부터 일반화되기 시작한 것이다.

그가 전통 학문 중에서 성리학보다 양명학이나 실학에 관심을 기울였다는 사실은 그의 진취적 학풍을 보여주는 대목이다. 그러면서도 그는 진정한 선비의 길을 단 한 번도 저버리지 않은 꼿꼿함을 견지했다. 1936년에는 연희전문학교 교수로 임명돼 한문학, 국사학, 국문학 등 국학 전반에 관한 강의를 담당하면서 독자적인 국학 체계를 세워나갔다. 그러나 태평양전쟁으로 일제의 탄압이 극에 이르자 다른 지식인들이 친일에 앞장서는 등 변절이 잇따르는 가운데 그는 가족들을 이끌고 1943

년 전라북도 익산군의 산골로 은거해 버렸다.

1946년 역사학자로서 그의 진면목을 보여주는 『조선사 연구』가 간행된다. '얼' 사관에 입각해 집필된 이 책에서 정인보는 "학문이 얼이 아니면 헛것이 되고, 예교禮敎도 얼이 아니면 빈 탈이 되고, 문장도 얼이 아니면 달할 것이 없고, 역사가 얼이 아니면 박힐 데가 없다"라고 '얼'의 중요성을 역설했다.

해방이 되자 대다수 지식인이 정치운동에 투신했던 것과 달리 정인보는 일제의 오랜 통치로 단절되다시피 한 국학의 계승 발전을 자신의 과제로 여기고 1947년 설립된 국학대학 학장을 맡아 국학 부흥에 혼신의 힘을 다했다. 그러나 애석하게도 6·25 때 납북됨으로써 정인보는 자신의 학문을 미완인 채로 남기게 된다. 그는 최현배, 홍명희, 백남운 등과 함께 연세대를 국학의 본산지로 만드는 데 결정적 기여를 했다. 지금은 강단을 떠나거나 고인이 된 민영규, 홍이섭, 손보기 등이 모두 그의 제자이다.

그러나 정인보의 학문 세계에 대한 연구는 전무한 실정이다. 연세대가 개교 100주년 기념사업의 하나로 1983년 흩어진 위당 원고를 모아 『담원 정인보전집』 6권을 간행한 것이 고작이다. 다만 정인보의 3녀인 정양완(한국정신문화연구원)이 참여한 『강화학파의 문학과 사상』(1993)이라는 방대한 연구서를 간행함으로써 탄생 100주년을 맞은 정인보의 학문 세계를 간접적으로나마 조명해 주었을 뿐이다. 학문적 주체성에 관한 논의가 활성화되고 있는 현시점에서 재조명을 받아야 할 국내 학자 중 '0순위'가 정인보라는 데 대해서는 재론의 여지가 없을 것이다.

(3) 사회경제사학: 이 무렵 사회경제사학의 대표자는 단연코 동암

백남운(1895~1979)이다. 연희전문학교 교수와 해방 후 경성대 교수를 거쳐 월북한 백남운은 최근까지도 국내 학계에서는 연급조차 된 적이 없었다. 관련 분야 학자들끼리 사석에서 쉬쉬하며 이야기할 수밖에 없었던 그런 인물이었다. 1980년대 중반부터 사회주의에 대한 관심이 높아가면서 '백남운'이라는 이름 석 자가 점차 알려지기 시작했으며 1992년에는 방기중이 연세대에서 백남운에 관한 연구로 박사학위를 받고 이 논문을 보완해 『한국근현대사상사 연구』라는 단행본으로 펴내기도 했다. 근 50년 만에 학문적 복권이 이뤄진 셈이다.

국내 마르크스주의 역사학의 선구자 백남운은 전라북도 고창 출생으로 1925년부터 1938년까지 연희전문학교 교수로 재직하며 『조선사회경제사』(1933), 『조선봉건사회경제사 상』(1937)을 펴내 한국사 연구에 일대 획을 그은 것으로 평가받고 있다. 방기중의 연구에 따르면 백남운은 "변증법적 유물론에 기초한 마르크스주의 사회과학 방법인 사적 유물론만이 식민지 현실을 극복하고 민족의 진로를 밝힐 수 있는 '조선 인식'의 '유일한 과학적 방법론'이다"라고 생각했다. 이를 통해 그는 삼한-삼국-고려 때까지의 사회경제적 성격을 밝히는 데 큰 업적을 남겼다.

그런데 그의 학문은 교조적 마르크스주의와는 궤를 달리하는 것이었다. 한응수와 같은 스탈린주의적 마르크스주의자는 "조선 역사에서 보이는 바와 같이 조선 민족은 고대로부터 계통 있는 사상 생활을 할 수 없었다.…여기 독자적 사상체계가 없었으니 역사상에 보이는 조선의 사상가들이란 지나支那 내지 인도 등 외래사상에 도취된 학자들이었던 것이다"라며 조선사나 조선 역사의 독자성을 완전히 부정했다. 관점은 달랐지만 결과적으로는 식민사관의 요체인 한국사 타율성론과 정체성停滯性론을 반복하고 있는 것이다.

반면 백남운은 안재홍, 정인보 등의 '조선학 운동'이 과학성이 결여돼 있다고 비판하면서도 '조선학'의 중요성을 인정했다. 그가 입장을 달리하면서도 1935년 민족주의 계열이 주도한 '정다산 백년제'에 동참한 것도 이런 맥락에서 이해돼야 할 것이다. 당시 사회주의자들 가운데 신남철, 김태준, 홍기문 등도 백남운과 같은 입장에 섰다. '비판적 조선학'이라고도 불리는 이들의 입장은 백남운의 다음과 같은 발언에서 분명하게 드러난다.

우리의 과거를 자랑거리로만 내세우랴는 것도 조선을 알랴는 진실한 태도가 아닐 것이며 이와 반대로 과거는 어찌 되였든지 상관할 것이 없다 하야 파보랴고도 하지 않고 심하게는 불문不問에 부치랴는 경향이 있다면 그것은 현실의 역사성을 부인하랴는 반동적反動的 태도로 귀착될 것이다.

조선학에 대한 그의 이 같은 동정적 이해는 그가 1925년 안재홍, 정인보 등 민족주의 계열 인사들과 함께 조선 사회를 과학적으로 조사·연구하기 위한 '조선사정연구회'를 조직했던 데도 간접적으로 알 수 있다. 백남운 이외에 『조선사회사독본』, 『조선역사독본』 등의 저서를 남긴 이청원을 비롯, 김태준, 김광진, 인정식 등 일본대학에서 경제사를 공부한 사회주의 계열 역사학자들이 다수 있었지만 업적 면에서 백남운에 비할 바는 아니다.

일제 때부터 학술원 창립에도 관심을 쏟았던 백남운은 해방 직후인 1945년 9월에 조선학술원을 설립, 원장에 취임했고 같은 해 12월에는 경성대 교수를 맡았다. 1947년 월북한 그는 북한의 초대 교육상을 맡았고

줄곧 최고인민회 대의원을 지내며 학문 활동과 정치 활동을 병행하다가 1979년 6월 12일 사망한 것으로 알려졌다.

3. 식민사학과 남북 분단이 미친 악영향

먼저 식민사학이란 과연 어떤 성격의 이론이었는지를 보다 명확하게 정리해 둘 필요가 있다. 그래야 최근까지도 논의된 식민사학으로부터 한국 역사학이 얼마나 벗어나 있는지를 재는 데 중요한 척도가 될 것이기 때문이다.

그러면 먼저 식민사학의 문제점부터 검토해 보자. 우리 근대학문 중에서 식민주의 병폐가 가장 문제시된 분야는 역사학이다. 거기에는 그럴 만한 이유가 세 가지 있다.

첫째는 사회학이니 정치학이니 하는 분야들은 일제 때는 애당초 학문 자체가 없어서 해방 이후 '식민주의' 문제가 제기될 여지가 없었던 반면 역사학은 일세하에 비교적 활발하게 연구가 이루어진 분야였기 때문이다.

둘째는 역사학, 특히 한국사는 식민지배와 관련해 집중적인 왜곡의 대상이 될 수밖에 없는 분야였다. 한국사는 곧 한국인의 정신 형성 문제와 직결되었기 때문이다.

셋째는 결과적으로 해방 이후 식민사관에 물든 학자 이외에는 학문적 훈련을 받은 이들이 부족했기 때문에 초창기 역사학을 이들이 지배하게 되었다는 점이다.

그렇다면 구체적으로 '식민사학'이란 어떤 학자들에 의해 주도됐으며 어떤 내용을 가진 것인가?

일본의 경우 1885년 제국대학에 사학과가 설치되고 2년 후에 국사학과가 설치되면서 근대 역사학이 출발했다. 이만열(숙명여대 한국사)은 "이때부터 한국사, 그중에서 특히 한국 고대사가 함께 연구되기 시작했다"라며 "분야별로는 일한고사日韓古史의 요시다, 조선사의 하야시, 광개토대왕비를 연구한 쓰가 등 일고여덟 명의 학자가 활발하게 저서와 논문을 발표했다"라고 밝혔다.

이 같은 기초 연구를 토대로 20세기에 들어오면서 본격적으로 침략 행위를 정당화하기 위한 수단으로 한국사를 왜곡하기 시작했다. 식민사관의 구체적 내용을 이만열은 크게 세 가지로 정리했다.

첫째는 만선사滿鮮史의 성립이다. 이는 주로 동양사를 전공한 일본 학자들에 의해 제기된 주장으로 그 내용은 말 그대로 한국사를 만주사와 함께 파악함으로써 한국사의 독립성을 부정하려는 것이다. 원래의 의도는 만주와 한국의 역사는 중국과 독립된 것임을 주장해 중국이 만주에 대한 영토권을 행사하지 못하도록 하려는 의도가 깔린 것이다. 그러나 결과적으로는 한국사의 독립성은 부정되고 마는 것이다. 이를 주도한 인물은 『조선민족사』 등의 저술을 통해 임나일본부설을 주장한 이나바 이와키치였다.

둘째는 일선동조론日鮮同祖論이다. 이는 국내 친일 지식인들에 의해서도 광범하게 수용돼 돌이킬 수 없는 병폐를 남겼다. 일본에서 일선동조론이 등장한 것은 1890년인데 1910년 한국 병탄과 함께 국내에도 확산되기 시작해 3·1운동 이후에는 이를 무마하는 이론으로 효용성을 발휘했다. 이 시기에 이를 주도한 일본 학자는 「일한양민족동원론」을 쓴 기다 사다키치이며 국내에서는 최남선 등이 여기에 동조했던 것이다.

셋째는 '과학성'을 위장한 고도의 세련된 이론으로 정체성停滯性론이 있다. 이는 20세기에 들어와 본격화된 것으로 사회경제이론을 원용해 '한국은 정체될 수밖에 없는 사회'이며 '일본의 도움이 있어야 발전할 수 있다'라는 주장을 전개하기 위한 이론이다. 물론 초창기에는 한국의 정체성만을 강조했다. 그러나 한국 병탄 이후에는 노골적으로 '근대화를 위한 일본의 역할' 쪽에 비중을 둔 학설들이 쏟아져 나왔다. 마치 얼마 전 '심화회'라는 일본 극우단체 인사들이 한국에 와서 "식민지로 인해 한국은 철도와 공장이 건설되는 등 일본으로부터 큰 도움을 받았다"라고 한 주장과 흡사한 것이다. 이들이 지적하는 사항은 한국에는 봉건제도가 없었다는 점과 생활 수준이 일본에 비해 수백 년가량 뒤졌다는 점이었다.

물론 이들 세 가지 이외에도 우리가 흔히 들어온 당파성론, 조선문화열등론, 민족성론 등 제반 이론을 동원해 한국사의 부정적 성격을 찾아내 확대하고 왜곡한 것이 식민사관의 개략적인 모습이다.

해방 이후 한국사를 연구한 학자들은 식민사관의 망령에 언제나 쫓겨야 했다. 의식적으로든 무의식적으로든 식민사관에 물든 제1세대 학자들은 말할 것도 없고 그 후 2세대나 3세대 학자들도 식민사관을 비판하면서도 정확하게 무엇을 식민사관이라고 할 것인지 가리지 못해 곤란을 겪어 왔다. 이런 망령은 아직도 계속되고 있다.

더욱이 학문에서의 식민주의를 문제 삼아 수십 년간 논란을 겪은 역사학계의 실정이 이러한 데 이런 문제 제기조차 없었던 다른 분야에는 과연 얼마나 식민지 학풍이 깊이 파고들었을지를 생각하면 '모골이 송연하다'라는 표현이 전혀 과장이 아니다. 한일 관계의 새로운 출발이 논의되는 시점에서 학계 전반의 식민주의 청산은 다시 한번 과제로 설정돼야 할 것 같다. 왜냐하면 그것은 과거의 문제가 아니라 현재와 미래의 문제이기 때문이다.

다음은 분단으로 인한 역사학계의 대립을 살펴볼 차례이다. 해방 직후 역사학계는 다른 분야에 비해 비교적 양질의 연구자를 다수 보유한 상태였다. 물론 그렇다 하더라도 그 수는 20여 명 안팎 정도였다고 보는 것이 정확할 것이다.

서울대출판부가 펴낸 『서울대 40년사』에는 당시의 상황을 이렇게 적고 있다.

초창기의 국사 담당 교수는 일본 와세다대 출신의 이병도, 손진태 씨로서 두 분이 모두 고대사 전공자였다. 이어서 경성제대 출신의 유홍렬(조선시대), 이인영(조선시대) 씨와 일본 게이오대 출신의 강대량 씨 등이 1946년 10월부터 새로 취임하여 어느 정도 각 시대를 포괄할 수 있게 되었다.

그러나 전쟁 중에 손진태, 이인영 교수가 행방불명되고, 강대량 씨는 전쟁 직전 사직했으며, 최근 일기집 『역사 앞에서』가 출간돼 큰 관심을 모았던 김성칠 교수가 1951년 피살되는 등 큰 파동을 겪었다. 서울대의 경우 이렇게 해서 1950년대는 이병도와 유홍렬 두 사람이 이끌어 왔다. 그 와중에 김석형, 박시형 등 1급 역사학자들이 월북함으로써 국내 역사학계는 취약성을 갖게 된다. 동시에 이념 대립의 심화로 역사학계는 사실상 공동화되었다고 말할 수 있다.

서울대 한영우 교수는 1994년 출간한 『한국 민족주의 역사학』에서 당시 학계 상황을 "8·15 해방 이후 남북이 분단되고 6·25를 거쳐 미국과 소련의 대립 구도가 오래 지속되면서 우리 역사학계는 판이하게 양분되었다. 좌와 우의 중도에 섰던 진보적 민족주의 역사학자는 해방을 전후하여 삼균주의三均主義 혹은 신민족주의를 표방하면서 민족 통일국가 수립에 정열을 쏟았으나 결과는 수포로 끝나고 말았다"라고 서술하고 있다. 결국 전체적으로 얼마 안 되는 연구자가 남북 분단과 이념 대립으로 나뉘고 정치적 탄압을 받으면서 역사학의 기초를 제대로 다질 여지가 거의 없었다고 할 수 있다.

북으로 간 역사학자들에 관해 남한 학계에서 처음 언급된 헤는 1988년이다. 이광린이《동아연구》제16집에 「북한의 역사학」이란 논문을 발표했고, 도진순이 같은 해《역사비평》가을호에 「북한 학계의 민족 부르조아지와 민족개량주의 논쟁」을 발표했다. 그전까지는 철저하게 금기 사항이었다.

4. 이병도와 문헌고증사학

한영우 교수는 "1950년대는 국사학계가 가장 황막한 시기였다"라고 회고했다. 실제로 1960년 한우근, 1963년 김철준이 보충되기까지 서울대 사학과에서 한국사 연구는 이병도-유홍렬 두 사람에 의해 주도되었다. 특히 이병도가 남긴 족적은 엄청나다. 그를 따르는 사람이건 비판하는 사람이건 '국사학계 전체를 통틀어 가장 큰 영향을 준 학자를 꼽으라면 단연 이병도이다'라는 인식에는 모두 동의한다. 그의 연구 분야는 주로 고대사와 고려사이며 유학사에도 관심이 컸다. 저서는 1948년『고려시대연구』를 필두로『국사대관』,『한국사 고대편』,『한국사 중세편』,『한국

고대사회와 그 문화』,『한국고대사연구』,『한국유학사』 등 10여 권의 연구서와『두계잡필斗溪雜筆』 등 대여섯 권의 에세이집으로 구성돼 있다.

그의 학풍은 익히 알려진 바와 같이 실증주의다. 철저하게 문헌 고증에 의해 역사 연구를 해나갔던 것이다. 물론 본인은 어느 글에서 "역사는 현재에서 떨어진 과거의 사실을 연구하는 것이지만 현재의 현실을 전혀 망각한 죽은 학문으로 생각해서는 안 된다. 왜냐하면 과거는 현재의 뿌리요, 현재는 과거의 성과이기 때문이다"라고 강조한 바 있다. 그러나 그의 실증적 학문은 줄곧 학계 내부에서 일제 때에는 절박한 민족 현실을 외면하고 해방 이후에는 우리의 분단 현실을 외면하는 등 '현재의 현실을 전혀 망각한 죽은 학문'이라는 비판에 시달려야 했다.

그의 영향을 받은 이로는 한우근(서울대), 이기백(서강대) 등을 꼽을 수 있다. 그러나 이는 직접 학문을 배웠다는 의미에서 그렇고 이병도의 실증 학풍은 단순한 인적 계승을 넘어 지금도 우리 역사학계의 주류를 이루고 있다고 해도 과언이 아니다.

역사학계 최고의 베스트셀러『한국사신론』의 저자 이기백은 이제 사학계의 원로에 속한다. 그의 연구 분야는 삼국시대, 고려시대를 중심으로 한 정치·사회사이며, 고려의 병제兵制 연구는 한때 강진철과 논쟁을 벌이기까지 했다. 비교적 보수적 입장을 가진 그는 사학계에서는 드물게 사론史論 문제에 일관된 관심을 쏟아온 점에서도 특기할 만하다. 다른 사론들에 대해서도 학계의 보수 일변도의 학풍과 달리 개방적 태도를 보이는 점도 후학들로부터 높은 평가를 받는 대목이다.

5. 민족주의사학자 홍이섭에 대한 재평가

1994년 2월 연세대출판부는 홍이섭(전 연세대 교수)의 전집을 사후 20년 만에 1차분 6권으로 출간했다. 그리고 1994년 말까지 4권을 추가로 간행해 전집 10권 발간을 마무리할 계획이다. 해방 이후 국학의 명맥을 이어온 위당 정인보, 한결 김윤경에 이어 세 번째로 전집을 낸 것이다. 이 사실만으로도 일단 홍이섭이라는 학자가 점하는 위치는 쉽게 확인된다.

그의 학문적 관심사를 확인하기 위해 우선 그의 저서 목록을 보사. 이번에 출간된 6권은 제1권 과학사·해양사, 제2권 실학, 제3권 서학·기독교, 제4권 사상사·정신사, 제5권 외교사·교섭사, 제6권 근·현대사로 구성돼 있다. 이것만 보더라도 그의 정신세계의 폭이 얼마나 넓은지 알 수 있다. 특히 31세의 나이인 1944년 펴낸 『조선과학사』는 미래사회의 진행 방향을 통찰한 그의 탁월함이 돋보이는 저작으로 이 분야에서는 아직도 그의 연구 수준을 뛰어넘지 못하고 있다고 해도 과언이 아니다.

농촌계몽운동가 홍병선 목사의 아들로 태어난 그는 배재고등보통학교 시절 문일평의 영향을 받고 민족사학에 눈을 떴으며 연희전문학교에 입학, 당대 최고의 국학자들인 정인보, 최현배, 김윤경, 백남운 등으로부터 학풍을 전수받게 된다. 해방 이후 고려대를 거쳐 1953년 연세대 교수로 자리를 잡은 그는 일생 동안 다산 연구에 몰두해 1959년 『정약용의 정치경제사상 연구』를 내놓음으로써 정약용 사상에 대한 최초의 종합적 연구를 이루어냈다는 찬사를 받았다.

역사학계 전체 차원에서 그의 역할은 무엇보다 실증주의 일색이던 당시 학계에서 민족주의사학의 목소리를 계속 냄으로써 그 존재를 알렸다는 점에 있을 것이다. 또한 식민사학에 대한 강한 비판을 통해 사학계의 올바른 학풍 진작을 위해 힘쓴 일도 그에게 따라붙는 공적이다.

환갑을 맞은 1974년 불의의 연탄가스 사고로 세상을 뜬 불행은 비단 그에게만이 아니라 우리 역사학계 전체에 큰 불행이었다. 그리고 그의 학문 방법과 세계를 계승하는 제자가 사실상 나오지 않은 것도 크나큰 아쉬움으로 남아 있다.

6. '겸연쩍은 역사학도' 천관우

역사학계에서 천관우는 특이한 존재이다. 신문기자로서 일생을 보낸 그가 1985년 회갑 기념 논문을 증정받는 자리에서 스스로에게 붙인 명칭은 '비아카데미 사학도', '겸연쩍은 역사학도'였다. 물론 그를 어떤 계열의 사학자라고 딱히 범주 짓기는 어려운 면이 있다. 그가 관심을 갖고 책을 낸 분야는 고대사, 근대사, 실학 등에 두루 걸쳐 있다. 그리고 한국사의 대중화에 남긴 공은 어느 누구도 따를 수 없을 만큼 독보적이었다고 할 수 있다.

그 자신의 회고담에 의하면 그의 관심은 실학에서 출발했다. 그것은 안재홍의 영향이었다고 스스로 밝히고 있다. 그 첫 성과가 논문 「반계 유형원 연구」였다. 이를 계기로 그는 1958년 한우근과 실학 개념 논쟁까지 벌여 가며 실학의 중요성을 새롭게 일깨운 개척자로서 자리매김한다.

그 후 진단학회에서 발간한 한국통사 『한국사』의 근세 전기 편을 집필한 이상백을 돕게 되면서 조선 전기 제도사에 관심을 갖게 되었다. 고대사 연구를 통해서는 임나가 백제가 파견한 사령부라는 탁견을 내놓기도 했다. 그러나 일정한 사관에 입각한 연구를 하지 못하고 단편적인 문제에 대한 탁월한 해명에 그친 것은 저널리스트로서의 한계를 보인 것이라 할 수 있다.

7. 사회경제사학의 복원 : 김용섭, 강만길

1980년대 중반을 넘어서면서 역사학계에도 마르크스주의사학, 즉 유물사관에 대한 관심이 높아지면서 신진 연구자들이 속출하기 시작했다. 이들은 최소한 1970년대 중반부터 관심을 갖고 개인적 수준에서 공부를 해오다가 1980년대의 변혁 분위기와 맞물리면서 점차 학문에도 반영시키기 시작했다. 이들이 현재 30대 후반에서 40대 초반에 걸친 소위 '70년대 학번'과 '80년대 초반 학번'들로 넓은 의미에서 '사회경제사 학맥'을 형성하고 있다. 다만 이들을 구체적으로 거명하기 곤란한 이유는 역사학이라는 학문의 성격상 10년 안팎에 학문적 승부가 나기 어렵기 때문에 명확히 부상한 학자들을 거론하기가 쉽지 않은 것이다.

사회경제사 문제와 관련해 우리가 주목해야 할 학자는 오히려 이들보다 한두 세대 앞선 연세대 김용섭, 고려대 강만길 등이고 그밖에 한양대 정창렬 등을 꼽을 수 있다. 이들은 분명 학문 성과 면에서 높은 수준을 유지하고 있고 후배 학자들에게 학문하는 모범을 보여준 학자들이다.

1980년대 '민중사학'으로 불린 사회경제사학의 본격적 복원을 최초로 시도한 학술 모임은 1984년 창립된 '망원한국사연구실'이다. 그 후 1985년 한국근대사연구회, 1986년 역사문제연구소, 고중세사연구회 등이 생겨나면서 한국사 전반에 걸친 사회경제사 복원작업이 활성화되기 시작했다.

사회경제사 복원작업이 일반에 널리 알려지게 된 계기는 1987년 한국민중사연구회 이름으로 편찬된『한국민중사』사건이 발생하면서부터이다. 근현대 편에 해당하는 제2권 일부 내용이 '이적利敵 표현'으로 간주돼 재판을 받기에 이른 것이다.

1987년 6월항쟁으로 사상적 공간을 확대한 사회경제사학은 1988년 9월 기존의 망원한국사연구실, 한국근대사연구회, 고중세사연구회 등을 하나로 묶어 '한국역사연구회'를 발족했고 여기에 노선을 달리하는 일부 회원들은 '구로역사연구소'를 창립했다. 구로역사연구소의 경우 실천적인 면을 보다 중시했던 단체였다. 한국역사연구회는 1989년『한국사 강의』를, 1990년『조선정치사』(2권)를 펴냈고, 구로역사연구소는 1990년『바로 보는 우리 역사』(2권)을 출간해 사회경제사적 관점에서 본 한국사를 일반 대중에게 널리 알렸다.

8. 주요 대학의 학풍 : 서울대, 연세대, 고려대

해방은 역사학계에도 적지 않은 시련이었다. 가장 큰 곤란은 훈련받은 연구자의 부족이었다. 열 손가락에 꼽을 만한 학자들이 전부였다고 해도 과언이 아니다. 이런 가운데 서울대, 연세대, 고려대 등이 생겨나고 역사학과가 설치되면서 본격적인 역사 연구의 싹이 트기 시작한다.

서울대의 경우 한국사를 담당했던 교수는 초창기에 고대사 전공의 이병도, 손진태 두 사람이었다. 그 후 경성제대 출신의 유홍렬, 이인영과 일본 게이오대 출신의 강대량 등이 보충돼 어느 정도 구색을 갖추게 된다. 그리고 최근『역사 앞에서』란 일기를 남겨 폭넓은 관심을 모으고 있는 김성칠도 합류했다. 인적 구성만 놓고 본다면 다른 어느 학교, 어느 학과보다도 쟁쟁한 멤버들이었다고 할 수 있다. 분야와 입장이 다양한 데다가 학문적 역량 또한 상당 수준에 있었기 때문이다.

그러나 한국전쟁은 이 모든 것을 한꺼번에 앗아 갔다. 신민족주의사관을 제창해 학문적 성가聲價를 한껏 높였던 손진태-이인영이 전란 중에 행방불명이 됐고 강대량은 전쟁 직전에 사퇴했으며 좌우 이념 대립 속에서도 중도를 지켰던 김성칠은 1951년 피살당했기 때문이다.

1960년 한우근, 1963년 김철준이 보충되기까지 서울대 사학과에서 한국사 연구는 이병도-유홍렬 두 사람에 의해 주도되었다. 특히 이병도가 남긴 족적은 앞에서 따로 살펴본 바와 같이 엄청나다. 그를 따르는 사람이건 비판하는 사람이건 '해방 이후 남한의 국사학계 전체를 통틀어 가장 큰 영향을 준 학자를 꼽으라고 한다면 단연 이병도이다'라는 인식에는 모두 동의한다.

서울대의 한국사 연구가 활기를 띠게 되는 것은 1960년대 후반부터이다. 1967년 조선 후기를 사회경제사적 입장에서 연구해 온 김용섭(연세대)이 사범대에서 문리대로 자리를 옮겼고 1969년 학과 분리가 이루어졌으며 1970년 한영우가 전임이 된 것이다.

이 무렵이 서울대 사학과의 전성기였다. 한우근과 김철준을 양대 축으로 해서 극단적 실증주의에 치우쳤던 '이병도 사학'에 대한 반성의 기운이 높아 가는 가운데 한우근은 조선시대 연구의 깊이를 더했고 김철준은 문화사관을 도입해 한국사 연구 방법론에 탄력성을 불어 넣은 것이다. 한영우는 "1970년대는 한-김 두 교수가 활발한 연구와 제자 양성에 힘을 쏟아 한국사 연구가 대단히 활성화됐으며 마침 국학 연구 붐과 맞물려 정부의 국학사 지원정책이 뒤따라 한국사 연구가 절정기였다"라고 평가했다.

여기서 한 가지 짚고 넘어가야 할 사실은 '사관史觀의 빈곤' 문제이다. 역사적 사실과 사관은 어느 하나를 선택할 수 없을 만큼 동일한 비중을 갖는 중대한 문제다. 이런 점에서 이병도의 경우 '사실'의 울타리를 넘을 만한 '지적 상상력'이 결여돼 '확실성이 보장되는 실증 자료 더미'에만 스스로의 폭을 좁혔던 대표적 인물로 볼 수 있다.

여기에 김철준이 인류학 등 인접 학문을 동원한 '문화사관'을 도입해 사관의 다양화를 시도한 점은 높이 평가돼야 한다. 그러나 그것이 정말 토착화될 수 있는 우리의 이론, 우리의 사관이었는지는 의문이 남는다. 김용섭이 서울대의 관학풍官學風에 비판적 태도를 견지하다가 결국 1975년 연세대로 옮기고 마는데 서울대로서는 커다란 손실이 아닐 수 없었다. 특히 '사관'의 문제에서 볼 때 더욱 그러하다.

그 후 서울대 국사학과는 1978년부터 1982년까지 불과 5년 사이에 조선시대의 이태진, 한국불교사의 최병헌, 조선정신사의 정옥자, 고대사의 노태돈 등 여섯 명의 교수를 대폭 충원해 독립학과로서 구색을 갖추게 된다. 또 1980년대 후반에는 김인걸, 노명호, 송기호 등이 합류해 활발한 연구 성과를 내고 있다.

연세대 사학과는 크게 민족주의사학과 사회경제사학을 양대 축으로 한다. 일제하 연희전문학교 시절부터 민족주의사학의 정인보와 사회경제사학의 백남운이 교수로 재직하며 씨를 뿌려 놓은 셈이다. 연희전문은 당시 유일하게 문과를 가진 전문학교였기 때문에 국문학과 함께 국학의 기초를 다질 수 있었던 것이다.

김용섭은 "우리나라의 유능한 교수들, 그중에서도 국학과 관련된 역사학과 국문학 관련 교수들은 여기에 다 모여 있어서 이 학교는 특이한 학풍을 이루고 있었다. 정인보, 백낙준, 백남운, 최현배, 손진태, 이인영 이런 분들이 이 학교를 거쳐 갔고 그러한 가운데서 민족적인 또한 사회 경제적인 학풍을 형성하고 있었다"라고 말한다.

그러나 정규 대학이 아니었기 때문에 본격적인 역사학자를 양성할 수는 없었지만 잠재적으로 경성제대의 식민사학에 대항할 수 있는 연구 자들을 길러내는 데 있어 연희전문은 국학, 특히 역사학의 차원에서 커 다란 기여를 했던 것이다.

해방 이후 연세대에서 한국사 연구의 큰 획을 그은 학자는 단연코 민족주의사학 계열의 홍이섭(1914~1974)이다. 국학대학, 고려대학을 거쳐 1953년 연세대 사학과 교수가 된 그는 이미 1944년에 『조선과학사』를 써 서 학자적 명성을 드높인 바 있었다. 이 책에 대해 김용섭은 "과학문화의 발달이라는 각도에서 우리나라 역사의 고금을 체계화한 통사"라고 평가 했다. 그 후 홍이섭의 관심사는 실학으로 넘어간다. 1959년 『정약용의 정 치경제사상 연구』라는 연구서를 펴내는데, 해방 이후 나온 정약용에 관 한 최초의 종합적 정리라는 점에서 지금도 높이 평가되고 있다. 홍이섭 은 이 책으로 문학박사 학위를 받았다. 그 후에도 한국사 연구 방법에 관 한 논문과 저서를 다수 발표하며 많은 후학을 길러내 지금도 그의 학문 적 여진은 연세대는 물론이고 다른 대학에까지 강하게 남아 있다.

손보기(단국대 석좌교수)도 연세대 사학과의 학풍을 얘기할 때 빼놓을 수 없는 인물이다. 지금은 '고고학자'로만 알려져 있지만 원래 손보기는 역사학자였다. 그것도 문헌 비판을 중심으로 하는 역사학자였다. 그는 1964년부터 연세대 교수로 재직하면서 고고학의 학맥을 형성하게 된다. 고고학 전공의 이용조(충북대), 최복규(강원대) 등이 손보기로부터 고고학을 배웠다.

그리고 김용섭이 연세대로 옮기는 데 있어 징검다리 역할을 한 것도 손보기이다. 서울대 사범대 제자인 김용섭을 1975년 연세대로 끌어오는 데 결정적 기여를 한 것이다. 김용섭의 연세대 '진입'은 색다른 의미를 갖는다. 비록 연세대 출신은 아니지만 백남운의 사회경제사학을 다시 잇는다는 의미를 가지기 때문이다. 조선 농업사를 중심으로 한 김용섭의 학문 업적은 이미 학계로부터 최고 수준임을 인정받고 있다.

그밖에도 1980년대의 학문 분위기와 맞물려 많은 젊은 학자들이 김용섭 밑에 몰려들어 사회경제사학에 대한 갈증을 해소하기도 했다. 그러나 정작 김용섭 본인을 제외하고는 1980년대 이후 연세대 사학과는 침체기에 빠져 있다. 저서나 논문 면에서 주목할 만한 성과가 별로 안 나오고 있는 것이다.

앞으로 영입될 새로운 학자들 중에서 거장이 나오지 않는 한 민족사학의 보루로서 1960년대와 1970년대에 누렸던 연세대 사학과의 명성을 되찾으려면 상당한 시간이 경과해야 한다는 것이 학계의 일반적 평가이다.

한국사 연구에서 서울대가 실증사학, 연세대가 민족주의사학 및 사회경제사학의 전통을 키워 왔다면 고려대는 어떻게 특징지을 수 있을까.

고려대 사학과는 해방 이후에야 제대로 시작된다. 연세대가 연희전문학교 시절 정인보나 백남운에 의해 일찍부터 학풍이 생겨난 것과 출발부터 다르다. 1946년 고려대 사학과의 출범과 함께 한국사 강의를 맡은 사람은 신석호(1904~1981)이다. 경성제대 사학과에서 '실증사학' 훈련을 받은 그의 전공 분야는 조선시대 당쟁이었다. 저서로는 『국사신강』(1957), 『조선사료해설집』(1964) 등이 있으나 학문 업적 자체보다는 한국사학연구회, 국사편찬위원회 등을 만들어 한국사 연구기관을 확충하는 데 더 큰 기여를 했다고 볼 수 있다. 고려대의 한 교수는 그에 대해 "황무지에서 한국사 연구를 개척한 점에 그의 역할이 크다"라며 "그러나 대가大家라고 보기는 어렵다"라고 평가했다. 결국 독특한 학풍을 초창기에 만드는 데 실패했다는 지적이다.

1958년에는 연세대 교수로 있던 이홍직(1909~1970)이 고려대로 옮겨온다. 동경제대 사학과 출신인 그는 특히 한국 고대사에 깊은 관심을 쏟았다. 그리고『삼국사기』,『삼국유사』,『고려사』등 고전의 색인과 한국 사사전 편찬에도 힘을 쏟아 큰 업적을 남겼다는 평을 듣는다. 그러나 이홍직 역시 일가를 이룰 만한 독자적 학문 세계를 갖춘 것은 아니어서 학풍 형성에는 별다른 기여를 하지 못했다.

고려사를 전공해 지금도 이 분야의 큰 업적으로 평가받고 있는『고려토지제도사연구』등의 저서를 남긴 강진철의 경우 사회경제사학에 일정한 관심을 갖고 있었지만 시대 분위기로 인해 보다 적극적인 연구 성과를 내지 못한 아쉬움을 남겼다. 고려대의 한 교수는 강진철에 대해 "현재의 분위기만 됐어도 그분은 고려사라고 하는 실증 분야뿐만 아니라 사회경제사를 중심으로 한 사론史論 분야에서도 큰 업적을 남겼을 것"이라고 말했다. 학풍 형성의 계기를 놓친 셈이다.

그다음은 바로 현재 교수진으로 이어진다. 고려대의 교수 진용은 조선 후기 경제사와 한국 근·현대사의 강만길, 고대사의 김정배, 고려 후기 정치사의 민현구, 고려사의 박용운, 천주교사의 조광 등으로 대부분 한국사 연구를 활발하게 하는 학자들이다.

여기서 가장 주목되는 학자는 당연히 강만길이다. 1993년 환갑을 맞은 그는 이미 나름대로 학문 세계를 구축했다는 평을 학계로부터 받고 있다. 『조선후기 상업자본의 발달』이라는 저서를 통해 우리에게도 자본주의로 발전할 수 있는 독자적 지반이 있었음을 천명해 식민사관의 정체성론에 정면으로 도전했다. 그 후 '분단시대'라는 용어를 통해 자신의 시대 인식의 단편을 드러내며 사론史論을 구체화해 나갔다. 그리고 『고쳐 쓴 한국근대사』와 『고쳐 쓴 한국현대사』는 그의 시야가 현재와 명확히 닿아 있음을 보여준 책들로 평가받고 있다. 김용섭과 함께 우리나라 사회경제사학의 양대 축으로 꼽힌다.

연구 분야는 전혀 다르지만 조광의 학문적 입장 또한 사회경제사학과 무관치 않다. 실학과 천주교에 관심을 가지면서 이를 사회경제적 맥락에서 파악하려고 하기 때문이다.

그래서 사회경제사학 영역에서 고려대가 새로운 중심지가 될 것이라는 낙관적 전망이 나오기도 한다. 그러나 이에 대해 비관적인 견해도 있다. 1980년대 중반에 와서야 대학원에서 사회경제사학을 본격적으로 공부하는 것이 가능해졌는데 이들이 미처 학문적 성숙을 이루기도 전에 공산권이 몰락하는 바람에 사회경제사학을 공부하려는 사람이 급격히 줄었기 때문이다. 물론 이런 현상은 고려대에만 한정된 것은 아니다. 강만길은 "최근에는 사회경제사학을 기피하는 현상이 뚜렷하다"라며 "학문을 너무 시류에 따라 하는 것은 아닌가 걱정된다"라고 말했다.

실증 연구 분야에서는 박용운이 주목을 받고 있다. 아직은 독자적 사론史論을 제시할 단계에까지 이르지는 못했지만 『고려시대사』 등 수많은 연구서를 통해 자신의 연구 분야를 다져 가고 있기 때문이다.

9. 주요 학회와 연구단체

인문·사회과학 분야에서 학회가 많기로는 역사학이 으뜸일 것이다. 실제로 1994년 초 한국학술진흥재단이 간행한 『학회총람』을 보면 인문 분야 153개 중에서 가장 많은 25개의 학회가 역사학 관련 분야이다. 무엇보다 역사학 연구의 전통이 다른 어느 분야보다 오래됐기 때문일 것이다. 또한 연구의 특성상 집단적 연구의 중요성이 강조되기 때문이기도 하다.

역사학 분야에서 가장 오래된 학회는 단연 1934년 5월에 발족한 진단학회로 1994년 현재 회갑을 맞았다. 이병도, 이선근, 신석호, 김상기 등 문헌고증사학 훈련을 받은 학자들이 주도하고, 문일평, 손진태 등 민족주의사학자들도 일부 참여했으며, 이희승, 조윤제, 최현배 등 국어학자들이 발기인 명단에 포함돼 있는 것도 특색이다.

진단학회는 일본 학자들의 식민사학에 의해 압살 위기에 처한 한국 문화의 연구에 상당한 기여를 했다. 그러나 지나치게 실증적 입장을 고수함으로써 한국사를 보는 시야를 스스로 좁혔다는 지적도 있다. 현재도 진단학회는 학회지 《진단학보》를 꾸준히 내는 등 문헌고증사학의 아성 역할을 하고 있다.

다음으로 오래된 학회는 역사학회이다. 1952년 3월 임시수도 부산에서 한국사의 한우근, 김철준, 천관우, 동양사의 전해종, 고병익, 서양사의 민석홍, 이보형 등이 발기인으로 참여한 이 학회는 사론史論의 제약을 뛰어넘어 역사학계 전체의 단합을 도모한 데 가장 큰 특징이 있다. 그래서 지금도 일본, 대만, 미국, 영국 등 외국의 주요 사학회들과 교류를 하고 있으며 한국 사학계의 '대표 학회'라고 해도 손색이 없을 것이다.

1958년 설립된 한국사학회는 최영희, 윤병석, 박성수 등 제2세대 역사학자들이 주축이 돼 만든 것으로 학회지《사학연구》를 40여 회 정도 간행했으며, 각종 학술행사를 통해 한국사 연구를 심화시켰다는 평가를 받고 있다.

1967년 발족한 한국사연구회는 지금까지 200여 회에 가까운 학술발표회와 80호에 가까운 학회지《한국사연구》를 간행해 한국사 연구를 활성화하는 데 크게 기여했다는 평을 듣고 있다. 특히 1981년 역사학자 59명을 동원해 전공 항목별로 집필한『한국사연구입문』은 지금도 대표적인 지침서로 꼽히고 있다.

'과학적 역사학의 수립을 통해 우리 사회의 자주화와 민주화에 기여하기 위해' 1988년 9월 발족한 한국역사연구회는 강만길, 안병욱, 안병우 교수 등이 주도하고 있으며 연 2회 학회지《역사와 현실》을 간행하고 있다. 한국역사연구회는 역사문제연구소, 구로역사연구소 등과 함께 사회경제 중심의 역사학을 개척하는 프론티어라고 할 수 있다.

10. 한국통사의 서술 문제

한 나라의 통사通史를 제대로 쓰는 일은 당대 학자들의 세계관과 연구 수준을 온전히 반영한다. 물론 여기서 말하는 통사에는 한 개인이 펴낸 개론서식의 통사는 제외된다.

역사학계의 대표적 학회였던 진단학회가 총 7권으로 된『한국사』를 완간한 것은 1965년이다. 원래 계획은 5권이었는데 필진은 상고편=이병도, 중세편=김상기, 근세편=이상백, 근대편과 연표=최남선 등으로 구성됐다. 그러나 집필 과정에서 김상기와 최남선이 빠지고 김재원과 이선근이 대신 들어가 집필을 끝냈다. 당대로서는 '최고'의 사학자들이 참여했기 때문에 높은 수준을 유지했고 한국사의 윤곽을 근대적 시각에서 최초로 그렸다는 점에서 중요한 역사학적 의미를 갖는다. 동시에 일제 때 단절됐던 한국사 서술의 자주성을 회복하는 데도 크게 기여한 것이 사실이다.

그러나 필자들이 모두 문헌고증사학자들이었기 때문에 지나치게 정치나 제도의 역사에 치중해 일반 민중들의 삶이 배제된 한계점을 드러냈다. 또 서술 시기도 조선조 말에서 끝맺고 있어 '완결된' 한국사라고 보기에 미흡한 점이 있었다.

또 하나의 『한국사』는 1973년부터 1978년까지 국사편찬위원회에 의해 편찬돼 나왔다. 총 25권으로 된 이 책은 국가 주도하에 나왔다는 점에서 사관의 한계를 가질 수밖에 없었다. 그러나 진단학회판 『한국사』처럼 한국사 전공자들에게만 한정되지 않고 동양사, 서양사, 지리학, 고고학, 서지학 등 관련 학자 200여 명이 총동원된 사업이었기 때문에 진단학회판에 비해 질적인 면에서 한 차원 높은 것이었다. 그리고 국사편찬위원회에서는 『한국사』 25책 이후의 연구 성과들을 새롭게 반영하기 위해 1991년부터 1997년까지 7개년 사업으로 『신편 한국사』 간행작업을 진행 중이다.

그리고 1994년 말 한길사에서 27권으로 간행한 『한국사』가 있다. 이 책은 과거의 한국사가 제한된 시야에서 서술된 것과 달리 소위 '진보적' 시각을 가진 학자들이 대거 참여해 저술됐기 때문에 전혀 다른 차원의 한국사라 할 수 있다. 한길사판 『한국사』에 동원된 학자의 수는 총 173명. 강만길, 정창렬(한양대) 등 몇 명을 제외하면 대부분 40대 학자들이라는 것도 특색이다. 조광(고려대), 이균영(동덕여대), 김영하(성균관대) 등 40대 한글세대 학자들이 주축을 이루고 30대 소장 학자들도 다수 참여하고 있다. 분야도 한국사뿐만 아니라 정치학, 경제학 등 관련 분야 학자들까지 다양하게 참여했다.

전체적으로 '사회경제사적 시각'에서 저술됐으며 시기가 1980년대에까지 미치는 한길사판『한국사』는 북한 역사도 2권을 할애해 '객관적으로' 다루고 있다. 다만 문제점은 한국 현대사에 대해서는 지나치게 부정적이면서 북한 현대사에 대해서는 객관성이라는 이름하에 가급적 비판을 삼가하는 등 편향성을 보이고 있다는 점이다. 그리고 워낙 다양한 연구자들이 참여한 결과, 글의 수준이 들쭉날쭉하고 통사라고 하기보다는 다분히 논문 모음집 같은 인상을 주는 것도 이 책의 문제점으로 지적될 수 있다.

11. 주목할만한 젊은 연구자들

1970년대부터 역사학 연구 인력이 늘기 시작했다. 소위 '70년대 학번'으로 불리는 일단의 그룹이 최근 학위를 받고 학계에 자리를 잡기 시작하면서 역사학계의 신세대 학자군은 대체적인 면모를 보이기 시작했다.

고대사 분야의 경우 1950년대와 1960년대에 비하면 다소 침체된 듯 보이지만 분야별 특화가 이루어져 본격적인 성과를 기대케 하고 있다. 가장 주목되는 학자는 한규철(경성대, 발해사)이다. 그는 사실상 공백 지대나 다름없던 발해사 연구에 뛰어들어 국내에서는 처음으로 발해사 연구로 박사학위를 받았으며, 송기호(서울대)와 함께 발해사의 복원에 일조하고 있다.

그밖에 주목할 만한 학자군으로는 가야사의 김태식(홍익대), 이영식(인제대), 사회경제사 관점에서 고대사를 다루는 김기흥(건국대), 『삼국사기』 연구로 최근 학위를 받은 이강래(전남대), 신라 불교 연구의 신종원(강원대), 고구려 고분벽화를 중심으로 고대사 복원에 진력하고 있는 전호태(울산대), 백제 초기사의 권오영(동아대) 등이 있다.

최근 '중세사'로 불리는 고대사의 경우 서울대가 중심이 되고 있다. '고려 후기 정치사 연구반' 등 각종 학술 모임 등을 통해 성장한 노명호(서울대), 박종기(국민대), 박종진(울산대), 채웅석(성심여대), 이순근(성심여대) 등이 서울대 국사학과 출신이다. 고려대 출신으로는 김갑동(원광대) 정도가 있다.

이들의 연구 경향에 대해 박용운(고려대)은 "우리 세대에는 중앙 권력 중심으로 연구를 했지만 이들은 기본적으로 피지배계층에 관심을 기울이며 촌락 등에 대한 미시적 분석에 주력한다"라고 평가했다.

조선사의 경우 주로 조선 후기에 집중하는 경향을 보이는 것이 신세대의 특징이다. 이 같은 현상은 실학, 근대사와의 접점 등으로 인해 나타난 것으로 보인다. 또한 방법적인 면에서 사회경제사론의 도입이 뚜렷하다. 지두환(부산대)이 실학 분야에서 눈에 띄는 업적을 내고 있고 김인걸(서울대)은 조선 후기 사회사에 주력하고 있다.

일제하 역사의 경우 너무 많은 연구자가 몰려 걱정을 할 정도이다. 안병욱(성심여대), 이균영(동덕여대), 지수걸(공주대), 박찬승(목포대) 등 1980년대에 사회경제사의 세례를 집중적으로 받은 교수들이 대거 포진한 상태이다. 1992년 연세대에서 「백남운 연구」로 박사학위를 받은 방기중은 한국사학사 분야에서 주목을 끄는 신진 학자이다. 『한국근현대의 민족

문제연구』로 학계의 높은 평가를 받은 서중석(성균관대)은 해방 이후의
역사에까지 관심을 넓히고 있다.

5장

사회학

1. 사회학의 전사前史 : 구한말에서 해방까지

'사회society'라는 단어는 19세기 말경에야 우리나라에 처음 소개된 번역어다. 따라서 우리의 전통 학문인 문사철文史哲과 달리 사회학은 20세기에 들어서야 우리에게 소개되기 시작한 대표적인 서양 학문이라 할 수 있다.

'학문 도입 초창기'에 관한 사회사적 연구는 대단히 중요하다. 그 이후의 학문 성격이 왜 다른 방향으로 가지 않고 현재와 같은 일정한 방향으로 진행돼 왔는지를 이해하는 데 결정적 요소가 되기 때문이다. 그러나 우리 학계는 극히 일부 분야를 제외하면 이런 연구가 전혀 없었다. 아니 '일부러 하지 않았다'라고 하는 것이 더 정확한 표현일지 모른다. 스스로 학문하는 사람으로서 떳떳하지를 못했고 그 학문 전반에 대한 소양이 없었기 때문이다. 그리고 학맥이나 학통이라고 할 만한 것이 거의 없었던 것도 한 요인이 될 것이다.

이런 현상은 사회학 분야에 특히 뚜렷하다. 서구에서 '사회학'이라는 학문이 어떤 사회적·사상사적 맥락에서 생겨났으며 구체적으로 어떤 성과를 이룩했는지에 대한 고찰은 아직까지도 피상적인 수준에 머물고 있다. 심하게 말하면 사회학 개론 시간에 배우는 '사회학 이론사' 정도가 전부라고 할 수 있다. 이를 보여주는 단적인 예가 사회학의 창시자이자 프랑스 실증주의 철학자인 오귀스트 콩트의 『실증주의 서설』이 번역돼 있지 않다는 것이다. 물론 그 밖의 다른 저서들도 나와 있지 않다. 그 흔한 연구 논문도 콩트에 관한 것은 찾아보기 힘들고 사회학자 중에서 콩트를 전공한 사람은 없다. 에밀 뒤르켐 전문가도 없고 독일 사회학의 선구자 막스 베버에 대한 연구자도 최근에 와서야 생겨나는 정도이다. 그렇다고 우리나라 사회학자 대부분이 무비판적으로 받아들이고 있는 미국 사회학의 대부 탈코트 파슨스에 관한 연구자가 있는 것도 아니다. 이런 바탕에서 지금까지 '사회학' 운운해 온 것이 불가사의할 정도이다.

정리하자면 외국 이론 도입은 단편적이고 부분적인 이론보다는 근본 이론과 기초 개념부터 치밀한 검토를 거쳐 들어와야 그 후에 토착화된 이론이 싹틀 수 있다. 이는 어느 나라의 학문을 돌아보더라도 확인되는 평범한 사실에 속한다. 그런데 우리의 경우는 어떠한가. 기초 텍스트가 번역되기도 전에 어느 하나의 사상이나 이론에 대한 초보적인 소개서들이 마구 쏟아진다. 이는 대단히 위험하다. 교수들이 다양한 소개서들의 비중이나 차이점 등을 정리해 주지 않는 한 어느 책이 어떤 성격을 가졌는지 알 수가 없기 때문이다. 그러다 보니 외국에서는 지극히 초보적인 사항에 속하는 것도 우리나라에서는 대단히 전문적인 것으로 잘못 이해되어 학생들에게 소개되는 일도 적지 않게 일어나고 있다. 또 반대로 전문가들이나 겨우 이해할 수 있는 박사학위 논문도 특별한 소개나 설명 없이 번역돼 입문서처럼 읽히고 있는 것이 우리나라 학계와 지식인 사회의 적나라한 현실이다.

"얼마 전까지만 해도 우리에게 그럴 여유가 어디 있었느냐"라고 반문하는 사람이 있겠지만 우리의 실정이 그러했다는 것 그리고 현재도 그런 수준에서 크게 벗어나지 못하고 있다는 것은 짚고 넘어가야 한다. 안할 말로 사회학 전공자 중에 프랑스어와 독일어를 영어만큼 할 수 있는 사람이 얼마나 될까? 영어에 비한다면 그야말로 극소수일 것이다. 그런데 사회학의 고전 이론은 유감스럽게도 독일과 프랑스학계에서 대부분 나왔다. 미국 사회학이 발전했다고는 하지만 그것은 사회학의 지류 중에서도 지류인 '사회조사방법론' 정도이다. 사회조사방법론이 사회학의 동의어는 아닌 것이다. 그럼에도 언어장애로 인해 미국 사회학으로 편중되고 그것이 학문 영역 다툼으로 이어져 정작 사회학의 본고장인 프랑스와 독일의 사회학 전통에 대해서는 '미국의 관점에서 요약·정리된 수준'의 이해밖에 가지고 있지 못한 것이 지금의 현실이다. (물론 1990년대 들어 소장 학자들을 중심으로 프랑스어나 독일어에 대한 관심이 높아져 프랑스와 독일의 고전들을 직접 독해할 수 있는 인구가 늘고 있다.)

바로 이런 현실이 생겨난 것은 거슬러 올라가면 사회학의 초창기에 이미 방향이 잘못 정해진 데서 생겨난 결과라고 볼 수 있다. 다시 본론으로 돌아가자.

최재석(전 고려대 교수)이 1974년 《한국사회학》 제9집에 발표한 「한국의 초기 사회학—구한말에서 해방까지」에 따르면 "사회학社會學이란 말과 그 내용은 1906년 신소설의 창시자로 알려진 이인직이 일본을 통해 국내에 최초로 소개했으며 1909년에는 장지연이 Sociology의 중국말 번역어인 군학群學이라는 용어를 사용했다"라고 한다. 이 점에 대해서는 약간의 고찰이 추가될 필요가 있다. 당시 우리나라 지식인들이 사회학이라는 낯선 학문을 어떤 시각에서 보았는가를 아는 데 도움이 되기 때문이다.

일본 학계의 소식에 비교적 밝았던 이인직은 1906년 월간지 《소년 한반도》에 1호부터 5회에 걸쳐 사회학을 소개하면서 사회학이란 어떤 것인지 사회의 종류와 사회이론의 중요성 등을 강조하고 스펜서의 사회진화론을 소개했다. 일본에서는 Sociology를 '사회학社會學'으로 번역했기 때문에 이인직도 사회학이라는 용어를 사용했다. 또 하나는 장지연이 1909년 중국에서 사용했던 '군학群學'이라는 말로 사회학을 번역 소개했는데 말 그대로 소개 수준이다. 이 또한 애국계몽운동과 연결돼 그렇게 했음은 물론이다. 그리고 중국에서도 1920년대부터는 사회학이라는 용어를 사용했다.

그러나 일제는 사회학이나 정치학을 한국 사람들이 식민지 현실에 눈을 뜨는 데 도움이 될 수 있는 학문으로 보았기 때문에 경성제국대학에 학과조차 설치하지 않았다. 물론 당시의 일본 학계도 사회학 연구 활동이 활발했던 것은 아니다. 하여튼 경성제대에 사회학과가 설치되지 않았다는 사실은 식민지하에서 사회학 분야가 불모지가 될 수밖에 없었음을 의미한다. 그런 가운데 개별적으로 일본이나 구미에서 사회학을 공부하고 돌아온 소장 학자들이 있었으나 학문적 업적이라고 할 만한 것은 전혀 없었다. 결국 한국에서 사회학의 성립은 해방과 함께 시작되었다고 볼 수 있다.

1980년대 들어 조금씩 상황이 변화되긴 했지만 해방 이후 1970년대까지 한국 사회학의 역사는 곧 서울대 사회학과의 역사라고 할 만큼 모든 것이 서울대 중심이었다. 사회학과가 처음 설치된 곳이 서울대이고 다른 대학은 대부분 1970년대에 들어서야 사회학과의 설립이 본격화되었기 때문이다.

서울대에는 해방 이듬해인 1946년 일본 와세다대학에서 역사와 사회, 철학 등을 공부한 이상백에 의해 사회학과가 개설되었다. '한국 사회학 제1세대'로 불리는 이 당시 교수진은 와세다대에서 경제학과 사회사상을 전공한 최문환, 역시 와세다대에서 사회학을 전공한 양회수, 교토대 사회학과 출신의 변시민, 동경대 사회학과를 나온 이만갑 등이었다. 그러나 이들이 받은 학문적 훈련은 석사가 최고였기 때문에 처음부터 폭넓은 시야의 사회학을 가르치기에는 역부족이었다고 할 수 있다. 이런 가운데 일부 학자들은 자신들의 전공을 좁혀 나름대로 의미 있는 성과를 내기도 했다.

일반적으로 한국 사회학의 선구자라고 하면 흔히 이상백과 최문환을 꼽는다. 민족시인 이상화의 동생이기도 한 이상백은 1927년 와세다대 사회철학과를 졸업하고 같은 대학의 동양사상 연구원으로 재직하면서 동양학 연구를 계속했다. 이상백의 학문은 국사학과 사회학을 양축으로 했다. 국사학 분야에서는 「이조태조李朝太祖의 사전私田개혁운동」, 「위화도회군고」, 「삼봉인물고三峰人物考」 등 주로 여말선초麗末鮮初의 사회사에 관심을 기울여 한국 사회사 연구의 선구자로 꼽힌다. 특히 그의 '삼봉 정도전론'은 지금도 역사학에서 인용될 만큼 고전적인 연구업적에 속한다.

그러나 역사학적으로 '문헌고증학파' 계열에 속하기도 하지만 그의 활약이 두드러진 분야는 역시 사회학이다. 사회학 분야에서 그는 사회학사와 한국 사회론을 강의하며 외국 사회학 이론 소개와 한국적 적용에 관심을 기울였다. 또한 실증 연구에도 직접 나서 서해의 섬들에 관한 조사보고서인 『서해도서西海島嶼』를 발간하기도 했다. 이 같은 학문 활동과 함께 그는 1957년 '한국사회학회' 창설을 주도해 초대 회장을 역임함으로써 한국 사회학의 하드웨어를 만드는 데도 결정적 기여를 했다.

이상백의 대구고등보통학교 7년 후배이자 와세다대 후배이기도 했던 최문환은 1942년 와세다대 대학원 경제학과를 수료하고 1945년 연희대 교수, 1946년 고려대 교수를 거쳐 1950년 서울대 사회학과 교수진에 합류했다. 『근세사회사상사』, 『민족주의의 전개과정』, 『경제학사』, 『막스 웨버 연구』 등의 저술들이 보여주듯 그는 주로 사회사상사, 경제사상사, 사회경제사 등을 강의했는데 해박한 지식으로 현실 문제를 명쾌하게 해명해 내는 명강의로 유명했다. 1950년대 후반 서울대에서 그의 강의를 들은 많은 사람들은 최문환을 '4·19의 정신적 지주'라고 서슴없이 평가한다. 그의 강의가 학생들에게 근대 사회의식을 불어넣는 데 주효했다는 이야기이다.

이상백이 한국 사회학의 하드웨어를 만들었다면 최문환은 소프트웨어를 만드는 데 큰 기여를 했다고 할 수 있을 것이다. 두 사람은 학문 이외의 활동에서도 뛰어난 업적을 보인 공통점을 갖고 있다. 이상백은 어떤 면에서는 학자로서보다는 국내 최초의 IOC 위원이라는 직함이 보여주듯 체육행정가 혹은 체육계 지도자로서 더욱 일반에게 알려져 있을 정도이다. 최문환도 1966년 서울대 총장에 임명돼 학문 연구 풍토 진작과 '서울대 종합화 계획' 수립 등 대학행정가로서 뛰어난 면모를 보였다.

2. 구조 지향적 사회학 VS 역사 지향적 사회학

1950년대와 1960년대의 한국 사회는 미국 문화와 기독교의 맹목적인 수용기였다. 사회학도 이런 점에서 예외는 아니었다. 탈코트 파슨스의 미국식 구조기능주의가 '주류 사회학'이라는 이름으로 한국 사회학을 지배해 버린 것이다.

우리나라에 구조기능주의를 이식하는 데 선도적 역할을 한 학자는 이만갑과 이해영 전 서울대 교수이다. 이 두 사람은 같은 해인 1957년 미국 연수를 마치고 귀국해 당시로서는 '새로운 사회학'인 구조기능주의를 본격적으로 소개하기 시작했다. 그 영향은 당시 거의 절대적이었으며 지금도 사회학계에 그 여진이 남아 있다. 그때의 분위기는 대략 이런 것이었다고 할 수 있다.

"문헌 연구에 의존하는 기존의 사회학 연구는 뭔가 낡은 느낌이다. 그리고 테마도 민족, 국가, 계급 등 지나치게 거창한 것들이어서 공허하다. 미국에서 현재 유행하고 있는 사회학은 논란을 요하는 거창한 테마들을 배제한 채 여론조사 등 미시적인 분야에 집중하므로 정치성이 개입될 여지가 없다. 따라서 이것이 객관적인 학문이고 과학이다."

물론 이런 사고방식은 실증주의가 지배하던 때의 미국이나 유럽에서도 횡행했던 것이긴 하다. 그러나 미국이나 유럽의 경우에는 그 같은 극단적 실증주의를 견제할 수 있는 다른 경향의 사회학도 만만치 않았기 때문에 일정한 기간이 지나고 나서 다시 균형 잡힌 학문의 길로 접어들 수 있었다. 나름대로 복원력을 갖고 있었던 것이다. 그러나 우리의 경우는 복원력 없이 이것 아니면 저것이라는 식의 극단적 학문 풍토가 지배했기 때문에 실증주의나 구조기능주의에 대한 내적 견제란 생각도 할 수 없었다. 이런 상황에서 1950년대와 1960년대 사회학은 '구조기능주의=과학'이라는 그릇된 도식에 매몰되어 갔던 것이다.

조금 벗어난 얘기가 되겠지만 구조기능주의란 미국의 파슨스와 머튼이 주도한 사회학의 한 유파로 사회학을 이론과학에서 경험과학으로 바꾸려 했던 지적 움직임을 지칭하는 것이다. 그래서 이들은 사회조사, 특히 통계에 의한 사회조사방법론을 최고의 무기로 삼았다. 그런데 여기서 사회학 이론사 차원에서 간과해서는 안 되는 사실은 파슨스가 자신의 구조기능주의를 확립해 간 과정이다. 그가 쓴 초기의 대표작 『사회적 행위의 구조』(1937)는 경제학자 마셜의 방법론적 토대 위에서 베버를 위시한 독일과 프랑스의 고전적 사회학 이론을 탈脫역사화해서 경험적·계량적 접근이 가능하도록 탈바꿈시킨 책이다. 이는 역사주의 경향의 대륙학문을 미국화시킨 전형적인 사례이다.

만일 여기서 우리 학계가 대륙식 역사주의 경향과 미국식 구조기능주의 경향을 비교·검토하면서 한국 사회학의 기초를 놓았다면 현재와 같이 사회학이 이름만 그럴싸하고 성과는 빈약한 몰골은 되지 않았을 것이다. 그러나 불행하게도 한국 사회학은 일방적으로 '미국의 길'을 걸었다.

본론으로 돌아오자. 이만갑은 강의와 실습을 통해 학생들에게 사회조사방법론을 전파했고 이해영은 1964년 자신이 설립한 서울대 인구문제연구소를 통해 각종 사회조사를 실시하고 제자들을 양성했다. 이는 김경동(서울대)이 조사한 「1960년대와 1970년대 한국 사회학계 연구 동향」을 보면 잘 알 수 있다. 순서대로 보면 농촌, 인구, 가족, 지역 연구, 근대화 문제, 대중사회, 산업사회학 등이 64.2%를 차지하는데 이것들은 모두 사회조사방법을 중심으로 하는 분야들이다.

그러나 이런 흐름에 대한 반발 또한 만만치 않았다. 이와 관련, 김경동은 "1960년대 초 이만갑 주위에서 조사 연구에 열을 올리던 대학원 학생들과 최문환 주위에서 한국 사회·경제사와 사상사 연구에 몰두하던 대학원 학생들 간에는 학문 경향을 둘러싼 긴장이 형성되었다"라고 밝혔다. 미국식 사회학에 대한 반발은 당시 국내에서는 최초로 독일에서 사회학을 공부하고 귀국한 황성모가 서울대 교수로 부임하면서 더욱 강화되었다. 미국식 사회학에 반발하는 이들은 역사 지향적 사회학에 기울었다. 여기에는 고영복, 신용하, 김진균 서울대 교수 등이 포함된다. 신용하는 당시 조사 연구 중심의 활동에 대해 "그중에는 학문적으로 거의 무의미한 조사까지 사회조사 결과로 보고되기도 했다"라고 강하게 비판했다. 반면 '과학성'을 강조하며 구조기능주의에 동조했던 당시의 소장 학자들은 '역사 지향적 사회학은 지나치게 국수주의적'이라고 맞섰다.

역사 지향적 사회학과 구조 지향적 사회학의 이 같은 대립은 두 가지 이유로 생산적 결과를 내지 못하고 '파벌' 싸움 수준에서 머물게 된다. 하나는 황성모가 정치적인 이유로 학교를 떠나면서 세력 균형이 순식간에 허물어졌고, 또 하나는 양자의 대립이 함의하는 세계관이나 역사관에 대한 근본적인 검토가 이뤄지지 못한 것이다. 전통사회를 벗어나 근대사회로 진입하는 과정에서 '학문적 합의 부재'가 가져온 결과가 아닌가 보여진다.

근대화란 크게 두 가지 방식으로 나눌 수 있다. 하나는 전통의 내적 근대화이고 또 하나는 반反전통적 근대화이다. 이는 사회 분위기 혹은 전반적인 사회 풍조와 직결되는 개념들인데 개략적으로 말해 일본은 전통의 내적 근대화에 가까운 편이고 우리의 1950년대와 1960년대는 반전통적 근대화였다고 할 수 있다. 여러 가지 요인들이 작용했겠지만 크게 보면 일본의 경우 자신들의 전통 중에서 근대사회에서도 유효한 것들은 최대한 이끌어 내며 서구문화를 수용해 간 반면 1950년대와 1960년대 우리의 근대화는 철저하게 반전통적 근대화였다고 할 수 있다. 우리의 전통을 근대적 시각에서 검토할 여건이나 능력이 전혀 없었던 것이다.

싫건 좋건 한국 사회학은 미국의 길을 걸었다. 또 그 길이 부정적인 것만은 아니었다. 구조기능주의 도입이 한국 사회학에 미친 '순기능'은 사회학에 있어 경험론적 연구의 중요성을 일깨운 데 있다고 할 수 있다. 자칫 추상화되고 공허한 논의에 그치기 십상인 사회학에 구체성을 불어넣은 것이다. 문제는 그 구체성이란 것이 '현실적'이지 못했다는 점에서 사이비-구체성이긴 했지만 말이다.

그러나 '역기능'은 더욱 컸다. 먼저 여러 가지 경향 중 하나에 불과한 구조기능주의를 사회학의 전부인 양 소개함으로써 사회 연구의 전망을 협소하게 만든 것이다. 이에 따라 외국에서 그 이론이 사라지는 순간 우리나라에서도 설 자리를 잃고 '또 하나의 학문'이 그 자리를 차지하는 학문 유행 현상이 만연하게 되는 결과를 초래했다. 또 하나 전문가들이 지적하는 역기능은 미국 사회에 바탕을 둔 구조기능주의를 마치 보편적 성격을 갖는 것인 양 잘못 받아들임으로써 '한국 사회의 특성에 대한 연구'를 가로막는 장애물이 되었다는 점이다. 이는 1970년대 들어 크게 논란이 된 한국 사회학의 토착화 문제에 대한 원인 제공을 했다.

이에 따라 구조기능주의는 국내 학계에 제대로 정착하지 못했다. 김경동은 이렇게 말했다.

1960년대가 저물면서 우리 사회학계는 또다시 미국 학계의 변질에 민감한 반응을 보이기 시작함으로써 구조기능주의가 채 자리를 잡기도 전에 비판과 성찰의 과녁이 되고 만다.

3. 산업화와 한국적 사회학의 모색

1970년대는 한국 사회학이 '양적인 면에서' 비약적으로 성장한 시기였다. 우선 1960년대 말까지 네 개 대학에 불과했던 사회학과가 1970년대 들어 우후죽순처럼 생겨났다. 그만큼 사회학의 수요가 증가했음을 반영하는 것이다. 여기서 '사회학의 수요 증가' 문제를 곱씹어 볼 필요가 있다. 원래 사회학이란 출범 초기부터 '산업화' 내지는 '근대화'와 떼려야 뗄 수 없는 관계였다. 콩트가 신화적 단계에서 형이상학적 단계를 거쳐 과학적 단계로 학문이 진화한다는 테제를 내세웠을 때, 그것은 학문 자체의 논리 발전에 따른 설정이라기보다는 산업화와 함께 등장한 부르주아 계급의 인식 태도를 반영한 결과였다.

따라서 1960년대의 급속한 사회화를 거치며 사회학의 수요가 늘어났다는 것은 어쩌면 너무나도 당연한 일인지 모른다. 사실 농업 생산에 바탕을 둔 전통적인 농경사회는 근대적 의미의 '사회'라고 할 만한 것이 거의 없다. 그래서 사회학이라는 개별 연구 분야가 생겨날 수가 없었던 것이다. 전통사회에서는 윤리·도덕적 질서가 곧 사회철학이요, 사회이론이요, 사회학이다. 결국 근대화된다는 것은 전통사회를 지탱하던 질서가 파괴되고 근대적 의미의 '사회'에 기초를 둔 새로운 질서가 태동한다는 의미에서 사회학의 과제란 엄청난 것이 아닐 수 없다. 물론 한국의 사회학은 이런 점에서 충실하지 못했다는 비판을 면할 길이 없다.

이렇게 해서 나타난 양적 증가는 내용 면에서도 기존의 사회조사 중심에서 우리 사회와 사회학 이론 자체에까지 관심의 폭을 넓히는 계기를 만들어주었다. 그래서 1970년대를 사회학자들은 '한국 사회학의 확장기'라고도 부르고 '한국 사회학의 자성과 토착화 지향의 시기'라고도 부르는 것이다. 1970년 한국 사회학회 추계학술대회는 '현대 사회학의 이론과 방법―한국 사회에 있어서의 적용 가능성'이라는 주제가 보여주듯 이런 움직임의 기폭제 역할을 했다.

이 시기 동안 한국 사회에 대한 사회학적 연구는 최재석, 김영모(중앙대), 신용하 등에 의해 그 폭과 깊이를 더해갔다. 최재석은 한국의 가족제도 연구에 사회학, 특히 문화인류학적 방법을 적용해 일가를 이루었으며 최근에는 관심을 역사 분야로 돌려 한일 고대 관계사 연구에 몰입하고 있다. 김영모는 한국의 사회계층 연구에 선구적 역할을 했으며 지금은 한국복지정책연구소를 설립해 사회복지에 관한 조사와 연구를 계속하고 있다. 신용하는 이미 알려진 대로 한국 사회사 정립에 독보적 업적을 남겼다. 이들 세 명의 학자에 대해서는 좀 더 상세한 소명이 필요하다. '날림' 학문이 판치는 국내 학계에서 보기 드물게 '자기 분야'라고 부를 수 있는 학문 영역을 구축해 냈기 때문이다.

최재석은 전형적인 '한국형' 사회학자이다. 그의 전공이 그렇고 연구 방법이 그러하며 문제의식 또한 지극히 한국적이다. 최재석의 전공은 한국의 가족사家族史이다. 이 분야의 저서만도 『한국인의 사회적 성격』(1965), 『한국가족연구』(1966), 『한국농촌사회연구』(1975), 『제주도의 친족조직』(1977), 『현대가족연구』(1982), 『한국가족제도사연구』(1983) 등 6권으로 100여 편의 논문을 담고 있다. 문화인류학적 방법에 입각해 삼국시대 이후 현대까지의 우리나라 가족 변천사를 총정리한 그의 학문적 성과는 사회학의 토착화를 위한 하나의 모델을 제시했다는 점에서도 큰 의미가 있다. 최재석은 30세(1956년)부터 55세(1981년)까지 25년 동안의 가족사 연구 성과에 대해 이렇게 자평했다.

우리나라에는 18세기까지도 아들-딸의 차별이 없었다. 신라의 경우만 하더라도 56대 왕 중에서 여덟 명이 딸이나 사위-외손자 등이 왕위를 계승했다는 사실을 알아야 한다.

이 같은 연구의 현실적 의미는 현재 우리의 가부장적이고 남성 중심적인 가족제도는 조선 중기 이후의 역사적 산물임을 밝힘과 동시에 우리의 고유한 전통은 남녀 평등주의였음을 시사하는 것이다.

이어 그는 1982년경 학문의 일대 전환을 경험하게 되는데 그 직접적인 계기는 『삼국사기』의 진위 문제였다. 그는 3년간의 연구를 거쳐 1985년 《한국학보》 38집에 '소위 문헌고증학에 의한 삼국사기 비판의 정체'라는 부제를 달고 「삼국사기 초기 기록은 과연 조작된 것인가」라는 논문을 게재했다. 한마디로 삼국사기 초기 기록은 정확한 것이며 이를 조작된 것으로 보는 견해는 식민주의사관의 산물이라는 것이었다. 물론 사학계로부터는 강한 반발이 잇달았다. 한동안 그의 논문이 사학계 학술지에 실리는 것조차 견제를 받을 정도였다.

그는 한국 고대사 연구를 계속해 1987년부터 『한국고대사연구』, 『한국고대사회사방법론』 등의 저술을 잇달아 펴냈다. 이를 최재석은 "정말로 우리 고대사에 미치기 시작했다"라고 표현했다. 여기서 그는 한 걸음 나아가 한일 관계사로 폭을 넓혀 1989년부터 『일본고대사연구비판』, 『백제의 대화왜大和倭와 일본화과정』 등을 또 펴냈다. 1993년에는 「통일신라-발해와 일본과의 관계」라는 논문을 통해 일본이 신라의 식민지였다는 충격적인 결론을 공개하기도 했다. 그는 "내가 사회학 분야에서 쓴 논문이 100여 편 되는데 고대사 분야에는 150여 편을 썼다"라고 밝혔다. 19세기 중반부터 일본에 의해 조직적으로 왜곡된 고대사를 20세기가 끝나기 전에 바로잡아야 한다는 사명감이 그의 정력적인 학문 활동을 지탱해 주는 기반이다.

신용하는 최문환과 이상백으로부터 배운 학자이다. 최문환으로부터는 민족주의를, 이상백으로부터는 역사사회학을 배웠다. 실제로 그의 학문은 이 테두리를 크게 벗어난 적이 없다. 그러나 이는 학문하는 정신을 배웠다는 점에서 그런 것이지 전공 분야와 관련해 직접 배운 바는 없다고 볼 수 있다. 스스로 자기 영역을 개척해 온 것이다.

그의 학문하는 스타일은 철저하게 실학풍이다. 그의 책이나 논문을 읽어 보면 19세기 실학자의 문헌을 보는 느낌을 줄 정도이다. 특히 신용하는 "나는 토지-영토를 민족 형성의 가장 중요한 기본 요소의 하나로 보고 있으며 제국주의자들의 영토-토지 침탈에 대하여 매우 민감한 관심을 갖고 있다"라고 말했는데, 이는 전형적으로 실학적이다. 신용하는 자신의 학문을 소개하는 글에서는 "나는 실사구시의 전통을 계승하고 있다"라고 밝힌 바 있다. 또한 그는 농촌에서 성장했기 때문에 농촌-농민에 깊은 애정을 갖고 있다. 1960년대에 일제의 '토지조사사업'에 관한 연구 논문을 쓰고 「두레공동체와 농악의 사회사」를 비롯한 '두레'에 관한 3편의 역사사회학적 논문을 쓴 것도 이 때문이다.

신용하는 한국 근대사의 민족운동을 크게 개화운동, 동학농민운동, 위정척사운동, 세 갈래로 파악하고 이 중에서도 개화운동과 동학농민운동에 연구의 초점을 맞춰왔다. 이는 그의 문제의식이 한국 사회의 근대화에 놓여 있음을 보여주는 대목이다. 그가 "동학농민군은 일본군의 개입으로 패전했지만 동학농민전쟁은 우리나라의 중세적 구체제를 붕괴시켰다는 점에서 완전한 실패로 보기는 어렵다"라고 주장하는 것도 이런 맥락에서 이해해야 할 것이다. 이렇게 해서 그는 1991년 8월까지 17권의 저서와 151편의 연구 논문을 써냈다. 불임증에 시달리는 우리 학계에서는 놀라운 연구 성과이다. 특히 그가 연구 성과를 내놓을 때마다 식민주의사관에 물들어 있는 기존의 연구 성과나 견해는 공격을 받거나 수정을 강요당했다.

그가 학계의 논란을 불러일으킨 첫 번째 저서는 1976년에 나온 『독립협회연구』이다. 대표작이기도 한 이 책에 대해 그는 "한국 근대사에서는 근대국가와 시민사회를 건설할 수 있는 시민적 민족주의로서 자유민권사상이나 운동이 없었기 때문에 조선은 식민지화될 수밖에 없었다는 신식민주의적 설명을 반박하기 위해 시민적 민족주의와 자유민권운동의 실재를 증명하는 작업의 일환으로 독립협회를 연구하게 된 것"이라고 말했다. 이 책은 이후 국사학계의 학자들과 논쟁을 불러 일으키게 되는데 이를 '광무개혁 논쟁'이라 한다. 그리고 동학혁명과 관련해서는 기존에 동학은 명분에 불과했다는 동학외피설과 동학 자체의 혁명성을 강조하는 동학혁명설을 비판하고 '동학과 농민전쟁 결합설'을 제시하기도 했다.

신용하는 이처럼 집요하게 민족 문제와 근대화 문제에 매달렸기 때문에 간혹 그에 대해 비판적인 사람들로부터 '국수주의적'이라는 지적을 받기도 한다. 그러나 이는 피상적인 관찰에 불과하다. 전반적인 학문 내용을 통해 학자의 성향을 규정하지 않고 단순한 인상이나 논문 몇 편만으로 그를 단정해 버리는 습성은 우리 학계가 버려야 할 악폐 중의 하나이다. 그가 '좀 심하다'라는 느낌이 들 만큼 민족 문제에 매달린 것은 동시대의 학자들 중에 그 문제에 관심을 갖는 사람이 그만큼 적었기 때문이며 그러다 보니 상대적으로 '국수주의적'이라는 분위기를 풍기게 된 것이다. 학문 비판은 언제나 내적 비판이어야 함을 이런 경우에도 다시한번 확인하게 된다.

이상백의 직계 제자이며 서울대 사회학과 제1호 박사인 김영모는 한국 사회학과 사회복지학 분야 개척자로서 20여 권의 저서를 갖고 있다. 김영모의 학문은 조선 사회연구, 실증적 조사에 바탕을 둔 사회계층

이론 정립, 사회복지 분야 개척 등으로 요약할 수 있다. 그는 필자와의 인터뷰에서 "지도교수였던 이상백 선생이 조선시대 후기의 과거 합격자 명단이 적힌 방목을 주시면서 연구해 보라고 권해 조선시대 양반 계층을 연구하게 됐으며 그것이 1978년 나온 『조선지배층연구』이다"라고 말했다. 그 후 시대를 현대로 옮겨 『한국사회계층연구』, 『한국지배층연구』, 『현대사회계층론』 등을 잇달아 내며 사회계층 이론 분야에서 탄탄한 학문적 기반을 구축했다. 이 같은 연구들이 가치를 갖는 이유는 외국 이론의 모자이크가 아니라 한국 사회를 실증적으로 분석한 가운데 나온 것들이기 때문이다.

김영모가 사회복지 분야에 관심을 기울이게 된 것은 전적으로 우연이다. 그는 "최재석 교수가 중앙대 교수로 있을 때 나는 시간강사로 출강하고 있었는데 갑자기 최 교수가 고려대로 옮기는 바람에 시간강사 자격으로 사회복지학과 학과장을 맡게 된 것이 지금까지 사회복지학을 공부하는 계기가 됐다"라고 회고했다. 그래서 처음부터 공부를 시작해 이 분야에도 『한국빈곤연구』, 『빈곤이론 빈곤정책』, 『한국인의 복지의식』, 『주택과 사회정책』 등 복지 분야의 경험적 연구를 개척하는 공을 남겼다. 그리고 개인적으로 한국복지정책연구소를 설립해 이 분야에 관한 지속적인 관심을 기울이고 있기도 하다. 그가 1991년 '중앙대 사회복지학과 교수'라는 열악한 조건에도 불구하고 한국 사회학회장을 맡을 수 있었던 것도 이 같은 학문적 성과에 대한 학계의 인정이 밑받침된 결과였다.

김영삼 정부의 출범과 함께 '재야'라는 딱지를 떼고 학계를 떠나 통일원 장관을 역임한 한완상(전 서울대 교수)의 위상은 좀 독특하다. 그 스스로 최근 한 저서에서 "사회의 의사가 되고파 사회학을 공부했다"라고 밝혔듯이 그는 과학적 엄밀성보다는 사회적 실천을 위한 도구로 사회학을 보는 입장이 강했다. 이는 그가 미국 유학을 했음에도 불구하고 구조기능주의나 실증주의의 '창백한' 이론만능주의에 빠지는 것을 막아 주었고, '민중사회학'이라는 독자적인 전망을 갖도록 해 주었다.

1980년대 중반 소장 학자들로부터 '과학성 결여'라는 비판을 받기도 했지만 한완상의 『민중사회학』은 당시 진보 진영의 필독서로 꼽힐 만큼 광범한 영향력을 행사했다. 서울대 사회학과의 한 교수는 "당시 신입생들에게 사회학과를 지원한 동기가 뭐냐고 물으면 절반 이상이 한완상의 『민중과 지식인』이나 『민중과 사회』를 읽고 감명을 받았기 때문이라고 대답했다"라고 밝혔다. 솔직히 필자도 1980년에 『민중과 사회』를 읽고 사회학과를 가고 싶어 했던 기억을 갖고 있다.

또 한완상은 1991년 12월 한국사회학회장 취임사에서 "전통사회학과 급진사회학 모두 적합성 위기를 맞고 있다"라고 비판하고 "전통사회학의 보수성과 급진사회학의 아마추어리즘을 모두 극복할 때만이 1990년대 한국 사회학의 미래는 보장될 것"이라며 자신의 진로를 수정하기도 했다.

그런데 재야인사로서 그리고 장관이라는 정치인으로서 한완상에게 어떤 평가가 내려질지 모르겠지만 '학자'로서 한완상에게 높은 점수를 주기는 어렵다. 그가 한국 사회가 직면하는 문제들에 대해 민감하게 반응하고 선진적 문제의식을 보여주기는 했지만 그런 것들을 체계화해서 '학문이론화'하고 현실을 통해 다시 검증하는 길을 걸은 것은 아니기 때문이다. 이는 그가 미국식 사회학에 비판적 태도를 보이면서도 별다른 대안을 제시하지 못한 것과 무관하지 않다. 학계에서 흔히 하는 말로 '민중사회학'이란 아이디어 차원에서 머문 느낌을 지울 수 없기 때문에 하는 말이다. '한완상에게는 깊이가 없다'라는 말도 이런 맥락에서 나온 말일 것이다.

김경동은 스스로 실증주의 학풍에서 성장했으면서도 일찍이 그 한계에 주목하고 다양한 가능성을 모색한 점에서 독자성을 갖는다. 우선 미국 사회학 내에서도 갈등이론, 상징적 상호작용론, 교환이론, 현상학적 사회학 등 새로운 패러다임들이 등장한 현실에 주목해 이들을 우리 학계에 소개하는 한편 자신의 관심사를 '인간주의 사회학'이라고 구체화했다. '사회의 비인간화된 부분들을 인간주의화하는 데 사회학을 이용해야 한다'라는 것이다. 이는 진보 내지 급진사회학에서 가해지는 '구조기능주의에는 실천적 관심이 없다'라는 비판에 대한 김경동 나름의 응답이라 할 수 있다. 이와 비슷한 외국 학자로는 우리에게도 『사회학에의 초대』로 널리 알려진 미국의 사회학자 피터 버거를 들 수 있다. 그러나 특별한 깊이를 보여주지 못했다는 점이 그의 한계로 지적된다.

대체로 1970년대에 활동한 이들을 '사회학의 제2세대'라고 부르기도 한다. 이들은 급속한 산업화 과정에서 생겨난 첨예한 정치·사회적 갈등에 시달리면서도 그 갈등을 연구해야 하는 난처한 입장에서 '한국적인 사회학'까지 모색해야 하는 어려운 시절을 살았다고 할 수 있다. 그러나 돌이켜 보면 산업화로 인한 정치·사회적 갈등을 연구하기에는 학문의 자유가 충분치 못했고 '한국적인 사회학'을 세우기에는 축적된 연구 성과가 너무 빈약했다는 점에서 사회학의 제2세대는 불행한 세대였다. 그래서 최재석, 신용하, 김영모 3인의 학문적 성과는 더욱 커 보이는지 모른다.

4. 서울대 실증주의 학풍에 맞선 신촌의 공동전선 : 《현상과 인식》

서울대 중심의 사회학 학풍이 전반적으로 실증주의라면 비非서울대, 특히 연세대를 중심으로 한 사회학은 이론 연구에 비중을 두었다. 이런 경향은 1977년 4월 《현상과 인식》이 창간되면서 구체화된다. 이 잡지를 발간하는 한국인문사회과학회 박영신 회장은 당시의 배경을 이렇게 설명한다.

> 우리가 《현상과 인식》을 창간한 1970년대에는 소위 문지(문학과지성)와 창비(창작과비평)가 우리 문화계는 물론 학계에까지 지배적 영향력을 발휘하고 있었다. 그런데 둘 다 사실은 문학에 치중했기 때문에 인문·사회과학 분야에 대해서는 큰 비중이 주어지지 않았다. 그래서 이 분야를 보다 심도 있게 다룰 학술지가 필요하다는 데 공감하는 신촌의 인문·사회과학자 다섯 명이 모여 창간 동인이 된 것이다.

창간 동인 5인은 경영학의 오세철(연세대), 사회학의 박영신(연세대), 철학의 박동환(연세대), 영문학의 임철규(연세대), 정치학의 진덕규(이화여대) 교수이다. 구성원의 면면과 전공이 보여주듯 《현상과 인식》은 사회학에만 국한된 것이 아니다. 오히려 학제적學際的 성격이 강하다고 보아야 한다. 그러나 접근하는 시각에서는 학제적이었지만 다루고자 하는 주제는 언제나 한국 사회의 다양한 현상들이었다. 이 때문에 《현상과 인식》은 당연히 사회학의 영역에 속하는 것이다.

학계에서는 《현상과 인식》이 창간 이후 각 시기별 사회사상의 사조

思潮를 지속적으로 소개하고 정리하는 데 큰 기여를 한 것으로 평가한다. 창간 당시인 1970년대 말에는 국내에서 처음으로 독일 프랑크푸르트 학파의 이론을 체계적으로 소개하고 한국적 적용 문제를 제기했다. 지금 생각하면 어이없는 일이긴 하지만 프랑크푸르트학파를 네오마르크스주의라 하여 맹목적으로 비판하고 학계에서조차 금기시하던 시대 분위기에 맞서 그에 대한 학술적 접근을 시도했던 것이다. 그 밖에도 서울대 중심의 학풍에서는 거의 언급되지 않았던 사회학의 고전적 이론가로 꼽히는 마르크스, 베버, 뒤르켐의 이론에 대한 천착도 적지 않은 성과를 얻은 것으로 보인다. 이는 사회학계 전체로 볼 때 독일과 프랑스 사회학을 보완한 의미가 있다. 여기에는 박영신 개인의 역량이 크게 작용했다고 볼 수 있다.

그러나 1980년대 중반 대학가를 중심으로 마르크스주의 사회학 열풍이 불면서 《현상과 인식》은 위기를 맞게 된다. 첨예한 현실 인식을 중시하는 당시 풍토에서 보면 《현상과 인식》이 다루는 문제들은 추상적인 이론 소개 중심이었기 때문에 소장 학자들이나 학생들에게는 별로 피부에 와 닿지 않았기 때문이다. 그럼에도 《현상과 인식》은 당초의 편집 방향을 고수했다. 역설적으로 그것이 1980년대 말 '이데올로기의 종언' 이후에도 《현상과 인식》이 살아남을 수 있는 원천이 되었다. 정통마르크스주의를 내세웠던 대다수 학술지나 잡지들이 1990년대 들어 사라져 버린 현실과 비교하면 더욱 그렇다.

최근에는 신진 학자들이 새롭게 《현상과 인식》 그룹에 합류했다. 정성호(동국대 철학), 조성윤(제주대 사회학), 홍훈(연세대 경제학), 윤세준(연세대 경영학) 등 여덟 명이 보강됐다. 이들의 참여로 《현상과 인식》도 새로운 모습을 보이고 있다. 지역운동, 환경운동, 여성운동, 생명운동 등 우리 사회의 각 부문에서 일고 있는 새로운 사회운동에 대한 연구가 활성화되고 있는 것이다. 또 1993년 봄호(통권 57호)에서는 사회학에서 언급조차 하지 않지만 한국 사회를 이해하는 데 있어 그리고 한국의 사회 문제를 풀어가는 데 있어 결정적 고리인 대학 교육 문제를 특집으로 다루기도 했다.

이들의 한계는 이론에 대한 오랜 연구 작업에도 불구하고 토착화를 위한 실질적인 내용을 제시한 것이 없었다는 점이다. 어떻게 보면 외국 이론의 다양한 소개에서 이들의 역할과 의의를 찾을 수 있을 뿐이다. 다시 말해《현상과 인식》에 참여한 학자들이 아직까지는 그들만의 통일된 방법론을 정립하지 못한 단계라는 점에서 이들을 '학파'라고 부르기는 힘들다. 그러나 이들의 집단적 연구 활동이 앞으로도 장기간 지속된다면 학파 탄생이 전혀 무망한 일만은 아닐 것이다.

5. 좌파 사회학의 전성시대

지나온 입장에서 보면 1980년대를 좌파 지식인들이 표현하듯 '변혁의 시대'라고 단정해서 부르기는 어려울 것이다. 그러나 '변혁의 기운이 충만했던 시기'라고 부른다면 크게 잘못된 표현은 아닐 것이다. 분명 1980년대의 대학가는 그러했다.

유신에 이은 1980년 광주민주항쟁과 5공화국 강권 통치는 대학가에서 낭만을 앗아갔다. 이는 학생운동의 성격 변화로 이어졌다. 개별 정치 사안에 대한 항의 수준이었던 학생운동이 우리 사회 전체의 변혁을 도모하는 단계로 나아간 것이다. 그런데 여기에는 그것을 뒷받침할 만한 이론이 필요했다. 당장은 외국 이론을 그대로 가져다 썼다. 네오마르크스주의니 종속이론이니 하는 것들이 그 대표적인 것들이다. 어느 외국 이론이나 그렇듯 일면적으로는 우리 사회가 설명되지만 그렇지 않은 부분도 많았다. 우리의 현실이 제대로 담겨 있지 않았기 때문인 것이다.

이런 가운데 1980년대 초반부터 상당수 학생운동가들이 '혁명의 꿈'을 안고 노동 현장으로 들어가기 시작했다. 야학을 하는 그룹도 있었고 직접 노동자가 되어 노조운동을 조직하는 그룹도 있었다. 이들 간에 운동노선을 둘러싼 논쟁을 담은 유인물이 대학가를 풍미한 적이 있다. 그것이 바로 '야비(야학 비판)'와 '아방타방我方他方'이다. 논쟁의 핵심은 '변혁의 주체가 학생인가 노동자 계급인가'였고 결론은 노동자 계급이라는 쪽으로 기울었다. 이는 학생운동에도 그대로 반영돼 '학생운동은 장차 노동운동을 하기 위한 예비 단계' 정도로 인식될 정도였다.

이런 분위기에서 강단 사회학은 속수무책이었다. '계급' 문제는 사회학의 고유 테마였지만 사실상 당시까지 국내 학계에서는 깊이 있게 연구된 바가 거의 없었기 때문이다. 학생들은 사회학이 변혁이론이기를 희망했고 교수들은 사회통계를 내는 것이 사회학인 양 강의를 계속했다. 물론 1980년 4월 서울대 대학원생들이 중심이 돼 한국 사회학의 전반적인 지적 풍토의 반성과 토착화 모색을 주요 골자로 하는 「사회학의 학풍 개선을 위한 백서」를 발표한 적은 있었다. 하지만 1980년대 초입에 일어난 이 사건은 1970년대까지의 서울대 학풍에 대한 비판과 반성 촉구의 성격이 강했을 뿐 1980년대의 좌파 사회학의 등장과는 거리가 먼 것이었다.

그러나 1987년 서관모(충북대)의 박사학위 논문 「한국 사회 계급 구성의 연구」가 나오면서 상황은 급변한다. 한국에서도 노동 계급이 지속적으로 성장해 왔음을 밝힌 이 논문은 "사회학도 당파성을 획득할 수 있음을 국내 사회과학계에서는 최초로 실례를 통해 보인 연구"라는 평가를 받았다. 이후 서관모는 지속적으로 '한국 사회의 변혁 주체는 노동 계급'임을 밝히는 연구를 계속했다. 여기에 당시 대학원을 다니고 있던 많은 소장 학자들이 동참했다.

이렇게 해서 노동 현장에서 시작된 작은 논의가 한국 사회학의 가장 중요한 주제로 자리 잡게 되었다. 진보 사회학의 형성에 있어 조희연 성공회신학대 교수의 역할은 국가론 논쟁, 사회구성체 논쟁 등 각종 논쟁의 조직자와 에디터로서 두드러졌다. 그는 각종 외국 이론이 수입될 때마다 '현실 적합성'에 관심을 갖고 자신의 논지를 전개했다. 김진균(서울대)은 1970년대까지만 해도 진보 진영으로 분류되지 않았지만 1980년 해직 교수가 되면서 뒤늦게 진보 사회학을 연구하기 시작했다. 그는 최근이 분야에 대한 자신의 연구 성과를 모아『사회과학과 민족현실』을 내기도 했다.

진보성향 사회학자들은 정치학이나 경제학 분야 소장 학자들과 함께 1984년 한국산업사회연구회를 발족시켰다. 흔히 '산사연'으로 불리는 이 단체는 '한정연(한국정치연구회)', '한철연'(한국철학사상연구회)과 함께 인문·사회과학 분야 3대 학술 단체로 꼽히며, 1993년 현재에도 60여 명의 교수를 포함, 100여 명의 회원과 150여 명의 준회원으로 구성돼 활발한 활동을 전개하고 있다. '산업-노동 분과', '계급-국가 분과', '이론-이데올로기 분과' 등 세 개 분과로 나뉘어 활동 중인 산사연은『새로운 사회학 강의』,『한국 사회와 지배이데올로기』 등의 공동저작물을 낸 바 있으며 계간《경제와 사회》를 간행하며 지속적인 연구 성과를 내고 있다.

여기서 우리는 한 젊은이의 이야기를 하고 넘어가야 한다. '이진경'이라는 필명으로 1980년대 대학생들의 머릿속에 각인된 박태호. 그는

1987년 『사회구성체론과 사회과학방법론』을 내놓아 운동권을 비롯한 사회학계 전반에 상당한 충격을 안겨 주었다. 사회구성체 논쟁이 공리공담으로 흐르는 폐단을 보일 무렵 '방법론'을 문제 삼아 마르크스주의 토착화 문제를 정면으로 다룬 데다가 상당한 이론적 성공을 거둔 것으로 평가됐기 때문이다. 여기서는 당시 필자가 대학생이었다는 사실도 작용해 작은 '신화'를 만들어 내기도 했다. 그가 1993년 초 자신의 철학적 사색을 정리한 『상식 속의 철학 상식 밖의 철학』 등 두 권의 저서를 새롭게 출간한 것은 그의 학문적 능력을 보여주기에 충분한 것이었다. 그에게 많은 기대를 걸 만하다.

6. 한상진과 중민이론

1980년대 중반 강단 사회학의 실증주의와 운동권 사회학의 마르크스주의가 첨예하게 대립하던 시점에서 한상진(서울대 사회학)의 등장은 '제3의 길에 관한 모색'이라는 점에서 주목을 끌기에 충분했다. 한마디로 그 길은 '변혁을 하되 중산층 중심으로 하자'라는 것이었다. 그것이 그의 중민中民이론이다.

그러나 애당초 한상진의 문제의식은 '비판이론의 재구성 문제'였다. 사회조사 연구보다는 사회학 이론이 그의 전공이었던 것이다. 박사학위 논문 주제도 언술변증言述辨證의 방법discursive method을 중심으로 푸코와 하버마스의 접점을 찾아보는 것이었다. 지금은 이 두 사상가의 공통점에 주목하는 것이 일반화됐지만 당시만 해도 서로 대립적인 경향으로 파악하던 때라 그의 학위논문은 결과적으로 선구적인 연구였던 셈이다.

1981년 2월 귀국, 서울대 교수가 된 그는 자신의 이론을 검증해 볼 경험적 소재로서 '한국 사회'에 관심을 기울였다. 이에 대해 한상진은 필자와의 인터뷰에서 "당시 우리 현실이 너무 암울해 다소 추상적인 언술변증의 방법을 얘기하기에는 너무나 부담스러웠다"라고 밝혔다. 그 현실이란 물론 광주학살사건과 5공화국의 철권 통치였다. 그래서 그는 자신의 이 같은 이론적이고 근본적인 문제의식은 깊숙이 간직한 채 시대요구에 관심을 돌렸다. 그것은 변혁의 문제와 '민중사회학의 과학성 문제'를 검토하는 일로 나타났다.

　　변혁의 문제와 관련해 그는 중산층, 그중에서도 비교적 젊고 교육 수준이 높으며 1970년대 민중문화의 세례를 받은 중산층을 '중민中民'이라는 개념으로 파악했다. 거기에는 한국 사회를 노동자 계급만으로 변혁시킨다는 것은 불가능하다는 판단하에 중산층 일부를 끌어들이려는 전략적 고려가 숨어 있었다. 또한 같은 과 교수로 있던 한완상의 '민중'사회학에 대한 은밀한 반박의 의도도 있었다. 그러나 보다 중요한 이유는 그가 직접 참여한 실증적 조사를 통해 '한국 중산층이 경제적으로는 보수적이지만 정치적으로는 진보적'이라는 결과를 얻어냈기 때문이다. 이는 당시 일반화돼 있던 '중산층은 보수적'이라는 견해에 대한 반박이기도 했다. 그의 이 같은 실증조사는 결국 개념 차원의 논의에 머물러 있던 한완상의 민중사회학을 경험과학적으로 재검토하는 계기를 마련했고 한완상과 논쟁을 벌이기도 했다.

　　그런데 한상진의 중민 이론은 최근 활발하게 논의되고 있는 시민사회론의 선구 역할을 했다는 점에서 더욱 가치가 있다. 하지만 1980년대 후반 동구권 몰락과 함께 사회주의 이념이 급격히 퇴조하면서 한상진의 관심사도 변하기 시작한다. 좀 더 정확히 말하면 원래의 관심사였던 푸코와 하버마스에게로 다시 돌아가는 것이라 할 수 있다. 그 결과 그는 변혁이론으로서의 포스트모더니즘, 좀 더 정확히 말하면 포스트모더니즘에 담겨 있는 변혁 이론적 함의에 주목하기 시작했다. 그것은 문화의 흐름 속에서 사회를 분석하는 것이 보다 근본적일 수 있다는 깨달음 때문이었다.

언술변증으로의 복귀는 그가 1991년 미국 컬럼비아대학으로 2년간 '연구 여행'을 떠나면서 더욱 구체화된다. 1992년 말 귀국한 한상진은 2년간의 연구 성과를 "독재체제가 민주체제로 전환되는 사회 민주개혁 과정을 동아시아, 동구, 소련 등을 중심으로 연구한 결과 시민사회의 기반 강화가 관건이라는 잠정적 결론을 얻었다"라고 밝혔다. 환경, 평화, 소비자운동 등이 점차 중요성을 더해 가리라는 지적이었다.

미국에서의 연구를 통해 그가 또 하나 관심을 갖게 된 것은 모던/포스트모던의 문제이다. 아직 윤곽을 그리는 단계라 구체적으로 말하기는 곤란하지만 "포스트모던으로 이르는 길은 합리주의 계열의 하버마스나 탈脫합리주의 계열의 리오타르, 데리다 등이 추구하는 길이 서로 다르지 않다는 것을 밝히려는 것"이라고 소개했다. 한상진의 이 같은 이론 작업은 과거와 전혀 달리 전개되고 있는 1990년대 한국 사회를 다시금 읽어내기 위한 준비로 볼 수 있을 것이다.

그러나 한상진에 대해서는 이 같은 긍정적 평가뿐만 아니라 다소 부정적인 평가도 사회학계에는 존재한다. 현실에 대한 관심을 갖는 것은 좋지만 지나치게 '정치 현실'에 근접해 있는 데다가 학문 외적 활동이 너무 잦아 학자로서 묵직한 성과를 남길 수 있을지 미지수라는 것이다. 이는 그의 관심사가 크게 하버마스와 푸코 등의 사회이론 분야에서 한국 현실에 대한 탐색을 거쳐 다시 포스트모더니즘을 중심으로 한 사회이론 분야로 옮겨 가고 있지만 '이거다' 할 만한 성과가 아직은 없었다는 점을 염두에 두고 하는 지적이다. 이는 그가 학자로서 진정한 성공을 거둘 수 있을 것인지의 기로에 서 있다는 것을 시사하는 이야기일 수도 있다. 선택은 그가 하는 것이기 때문이다.

7. 《사회와 사상》과 《사회평론》

특정 학문 분야의 저널이 대중화된다는 것은 그 학문이 대중화된다는 말과 상통한다. 이런 시각에서 지금 폐간되고 말았지만 1980년대 말에서 1990년대 초반까지 사회학의 대중화에 중요한 역할을 했던 두 잡지의 성격과 한계를 점검해 보는 일은 우리나라 지식인 사회의 여러 가지 층위를 읽어 내는 단서가 된다는 점에서 상당히 중요하다.

《사회와 사상》은 1970년대 말부터 사회과학 출판을 개척해 온 한길사가 그간의 성과를 토대로 시작한 야심작이었다. '사상의 대중화'를 모토로 1989년 창간된 《사회와 사상》은 당시까지 금기시되던 사상 영역들에 대한 과감한 기획을 통해 폭넓은 사회과학적 지평을 마련하는 데 결정적 기여를 했다. 그러나 단위 출판사가 월간지 발행을 계속 감당하기에는 재정적 어려움이 있었고 필진도 한계를 보여 1990년대 초반에 계간지로 바뀌었다가 결국 폐간되고 말았다. 물론 여기에는 사회주의권 붕괴라고 하는 세계사적 정세도 크게 작용했다. 《사회와 사상》은 《사상계》이후 본격적인 지성지를 일시적으로나마 부활시켰고 사회과학에 대한 대중적 관심을 불러일으켰다는 점에서 오래도록 기억돼야 할 것이다.

《사회와 사상》이 일정한 수준을 유지하는 대중적 학술지의 성격을 갖고 있었다면 1991년 5월 창간된 《사회평론》은 학술성보다는 대중성에 더욱 비중을 둔 잡지였다. 그러나 이 또한 사회주의권 붕괴와 함께 위기를 겪다가 휴간, 복간을 거듭하던 끝에 1993년 6월 호를 끝으로 진보적 시사 월간지 『길』지와 통합되었다.

두 잡지 모두 미국 계통의 보수적인 구조기능주의 사회학이 지배하던 국내 사회과학 풍토에 새바람을 불어 넣었다는 점에서 각별한 의미를 갖는다. 이는 앞으로도 마찬가지일 것이다. 그러나 국내 학자들의 연구 역량이 떨어져 생산적 결과들을 충분히 얻지 못하고 외국 이론의 소개에 머문 것은 앞으로의 과제로 남게 됐다.

8. 새로운 사회학을 향하여

미래의 한국 사회학이 하늘에서 떨어지는 것이 아니라면 현재의 소장 학자들의 활동과 성향을 점검함으로써 대략적인 가닥은 잡을 수 있을 것이다. 한국 사회학은 1980년대 강단講壇 실증주의와 재야在野 마르크스주의가 대립하던 양극화 시기를 거쳐 1990년대에는 다극화 단계에 접어들고 있다. 기존의 실증주의와 마르크스주의에 포스트모던사회학, 베버사회학, 분석적 마르크스주의, 비판사회학 등 지구상에 존재하는 사회학의 각종 패러다임이 한국을 무대로 각축을 벌이고 있는 것이다. 그러나 이런 조류들은 아직 착근을 하지 못한 하나의 유행 단계에 불과하다.

많은 사회학자가 향후 한국 사회학의 전망은 기존의 실증사회학이 주류를 이루는 가운데 포스트모던사회학, 베버사회학, 비판사회학 등이 차석을 놓고 경합하는 양상이 될 것이라고 말한다. 마르크스주의의 경우 이미 석박사 과정 학생들이 기피하는 징후가 뚜렷해 앞으로 연구 인력의 대폭 감소가 불가피하다. 그리고 분석적 마르크스주의는 도입된 지 3~4년이 됐지만 벌써 퇴조의 기미를 보이고 있기 때문이다.

'문화분석'에 초점을 맞추는 포스트모던사회학의 경우 한상진을 중심으로 서규환(인하대), 이병혁(서울시립대), 김성기(서울시립대 강사) 등 20여 명으로 구성된 '문화와 사회연구'라는 연구 모임을 통해 활발한 연구가 진행되고 있다. 이 모임은 1989~1990년부터 문제의식이 유사한 소장 학자들이 스터디그룹 형태로 유지해 오다가 1993년 3월 본격적인 연구 모임으로 발족한 바 있다. 이 중에서 특히 1991년『포스트모더니즘과 비판 사회과학』을 출간해 사회과학에 포스트모더니즘 논란을 불러일으킨 장본인인 김성기가 1993년 말 서울대 사회학과에 박사학위 논문「포스트모더니티의 사회이론에 관한 연구」를 제출하는 것을 계기로 포스트모던 사회학에 대한 본격적인 연구에 나설 것으로 보인다.

굳이 포스트모던사회학의 범주에 넣긴 어렵지만 정수복은 프랑스 사회학에 대한 이해가 일천한 우리 학계에서 소중한 자원으로 평가된다. 현재 연세대 강사로 있는 그는 프랑스의 대표적 사회학자 알랭 투렌 교수로부터 박사학위를 받았고,「지식인과 사회운동」,「현대 프랑스 사회학의 지성사」 등의 논문을 통해 높은 평가를 받은 바 있다. 그의 활동이 앞으로 주목된다.

19세기 독일 사회학자 막스 베버에 대한 최근의 관심 고조는 전성우(한양대), 양영진(동국대) 등 베버 전공자들이 중심이 돼 운영하는 베버 강독 모임에 이각범(서울대), 김문조(고려대) 등 20여 명이 참여하는 것에서 단적으로 드러난다. 이들이 베버에 대해 뒤늦은 관심을 보이는 것은 파슨스에 의해 정식화된 미국식 베버 이해가 잘못된 것임을 깨닫고 직접 베버의 저작을 접하겠다는 필요성에서 나온 것이다. 동시에 마르크스주의 퇴조 이후 대안을 찾기 위한 시도의 하나로도 이해된다. 최근에는 차성환(전주 한일신학교), 박성환(고려대 강사) 등이 베버의 본고장 독일에서 학위를 받고 귀국해 베버 연구를 더욱 활성화시키고 있다. 차성환은『한국 종교사상의 사회학적 이해』를, 박성환은『막스 베버의 문화사회학과 인간학』을 펴낸 바 있다.

비판사회학이란 '진보성향'을 '실증방법'과 접목시킨 일군의 학자들을 말한다. 이 그룹에는 임현진(서울대), 임혁백(이화여대), 이영조(고려대) 등이 참여하고 있다. 미국식 네오마르크스주의 총본산인 시카고학파의 연구 경향으로부터 영향을 받은 '비판사회학'은 노동사회학, 산업사회학 등 분과 사회학에서 실증 연구를 통해 자신들의 비판적 문제의식을 간접적으로 표출한다. 이념 성향으로는 사회민주주의와 계급타협론에 바탕을 두는 이들은 반년간지《사회비평》을 통해 자신들의 이론적 입장과 연구 성과를 개진하고 있다.

그 밖에 기존의 마르크스주의 사회학이 여기서 주저앉느냐 새로운 약진을 하느냐의 문제도 관심거리다. 유팔무(한림대 교수)는 "진보 사회학의 물적 토대인 사회과학 출판사들이 최근 위축되고 장래의 인적 자원인 학생들도 포스트모던사회학에 관심을 기울이는 등 인적·물적 기반이 약화되고 있는 것은 사실"이라면서 "이런 현상이 지속될 경우 진보 사회학은 중간층 교수들만 남게 돼 학문적 '가분수' 형태를 보일 것"이라고 전망했다.

그러나 이 같은 각종 패러다임의 각축에도 불구하고 한국 사회학은 사실상 넘기 힘든 벽에 봉착했다. 그것은 다름 아닌 패러다임의 독자 생산 기반을 전혀 구축하지 못했다는 것이다. 통상 '학문의 토착화'라는 이름으로 불리는 패러다임의 독자적 생산 기반 구축은 장기적인 연구 축적과 창의적인 성찰이 결합돼야 하는데 한국의 사회학은 지금까지 이두 가지 사안을 등한시해 왔기 때문이다. 결국 이는 다음 세기가 되어도 수입된 패러다임에 의존해야 한다는 것을 뜻한다. '패러다임의 국산화'에 대한 사회학계의 보다 많은 관심이 요구되는 시기이다.

6장

정치학

1. 정치학의 전사前史 : 관료적 국가학으로 출발

식민지라면 어디나 그렇듯이 정치학이라는 학문은 일제하에 없었다. 있었다면 법학에서 '국가학'이나 '국법학'의 일부로서 언급되는 정도였다. 이는 독일의 학문 전통을 일본이 그대로 이어받은 결과이기도 했다. 그래서 한국 정치학은 해방이 되고서야 비로소 출발했다고 해도 과언이 아니다. 사실상 황무지에서 출발한 것이다. 이것은 한국 정치학의 방향 정립과 발전이라는 차원에서 볼 때 큰 불행이었다. 학문으로서의 정치학보다는 치세론治世論 수준에서 정치학을 보는 잘못된 견해가 자리 잡게 되는 출발점이 됐기 때문이다. 이 같은 폐해는 지금까지도 학문으로서의 정치학이 자리 잡지 못하는 상황을 빚어내고 있다.

따라서 각론에 앞서 한국 정치학의 질곡과 파행성이 어떠했으며 그 원인을 총체적으로 진단하는 작업이 선행되지 않으면 안 된다. 지금까지도 정치학 교수가 하루아침에 정치가로, 정부 관리로 변신하는 일이 빚어지고 있기 때문에 더욱 그러하다.

일제하 일본의 정치학은 관료적 국가학이나 법률학의 한 갈래로 파악하는 것이 일반적이었다. 이런 풍토에서 공부한 젊은 학자들이 해방 후 정치학 교수를 맡았다는 사실은 그것이 불가피한 것이었다 하더라도 불행한 사실이 아닐 수 없다. 여기에다 관官을 학문보다 중시하는 우리 사회의 고질적인 병폐까지 더해져 정치학은 정치가가 되기 위한 수단 정도로 치부되기에 이르렀다.

한국 정치학의 또 다른 불행은 학문이 미처 자리 잡지도 못한 초창기에 한국전쟁을 겪었다는 것이다. 특히 이데올로기에 따른 전쟁이었기 때문에 이데올로기 문제를 핵심으로 하는 정치학으로서는 치명적일 수밖에 없었다.

그리고 혼란의 와중에서 구한말부터 이어지던 계몽자로서의 지식인관을 완전히 청산하지 못한 것도 중대한 문제가 아닐 수 없다. 이는 창조적으로 한국 정치의 미래를 열어가기보다는 이미 진행된 정치 현실을 '정당화'하는 일에 정치학이 선봉장 역할을 했다는 뜻이다. '어용' 교수 문제가 필연적으로 생겨날 수밖에 없었던 것이다.

군軍이 성역으로 간주돼 연구 대상이 될 수 없었던 것도 정치학으로서는 바람직스럽지 못한 현상이었다. 권력 문제를 대상으로 삼는 정치학에서 권력의 핵이라 할 수 있는 군사 문제가 빠졌기 때문에 한국의 정치학은 공허했던 것이다.

이 같은 상황에서 1950년대 한국 정치학은 라스키, 맥키버 등 영미 이론을 수입하느라고 한국 현실에 눈 돌릴 틈이 없었다. 당시 한국 정치학계를 이끌었던 인물은 민병태, 이용희, 신도성, 한태수, 정인흥, 김상협 등이다. 정치학개론, 정당론, 정부형태론, 국가론 등 각 분야의 외국책들이 계속 번역돼 나왔다. 국내 학자들이 저서를 내는 경우가 간혹 있긴 했지만 외국 이론의 짜깁기에 불과했다. 당시의 책 중에서 지금까지 읽히는 것은 한 권도 없다는 사실이 이를 방증해 준다.

1960년대와 1970년대에는 미국 행태주의 정치학과 근대화론이 휩쓸어 버렸다. 이 시기의 주도적 인물로는 윤천주, 한배호, 민준기 등을 꼽을 수 있다. 실증성과 과학성을 전면에 내세운 행태주의 정치학은 한국 정치학의 탈脫현실화를 고착시켰다. 이는 현실의 독재정치와 무관치 않다. 국가의 방향성과 민주주의 실종이라는 정치 현실에서 도피하는 데는 수치數値에 함몰된 행태주의야말로 다시없는 피난처였기 때문이다. 맹목적인 수치 나열이 성행한 것도 이런 맥락에서 이해해야 한다.

1980년대는 마르크스주의의 시기였다. 국가론이 집중적인 관심사로 떠올랐다. 활발하게 논쟁된 사회구성체론에도 정치학이 관여했다. 북한 정치를 이론적으로 접근하기 시작한 것도 이때부터이다. 행태주의자들은 자신들의 연구 방법을 반성하고 보다 현실적인 문제에 관심을 보이기 시작했다. 그러나 마르크스주의적 정치학 또한 학문적 관심보다는 실천적 관심이 높았기 때문에 학문적 성과라고 부를 만한 것이 미미했다. 최장집(고려대) 정도가 자기 영역을 확보했을 뿐이다.

많은 정치학자들은 1990년대를 다원주의 정치학의 시대라고 말한다. 정책에 관심을 기울이고 선거를 연구하는 정치학자들이 늘어났으며, 이데올로기의 강요에서 비교적 자유로워졌기 때문이다. 그러나 아직도 미국 편향, 지나친 현실 정치 지향, 독자적 패러다임 부재 등 한국 정치학이 당면한 현실은 밝지 않다. 문민 시대를 맞아 정치학자들의 발언이 높아 가지만 내용은 없다. 장기적인 전망을 갖고 연구하는 풍토가 정치학계에는 자리 잡히지 않았기 때문이다. 각론은 이 같은 한국 정치학의 질곡 과정과 현주소를 탐색하는 방향으로 진행될 수밖에 없다.

그러면 본론으로 들어가 보자. 정치학계에서는 1945년 해방 이후부터 한국전쟁이 끝난 1953년까지를 초창기라고 부른다. 그러나 정확히 말하면 46년이 돼서야 정치학은 대학의 정규 학과로 개설되었다. 이때 서울대 문리대에 정치학과가 창설된 것을 필두로 보성전문학교와 연희전문학교가 각각 고려대와 연세대로 개편되면서 정치학과가 생겨난 것이다.

그러나 쉽게 알 수 있지만 당시 정치학계가 겪은 가장 큰 문제는 교수난과 커리큘럼 부재였다. 박사학위 소지자는 물론 한 명도 없었고 석사학위를 받은 사람 정도가 고작이었다. 그나마도 몇몇 안 돼 학사학위자들까지 교수로 임용될 수밖에 없었다.

우여곡절 끝에 서울대는 동경제대에서 석사과정을 마친 신도성 전 통일원 장관이 중심이 돼 서임수, 김경수 등이 참여하는 형태로 정치학과를 출범시켰다. 고려대도 동경제대를 마친 김상협을 제외하면 정치학을 제대로 배운 사람은 전무했다. 당시 고려대 정치학과 커리큘럼을 보면 정치학과 것인지 법학과 것인지 구별이 안 될 정도로 거의 대부분이 법률 과목이다. 총 개설 과목이 60강좌인데, 이 중에서 정치학 분야는 2학년 때 '정치학', '정치사' 두 과목과 3학년 때 '국가학'과 '정치사상사', '정치학 연습' 등 세 과목 그리고 4학년 때 '정치학사', '조선 정치사', '정치학 특강' 등 세 과목으로 총 8과목밖에 안 된다. 나머지는 대부분 법률 과목이고 또 경제학 과목이 11과목이나 된다.

이런 와중에도 1950년대에는 이화여대, 1952년에는 숙명여대에 정치학과가 생겼다. 김계수(전 한국외국어대 교수)는 당시의 사정을 이렇게 전한다. "나는 전란 중에 학교를 다녔는데 1952년에 대학을 졸업하니까 여기저기서 전임으로 오라는 요청이 있었어요. 지금 같아서는 상상도 할 수 없는 일입니다."

이처럼 학문적으로는 일천한 가운데 해방 이후의 극단적인 이념 대립에 정치학자들은 깊숙이 휘말려 들었으며 당시 저작물들은 각종 정치

이념을 해설하고 선전하는 종류의 것들이었다. 당시 주도적 학자군은 민병태, 이용희, 신도성, 한태수, 정인흥, 김상협 등이었고, 특이한 것은 사학자였던 이선근이 당시에 대원군을 중심으로 한 한국 근대정치사를 가르쳤기 때문에 정치학계에도 적지 않은 영향을 미친 점일 것이다.

한국전쟁으로 남북이 분단되면서 남한에 남게 된 학자들 간에는 자유민주주의에 대한 지향성이 일반화된다. 문제는 진지한 학문적 탐구 끝에 얻어낸 결론이 아니라는 데 있었다. 충분한 검토 과정을 거치지 않았기 때문에 자유민주주의의 본질과 의미에 대한 사색도 제대로 하지 못하는 결과를 빚게 되고 오랜 기간 한국 정치학계는 이데올로기 기피 현상을 보이게 된다.

그나마 이 기간 동안 정치학계로서 의미 있는 사건이 있었다면 1953년경 20여 명의 정치학자들이 부산에 있던 서울대 임시 캠퍼스에 모여 한국정치학회 설립을 결의한 것이다. 이렇게 해서 그해 10월 한국정치학회가 정식 발족했다. 그러나 그 후 몇 년이 지나도록 아무런 활동도 보이지 못하고 명목상의 단체에 머무를 수밖에 없었다. 그런데 UN군 참전은 한국의 정치학자들에게 국제정치에 대한 관심을 불러일으키는 자극제 역할을 했다. 물론 당시에는 국제정치학이란 과목이 정치학과에 정식으로 개설돼 있지는 않았지만 이때 자극을 받아 연구를 시작한 결과 1950년대 후반에 이르게 되면 국제정치학이 꽃을 피우게 된다.

이때부터 상당수 교수들이 김성수, 이기붕 등 정치인의 비서실장 등을 맡으며 정치계를 기웃거리는 폐습이 나타났다는 점이 지적돼야 할 것이다. 한국 정치학자들의 현실 정치 지향성은 이처럼 정치학의 태동과 함께 시작된 고질적인 것이다.

이 시기 정치학의 또 하나 문제점은 한국 정치학의 문제를 전혀 생각지 않았다는 사실에서 찾을 수 있다. 첫 단추를 잘못 끼우는 바람에 '한국정치론'이라는 과목이 개설되는 데만도 20년 이상의 세월을 기다려야 했다. 국내에서 한국정치론이 교육되기 시작한 것이 1977년부터이다.

2. 미완의 정치학자 민병태

김계수가 조사한 바에 따르면 1945년에서 1955년 사이에 한국 정치학에 가장 큰 기여를 한 학자로 민병태(전 서울대 교수)가 꼽힌다. 1955년에서 1965년 사이에도 민병태는 윤천주(전 서울대 총장)에 이어 2위를 유지하고 있다. 이런 점에서 많은 정치학자들은 지금도 민병태를 한국 정치학의 가장 큰 스승으로 서슴없이 꼽는다.

1913년 충남 부여의 부유한 집안에서 태어난 그는 1933년 일본으로 유학, 게이오대 정치학과에 입학한다. 그 후 예과와 본과를 거쳐 1939년 대학을 졸업한 그는 1942년 대학원을 수료함과 동시에 한국인으로는 드물게 게이오대 아세아연구소 연구원으로 해방될 때까지 근무한다. 이 무렵 학자로서 그의 기개를 보여주는 일화로 창씨개명을 거부한 것을 들 수 있다. 그는 일찍부터 정치학서의 번역에 관심을 쏟아 1941년과 1944년에 『아세아대륙 횡단기』 등 구미 학자들의 저서를 번역했는데 이때 번역자 이름에 '민병태閔丙台'라는 한국 이름을 그대로 사용했다.

해방 직후 귀국해 1945년 10월 연희대 교수로 취임한 그는 동국대, 대구대 교수를 거쳐 1952년 10월 서울대 교수로 자리를 옮기게 된다. 당시 그의 학문적 관심사는 라스키와 맥키버 연구에 쏠려 있었다. 볼 만한 책 하나 제대로 없던 시절에 그는 어설픈 개론서보다는 선진적인 이론을 번역해서 소개하는 것이 훨씬 효과적이라고 생각하고 라스키의 『정치학 강요』, 『국가론』 등과 맥키버의 『근대국가론』을 번역, 국내에 소개했다. 또한 지금도 정치사상사 분야의 고전으로 꼽히는 세바인의 『정치사상사』를 번역하기도 했다.

당시로서는 거의 유일하게 정치학의 오리엔테이션을 받은 학자로서 그는 각종 논문을 통해서도 초창기 한국 정치학에 필요한 기초적인 작업에 학문적 노력을 다했다. 이는 「민주대표론」, 「영국 정치사상의 현실성」, 「정치학의 기본문제」, 「정치학과 제諸학문과의 관련」, 「과학주의에 대결하는 전통」 등 그가 쓴 일련의 논문들이 정치학의 근본 문제들을 다루고 있다는 데서도 확연히 드러난다.

저서 또한 『정치학』, 『정치학 요강』, 『현대 정치학의 방법론적 고찰』 등 세 권밖에 안 되지만 흔히 볼 수 있던 개론서와 달리 한국적인 풍토를 고려하면서 학문으로서의 정치학을 정립하는 데 일관된 관심을 쏟았다. 특히 1950년대 말부터 국내 학계에 소개되기 시작한 미국식 행태주의에 대해서는 경험적 실증성을 높이 평가하면서도 그 한계들에 주목할 것을 경고해 학문적 탁견을 일찌감치 보여주기도 했다. 또한 저서 『정치학』에서는 "서구의 경우 1인당 국민소득 500달러 수준에서 민주주의가 시작됐다"라며 "제3세계도 상황은 다르겠지만 민주화의 가능성은 높다"라고 '민주주의'에 대한 그의 열정을 나타냈다.

그와 사제관계이자 친족관계인 민준기(경희대 교수)는 그의 학문 경향에 대해 "일본 내에도 와세다대학이나 게이오대학은 군국주의 전통이 강했던 동경대학과 달리 영국식 자유민주주의적인 전통이 지배했다"라며 "그의 학문은 이런 흐름 속에서 이해해야 할 것"이라고 회고했다.

동료 교수나 제자들이 정치에 참여하는 것을 극단적으로 혐오했던 그도 5·16 직후 쿠데타 세력의 강권에 못 이겨 일시적으로나마 현실에 참여하게 된다. 그러나 회의 몇 번 참여한 것으로 '현실 참여'를 끝낸 민 교수는 1977년 64세를 일기로 세상을 떠나기까지 제자 육성에만 전념하는 학자로서 외길을 걸었다. 김영국(서울대), 이정복(서울대), 배성동(전 서울대) 등이 그의 직계 제자들이다.

이처럼 그는 학자의 길에 전념했지만 자신의 독자적 학문 세계를 구축하는 데는 성공하지 못했다. 그것은 제1세대 학자로서의 한계와 더불어 그가 살았던 시대의 정치 현실이 정치학의 발전을 강하게 제어했기 때문이기도 할 것이다. 이런 점에서 '교육자'로서 그의 업적은 높이 평가돼야겠지만 연구자로서 그의 업적에 대한 평가는 망설일 수밖에 없다. '미완의 정치학자'라고 불러야 할 이유가 바로 여기에 있는 것이다.

3. 재사才士와 학자의 부조화, 이용희

지금도 비非서울대 출신이 서울대 교수가 되면 뉴스거리가 된다. 하물며 해방 직후 초창기에는 경성제대나 일본 유명 대학 출신이 아니고서는 서울대 교수가 된다는 것이 '하늘의 별 따기'와 같았다. 지금은 '동주東洲'라는 호로 더욱 유명한 이용희가 1948년부터 서울대 강단에 서기 시작했을 때 겪어야 했던 어려움을 추측해 볼 수 있는 대목이다.

1917년 서울 출생으로 1940년 연희전문학교를 졸업한 그는 우여곡절 끝에 1948년부터 강사로 서울대 강단에 서게 된다. 동료나 후학들이 전하는 바에 따르면 동주가 연희전문 출신으로 서울대 교수직을 수행할 수 있었던 것은 당시의 혼란했던 시대 상황 탓만은 결코 아니다. 그에게는 외면적인 학위를 상쇄하고도 남을 '그 뭔가'가 있었다는 것이다. '그 뭔가'는 그의 일생을 통해 하나하나 드러났다.

그는 일찌감치 자신의 학문적 방향을 '국제정치학'으로 정했다. 학자로서 동주의 탁월성이 드러난 것은 바로 이 분야에서였다. 『일반국제정치학』, 『국제정치원론』 등의 저서를 통해 강대국이 아닌 약소국 입장에서 본 국제정치이론 정립을 강조한 그의 견해 혹은 이론을 '권역이론圈域理論' 혹은 '장場의 논리'라고 부른다. 그것은 식민지배와 강대국에 의한 대리전 성격이 강한 한국전쟁을 체험한 소장 학자였다면 당연히 가졌음직한 주체적인 이론이다. 그의 저서 목록 중에 『한국민족주의』가 포함돼 있는 것도 그의 학문적 관심 깊은 곳에 무엇이 자리하고 있는지를 보여준다. 대부분의 글들이 1960년대에 쓰인 이 책에서 그는 '근대화'라는 시대적 흐름에 직면해 민족주의를 어떻게 계승·발전시켜야 할 것인가에 일관된 노력을 쏟고 있다. 이 과정에서 국제정치의 역학관계에 대한 탁월한 통찰이 전제돼 있음은 물론이다.

학자로서의 성과가 이 정도였다면 그의 진면목이 한층 드러나는 부분은 스승으로서의 일면이다. 좀 과장해서 말한다면 현재 서울대 외교학과 교수 전원을 포함해 노재봉(민자당 전국구의원), 정종욱(청와대 외교안보수석), 김용구(서울대 국제정치학) 등 국제정치학계의 주도적 인물들치고 그의 지적 세례를 받지 않은 학자들이 거의 없을 정도이다. 1956년 자신이 주동이 돼 '한국국제정치학회'를 창설, 초대 회장을 맡아 국제정치학에 대한 인식 환산에도 크게 기여했다.

뛰어난 현실감각과 번뜩이는 아이디어의 소유자로 정평이 나 있는 동주는 결국 인재 부족에 시달리는 신생국 지식인들이 그러하듯 관官으로 활동 무대를 옮기게 된다. 1961년 중근동中近東 파견 친선사절 단장과

1962년 유엔총회 한국 대표로 일시적인 외도를 했던 그는 1976년 제6대 통일원 장관으로 발탁되면서 학계를 떠났다. 그 후 대우재단 이사장과 아주대 총장 등을 역임하면서 학술 행정가로서의 능력도 발휘했다.

그의 외도는 또 하나 있다. 미술사가로서의 그의 색다른 면모이다. 『한국회화소사韓國繪畫小史』, 『우리나라의 옛그림』 등의 저서가 말해주듯 동주는 한국 미술사에 대해서도 아마추어 이상의 감각을 갖고 있었다. 1989년 3월 연세대 다산 기념강좌에 '한국 회화사 연구'라는 제목으로 1년간 강의를 맡아 화제를 불러일으켰다. 조요한 전 숭실대 총장은 그를 "국제정치학뿐만 아니라 언어학, 만주·몽고학, 그리스철학, 유학 등에 폭넓은 안목을 두루 갖춘 거의 유일한 학자"라고 극찬하기도 했다.

그러나 그의 학문 활동과 사회 활동에 대해 부정적 평가를 내리는 사람도 적지 않다. 먼저 그의 학문적 업적이 포괄적이긴 하지만 전문성이 결여돼 있다는 것이다. 특히 두루 관심을 가진 학자들이 흔히 저지르는 '아마추어를 갓 벗어난' 평론가 수준에 머물렀다고 비평하는 이가 많다.

또 하나는 정치학자, 특히 국제정치학 전공자들의 과도한 현실 참여에 물꼬를 튼 역할을 했다는 비판도 있다. 실제로 그의 제자들 중에 상당수가 그가 걸었던 것처럼 강단을 끝까지 지키지 못하고 정계政界나 관계官界로 나가 학계를 공동화시키고 학문적 권위를 실추시켰다는 것이다. 그럼에도 불구하고 동주가 1950~1960년대 한국 정치학계에 기여한 공은 과소평가될 수 없을 것이다.

4. 학문 부재의 서울대 정치학과

1993년 김영삼 정부 출범과 함께 '교수의 정치참여' 문제에 대한 시각이 대단히 우호적으로 바뀌었다. 개혁을 추진 중인 새 정부는 보궐선거가 있을 때마다 개혁 성향 인물이라며 거명하는 사람들 중에 교수, 특히 정치학 교수가 많다. 이미 손학규(서강대 정치학)는 보궐선거에서 지역구의원으로 당선됐다. 이에 대해 과거와 같은 '어용교수' 논란도 생기지 않았으며 오히려 '개혁'이라는 대의명분에 의해 반기는 분위기까지 있었다.

그러나 대대적인 '교수의 정치참여'는 분명 전형적으로 후진적이며 전前근대적인 현상이라 할 수 있다. 우리 사회에 아직도 각 분야의 자율성이 확립돼 있지 않다는 방증이라는 의미에서 그런 것이다. 어느 선진국에도 정치학자가 '참모' 이상의 역할로 현실 정치에 발을 들여놓는 경우가 거의 없다는 점을 생각해 보면 더욱 분명해진다.

우리의 현황은 어떠한가. 서울대의 경우 정치학과와 외교학과 통틀어 정년퇴직까지 학계에 남아 있었던 사람은 외교학과 교수 동덕모 단한 명뿐이다. 정치학과는 한 명도 없다.

6·25가 나기 전까지 서울대 정치외교학과 교수진은 이선근, 신도성, 서임수, 김경수, 이용희 등이었다. 그 후 이선근은 문교부 장관, 신도성은 통일원 장관, 서임수는 이기붕의 비서실장, 김경수는 성균관대와 숙명여대 총장을 거쳐 성균관장을 역임했으며 이용희는 유신 때 대통령특보를 거쳐 통일원 장관을 지냈다. 해방 이후에는 박준규(전 국회의장)가 서울대 교수를 잠시 지낸 적이 있고, 장위돈(청와대 특별보좌관), 구범모(현 한국정신문화연구원 교수)는 공화당 정권에 참여하며 서울대를 떠났다.

5공화국 들어서도 서울대 정치학과 교수들의 정치참여 행진은 계속

된다. 박봉식이 1980년 입법회의 의원으로 참여한 것을 필두로 김학준, 손제석 등이 각각 전국구의원과 문교부 장관으로 현실 정치에 참여했다. 6공화국 때에는 노재봉이 국무총리를 맡고, 김영삼 정권 수립과 함께 정종욱이 청와대 외교안보수석, 이홍구가 노태우 정권 때 부총리를 거쳐 총리를 맡음으로써 서울대 정치외교학과 교수들의 정치참여는 정점에 이르게 된다.

그렇다고 해서 강단을 떠난 이들이 정치인으로서 성공을 거둔 경우는 극히 희박하다. 대부분이 독재정권의 소모품으로 이용돼 '일회성 등용'으로 끝나고 말았다. 남아 있는 사람은 노재봉 전국구의원뿐이다. 정치적으로 가장 성공했다고 할 수 있는 박준규 전 국회의장도 개혁바람에 정치적 운명을 다하고 '부정한 정치인의 표상'으로 전락해 버렸다. 말 그대로 토사구팽兎死狗烹의 길을 걸었던 것이다. 구범모, 김학준 등이 힘겹게 강단으로 복귀했을 뿐 나머지는 그야말로 학계에서 흔적도 없이 사라져 버렸다.

교수들의 정치참여를 옹호하는 입장에서는 "정치 엘리트 충원구조가 확립돼 있지 않은 상황에서 정치학 교수들의 정치참여는 국가 전체를 위해 바람직하다"라고 주장한다. 그러나 이는 정치인으로 철저하게 자리 잡을 수 있을 때의 이야기다. '한국적인 정치 풍토에서 교수가 정치인으로 변신하는 것은 국가적으로나 학문적으로 모두 실패'라는 것은 위의 사례들이 실증한다.

교수들의 정치참여가 가져오는 폐해는 너무나 크다. 먼저 학문 경시 풍조이다. 너도나도 교수직을 버리고 의원이니 장관이니 하는 관직을 찾아 떠나 버리는 풍토에서 학문은 당연히 경시될 수밖에 없다. 또한 일반 국민에게까지 널리 악영향을 미치는 것으로 가치관의 전도를 들 수 있다. 국내 최고 대학인 '서울대 교수'조차 마다하고 현실 정치에 참여하는 희한한 광경을 지켜보는 일반 사람들은 '역시 정치가 더 좋은 것이구나'라고 생각하게 된다. 심지어 학자들까지 현실 정치에 참여하지 못하면 자신의 능력에 문제가 있다고 느끼는 상황이 빚어지고 있다. 끝으로 학계가 황폐화된다는 것은 말할 필요도 없다.

그러나 교수들의 정치참여 문제에 대해 절충론을 펴는 이들도 있다. 일정한 원칙하에 교수들의 현실 참여가 이뤄진다면 굳이 반대만 해야 할 사안은 아니라는 것이다. 그 원칙이란 일차적으로 학계에서 학문적 업적을 통해 인정을 받아야 하고 다음으로 가능한 한 특정 당파에 예속되지 않는 범위에서 '참모' 기능에 국한돼야 한다는 것 등이다.

어떤 경우건 이 시점에서 타파해야 할 악습은 대학을 교수들의 정치참여를 위한 베이스캠프로 여기는 고질적 풍조이다. 특히 최근 총리나 부총리를 지내고서 조용히 은퇴 생활을 즐기지 않고 하위직이라도 마다하지 않고 권력 주변에 계속 머문 사람들의 공통점이 '서울대 교수 출신'이라는 점을 시사하는 바가 크다고 하겠다.

5. 행태주의 정치학의 공과

정치학의 제1세대들은 일본을 매개로 한 독일 계통의 '국가학' 전통에서 정치학을 공부해 정치사상과 법률적·제도적 접근 그리고 정치사를 주로 하였다. 이에 따라 거시 정치학 일변도로 흐르는 폐단을 보였다. 이에 대한 반발로 소장 학자들을 중심으로 정치에 대한 '과학적·경험적' 접근 방법이 제창되기 시작했으니 그것이 바로 '행태주의'이다.

지금은 '행태주의=보수주의'라는 등식으로 받아들여지고 있지만 도입 초기만 해도 나름대로 정치학 연구를 개신改新하려는 의욕이 담긴 것이었다. 동시에 독일식 정치학이 미국식 정치학으로 전환하는 징표이기도 했다.

국내 정치학계에 행태주의 연구 방법을 최초로 소개한 이는 윤천주(전 서울대 총장 및 문교부 장관)이다. 고려대 정치학과 교수로 재직 중이던 그가 1957년 하버드대학에 초빙교수로 가 있으면서 당시 미국에서 선풍적인 관심을 모으고 있던 행태주의를 공부하고 돌아온 것이다. 통계적 기법을 활용한 행태주의 조사 방법은 당시로서는 가히 충격적인 것이라 할 수 있었다. 그러나 '1년'간의 연수 기간 정도로 행태주의의 이론적 배경과 실제 연구 방법을 체득한다는 것은 불가능한 일이었다. 결국 그는 선거와 정치 관련 여론조사 부문에서 선구적 업적을 남기긴 했지만 지금 와서 보면 초보적 수준에 머물렀다.

국내 행태주의 계열 정치학자로서 첫손에 꼽을 수 있는 학자는 단연코 한배호(세종연구소장)이다. 본격적인 의미에서 국내에 행태주의 방법론을 소개했다는 점에서도 그렇지만 지금까지도 그런 방법론에 바탕을 둔 일관된 연구를 해왔다는 점에서 더욱 그렇다. 그러나 그를 단순히 '행태주의자'라는 카테고리로 한정시키는 것은 일생에 걸친 그의 학문을 담아내는 그릇으로 적당치 못하다. 한배호는 "정치학에 대한 경험적 연구의 하나로 행태주의를 선택했을 뿐"이라고 밝혔다.

이는 그가 다루려고 했던 문제에서 드러난다. "궁극적인 관심사는 한국 정치였는데 이를 제대로 이해하려면 비슷한 경험을 한 나라들과 비교가 필수적이라고 생각했습니다." 그래서 한배호는 '비교정치'를 전공하게 된다. 여기에 행태주의는 결정적으로 도움이 되었다. 그의 학문 연구는 그 후 후진국정치론, 정치발전론 등으로 구체화되고 1970년대 초반에는 고려대 아세아문제연구소 일본연구실장을 맡은 것을 계기로 '일본 근대화 연구'에 개척적인 연구를 내놓게 된다. 그 성과가 『현대일본의 해부』, 『일본정치론』, 『일본정책결정의 해부』 등의 저서와 각종 논문으로 나왔다.

한배호는 지금까지 20여 권의 저서와 20여 편의 논문을 통해 한국 정치학계에 '경험적 연구 방법'을 심었다. 그동안 군사정권들로부터 여러 차례 참여 제의를 받기도 했다. 그는 저항적 지식인의 길을 간 적도 없지만 군사정권에 협조적 태도도 취하지 않았다. 그는 "한국에는 권위주의 체제가 근본적으로 적합치 않으며 민주화는 불가피하다"라는 신념을 갖고 있었기 때문이다. 한배호가 최근 펴낸 『한국의 정치 과정과 변화』는 이승만 시대부터 유신 때까지 권위주의가 왜 착근되지 못하고 실패할 수밖에 없었는지를 밝힌 책이다. 현재 진행 중인 후속편은 그 이후 6공화국까지의 정치행태를 분석하면서 권위주의의 실패 요인을 정리할 계획이다. 이렇게 되면 그로서는 학문을 시작할 당시 가졌던 계획은 일단 마무리하는 셈이다. 그는 최근 세종연구소장을 맡아 일단 현실에 한 발을 내디뎠다.

그의 제자 그룹에는 한국선거연구회장으로 최근 주목을 끌고 있는 숙명여대 이남영이 돋보인다. 이화여대 어수영, 연세대 신명순 등도 그의 지적 세례를 받은 학자로 손꼽히고 정치학 분야에서 2세대 행태주의 계열 학자로 분류되는 서울대 장달중, 길승흠 등도 그의 영향을 받은 학자들이라 할 수 있다.

그런데 이들이 공통적으로 안고 있는 문제는 과연 자신들의 방법으로 정작 정치학에서 해명하려 했던 '정치'라는 대상이 얼마나 해명되었는가 하는 것이다. 오히려 방법주의의 굴레에 사로잡혀 정치학의 본래적 관심사에서는 멀어졌다는 비판을 강하게 받고 있는 것이다. 이 점은 앞으로 경험적 정치학을 지향하는 학자들이 계속 염두에 두고 극복해 나가야 할 사항으로 보인다.

6. 걸음마 단계의 '한국 정치학'

한국 정치학은 강조점을 어디에 두느냐에 따라 두 가지 의미를 갖는다. 한국을 대상으로 하는 정치학이 하나이고 한국에서 이루어지는 제반 정치학이 그것이다. 엄격한 의미의 한국 정치학은 그래서 전자를 말한다.

우리나라 대학들에서 '한국정치론'이란 강좌가 생겨난 것은 1970년대 후반이다. 그 이전까지는 외교사나 정치사의 관점에서 '한국 정치'를 다룬 적은 있어도 현대적인 정치학 방법론을 통해 접근이 이루어진 적은 거의 없었다. 유신체제가 한창 극에 달했던 1970년대 말 갑작스러운 '한국정치론' 강좌의 설치는 당시 학계 전반에 밀어닥친 '한국학' 붐과 무관치 않았지만 좀 더 정확히 말하면 '한국적 민주주의론'을 연구시키고 전파하려는 정권 측의 의도가 있었기 때문으로 풀이된다.

이에 대한 학계의 대응은 크게 두 가지로 나뉘었다. 하나는 한국 정치를 행태주의와 접목하는 부류였고, 또 하나는 한국 정치를 '한국적 민주주의'에 입각해 정리하려는 시각이었다. 첫 번째 부류에는 한국 정치에 관심을 가졌던 대부분의 행태주의자들이 속한다. 한배호(고려대), 윤형섭(연세대), 민준기(경희대), 김계수(한국외국어대) 등이 그들이다. 두 번째 부류는 한국적 민주주의론에 바탕을 둔 한국정치학자군이다. 한승조

(고려대), 양동안(한국정신문화연구원) 등으로 대표되는 이들은 '국민윤리'로서의 정치학 혹은 우익이론으로서의 정치학을 노골적으로 내세웠다는 점에서 특이성을 갖는다.

행태주의자들에 의한 한국 정치학은 관련 연구자들의 수에 비해 연구 성과가 미미하다. 대부분 '외국 이론의 한국적 적용'이라는 단순도식에 머물러 독창적인 연구가 나오지 못한 때문이다. 우익학자들에 의한 한국 정치학은 성과 여부를 떠나 학계의 외면으로 별다른 영향력을 갖고 있지 못하다. 게다가 권위주의시대가 지나가고 민주정치의 가능성이 점차 높아가면서 그들이 내세운 '한국적 보수주의' 이념은 설 자리를 잃고 있는 느낌이다.

반면 특정한 방법이나 이념에 얽매이지 않고 한국 정치학에서 가장 풍부한 연구 성과를 낸 학자는 김학준이다. 『러시아혁명사』의 저자이기도 한 그는 1980년대 초반부터 한국 정치 분야에 관심을 쏟아 『한국정치론』, 『한국정치론사전』 등 굵직한 연구서들을 연달아 내놓아 이 분야에서 독보적 위치를 구축했다는 평을 듣는다.

1980년대의 '적극적인 현실 참여'가 학자로서의 흠으로 지적되기도 하지만 관직에서 물러난 후 단국대 대학원 교수직을 맡아 다시 학계로 돌아왔다. 그는 『전환기 한국외교의 시련과 극복』이라는 저서를 펴내며 왕성한 의욕을 보였다. 최근에는 단국대 이사장을 맡아 강단에서는 떠나 있는 상태이다.

한국정치론이 본격화된 지 10년 남짓한 데다 권위주의 잔재가 충분히 청산되지 못한 상태이기 때문에 자료나 문제를 보는 시각 면에서 아직도 부족한 점이 많다. 김학준의 작업도 아직은 자료 정리 수준을 넘어서고 있다고 말하기는 어렵다. 그에 대해 비판적인 사람들은 김학준의 연구 성과에 대해 '아직은 평면적 연구에 머물고 있다'라고 지적하기도 한다.

'한국 정치에 대한 한국적인 연구'는 권위주의 정권의 필요에 의해 제기된 것인지 모른다. 실제로 학문을 정권의 이익에만 봉사케 함으로써 학문의 권위를 실추시킨 학자들도 있고 역량 부족으로 한국 정치학의 '한국화'에 미처 이르지 못한 학자들도 있다. 그러나 이들이 일궈 놓은 한국 정치 또는 한국 정치학에 대한 관심 제고는 1980년대에 소장 정치학자들에 의한 '한국 정치 연구 붐'으로 이어지게 된다.

7. 비주류 정치학의 존재

한국 정치학계의 주류는 연구자 수나 경향 면에서 행태주의 계열이라고 할 수 있다. 이는 1960년대에 행태주의가 도입된 이래 1990년대를 넘어선 지금까지도 그대로 이어지고 있다. 물론 1980년대를 지나면서 고전적인 의미의 행태주의는 퇴색됐고 지금은 경험적 접근방식이라고 부르는 것이 더 정확할 것이다.

이런 가운데도 과학적 방법보다는 우리의 현실을 더 중심에 둔 연구 경향이 비록 소수였지만 분명히 우리 정치학계에 존재했다. 이때의 현실이란 주로 '후진국 정치'와 '민족주의' 문제였다. 이런 경향은 주로 독일과 일본에 유학했던 학자들에 의해 주도됐으며 일부 미국 유학 출신자들도 가담했다. 이들을 '비판적 정치학'이라는 카테고리에 함께 포함시켜도 무방할 것이다. 이 중에서 특히 독일 유학자들은 후진국 정치론에, 일본 유학자들은 민족주의 문제에 각각 깊은 관심을 보였다.

성균관대 윤근식은 해외 유학 제1세대에 속하면서 동시에 비판적 정치학의 선두주자이다. 독일 괴팅겐대학에서 후진국 정치발전론을 전공한 윤근식은 냉전이 극에 달해 있던 1970년대 초반부터 '반냉전' 논리에 입각해 사회비판적 시각에서 '사회 있는 정치학'을 추구했다. 이에 따라 그는 미국식 정치학의 토대가 되는 체계이론에 대해서도 비판을 가했다. '체계란 현실에 존재하는 것이 아니라 현실을 분석하기 위한 개념적 보조 수단에 불과하다'라는 것이다. 이는 무색무취의 기능적인 행태주의 정치학을 그 뿌리에서부터 공격하는 것으로 학계의 큰 관심을 모으기도 했다.

윤근식의 또 하나 업적은 한국 정치학의 이념적 지평을 제한된 범위에서나마 넓혔다는 것이다. 이는 『제3세계의 이데올로기와 정치』, 『사회민주주의론』이라는 저서들을 통해 구체화되었다. 국내외적으로 이념적 제약이 심하던 시기에 이루어진 윤근식의 이 같은 작업은 분명히 높이 평가받을 대목이다.

1980년대 후반이 되면 '비판적 정치학'의 제2세대인 김세균(서울대), 박호성(서강대) 등이 등장하게 된다. 이들은 정치학 내에서 좌파적 지평을 확고히 한 학자들로 분류할 수 있다. 아직은 단편적인 논문이나 평론을 통해 입장 개진에 그치고 있는 수준이지만 이들이 앞으로 보여줄 정치학의 연구 성과는 많은 소장 학자로부터 기대를 모으고 있기도 하다.

일본 유학 출신으로 주목을 끄는 학자는 단연코 최상룡(고려대), 김영작(국민대)이다. 1964년 함께 서울대 외교학과를 졸업하고 일본 동경대로 유학을 떠난 이 두 사람은 같은 해인 1972년 박사학위를 받았다. 두 사람 모두 주제는 한국의 민족주의 문제. 1960년대 초 대학 재학 시절 가장 격렬하게 고민해야 했던 '민족주의' 문제를 학문적으로 해명해 나갔다는 점에서 '이론과 실천의 올바른 연결'을 보여주었다는 평가를 내릴 수 있다.

그러나 김영작은 5공화국 출범에 깊이 관여하면서 학문적 명성에 손상을 입게 된다. 지금은 강단에 복귀한 상태이다. 최상룡은 한동안 한국 민족주의와 일본 정치 문제에 심혈을 기울이다 1980년대 중반부터는 '평화' 문제에 큰 관심을 쏟고 있다. 고려대 '평화연구소'를 의욕적으로 이끌며 1992년에는 『평화의 정치사상』을 펴내기도 했다.

미국 유학을 했지만 한국 정치학의 고유성에 관심을 기울인 문승익(중앙대)은 학계에서 특이한 존재로 꼽힌다. 1970년대 초반부터 한국 정치 혹은 한국 정치학의 '주체' 문제를 제기해 『주체이론』, 『너와 나와 우리』, 『정치와 주체』 등의 저서를 냈다. 그는 "한국 정치 발전은 누구를 위한, 누구에 의한 변화인가"라는 원론적이지만 본질적인 문제를 제기하고 이를 해명하는 데 자신의 학문적 생애를 바쳤다. 이 같은 문제의식에 입각한 문승익은 "기존의 실증주의적 혹은 행태주의적 접근방법은 체계 개념에 전적으로 의존하는 바람에 정치발전의 주체가 개입될 공간이 전혀 없다"라고 종래의 접근법을 비판하고 '주체 있는 정치학'을 강조했다.

그러나 이처럼 주류정치학에 대한 비판적 논의들이 계속 제기됐음에도 불구하고 일정한 학맥을 형성하지 못하고 '고립된 섬'과도 같은 주장에 머물고 만 것은 외부적 상황 요인도 있었겠지만 자신의 주장에 값하는 연구 성과를 내지 못한 데도 이유가 있었다고 해야 할 것이다.

8. 진보 정치학의 선구자 최장집

1960년대와 1970년대의 한국 사회는 급속한 산업화와 1인 장기 집권으로 특징지어진다. 이러한 양대 문제가 누적돼 1980년대가 되면 그 부작용에 대한 반작용으로 각종 저항운동이 활발해진다. 때로는 반정부나 반체제운동으로 때로는 노동운동으로 때로는 빈민운동으로 나타난 것이다.

정치학적 입장에서 보면 이런 사태는 정치학이 더 이상 정치 영역만으로 성립될 수 없음을 의미한다. 그러나 1980년대 중반까지만 해도 국내 정치학계는 미국 정치학의 일방적 영향하에 있었기 때문에 정치 영역뿐만 아니라 사회 영역과 경제 영역을 두루 포괄하는 정치학, 즉 정치경제학의 전통을 전혀 갖고 있지 못했다.

자극은 외부에서 왔다. 남미의 정치학자 오도넬이 제기한 '관료적 권위주의'이론이 사회학자 한상진에 의해 정치학계에 소개된 것이다. 관료적 권위주의이론이란 노동집약적 소비재산업 단계에서 자본집약적 중화학공업 단계로 산업화 단계가 높아지면 정치의 권위주의화도 병행된다고 주장하는 이론이다. 1980년대에도 5공화국의 권위주의 정권이 계속되면서 민주화에 대해 절망하고 있던 소장 학자들은 이 이론에 기대어 유신체제와 당대의 정치를 설명하려고 시도했다.

관료적 권위주의이론이 한 나라의 정치 현상을 그 나라의 경제체제 성격에 한정시켜 설명하려고 했던 것이라면 종속이론은 설명의 틀을 발전과 종속의 구조를 지닌 세계경제체제의 틀에서 한 나라의 경제적 특징을 설명하고 이에 따라 정치 현상도 해명하려는 움직임을 가져다주었다. 종속국가의 정치체제란 '주변부 사회 경제의 생산체제와 계급구조가

응축돼 드러난 결과'라는 것이다. 이 또한 관료적 권위주의이론과 함께 한국과 같은 개발도상국은 필연적으로 민주화가 불가능하다는 결론을 담고 있었다.

그 밖에도 한국의 민주화 가능성에 대해 부정적 전망을 내린 이론으로 조합주의이론, 네오마르크스주의 국가론 등이 국내 정치학계에서 활발하게 논의되었다. 그러나 이들 이론은 1987년 6월 항쟁과 함께 민주화의 가능성이 확보되고 점진적인 개량 조치들이 취해지면서 설득력을 잃기 시작했다. 1992년 대통령선거로 문민정부가 출범하면서 이들 이론들은 사실상 자취를 감추다시피 했다. 현실에 의해 반증된 셈이다.

그러나 '경제 있는 정치학'의 선봉 역할을 했던 최장집(고려대)의 작업은 생명력을 유지하고 있다. 그것은 최장집의 문제틀이 방금 말한 각종 경제결정론에 빠지지 않고 '한국의 민주화'라는 문제를 축으로 놀라운 탄력성을 보여 왔기 때문으로 볼 수 있다. 그는 1983년 귀국 이후 지난 10년간을 "어떤 결론을 내리기보다는 관찰과 경험을 축적하는 시기"였다고 말했다. 물론 그도 관료적 권위주의이론에 깊은 관심을 보였고, 그람시의 헤게모니론을 국내에 가장 일찍 소개하며, 네오마르크스주의 국가론에도 기울었던 것이 사실이다. 그러나 최장집은 그 이론들을 신봉하거나 그것들에 탐닉하지 않고 일정한 거리를 유지했다.

이처럼 일정한 거리를 유지하며 한국 정치를 읽어내려 했던 기록이 지금까지 그가 펴낸 세 권의 저서에 순차적으로 담겨 있다. 1988년의 『한국의 노동운동과 국가』, 1989년의 『한국현대정치의 구조와 변화』, 1993년의 『한국민주주의의 이론』 등이 그것이다. 그의 책에는 그래서 특정한 외국 이론가에 대한 소개가 없다. 자신이 외국 이론을 소화한 다음 한국 정치를 설명할 때 배경에 깔아 버리기 때문이다.

그의 학문적 관심사는 일관되게 민주주의의 문제이다. 달라진 게 있다면 강조점의 축이 경제 영역에서 윤리 영역으로 옮아간 것이다. 그는 민주화 문제를 종합적으로 파악하기 위해서는 1) 정치지배체계로서의 국가의 성격과 구조, 2) 국가와 시민사회를 매개하는 정당, 3) 경제적 생산의 사회적 조직과 문화, 4) 윤리체계로서의 시민사회 등 4대 측면이 고려돼야 한다고 본다. 앞의 세 가지 측면은 앞서 말한 세 권의 저서를 통해 나름대로 해명했다. 남은 것은 '윤리체계로서의 시민사회'를 밝히는 일이다. 그는 최근 저서에서 "그동안의 관찰과 경험을 통해 이상적인 정치공동체의 실현은 시민윤리와 교육의 문제이며 그 합슴으로서 사회윤리의 문제로 귀결된다는 인식이 점차 커지고 있다"라고 고백하고 있다. 앞으로 최장집의 학문 방향을 암시하는 대목이다.

9. 변두리 학문으로 전락한 한국 정치사

한국 정치사는 역사학뿐만 아니라 정치학에서도 가장 기초적이고 중요한 분야이다. 그러나 여러 학문의 경계선에 위치한 분야가 대개 그러하듯 학문의 주류가 되지 못하고 변두리 학문으로 전락한 것이 '한국 정치사'의 현주소이다.

이 점을 한흥수(연세대 정치학)는 두 가지로 나눠 설명한다. 하나는 정치학 내부 요인이다. 1960년대에 와서 미국식 정치학이 큰 물결을 이루면서 역사-제도-사상을 탐구하는 학문은 구식이라고 해서 맹목적으로 배제하는 풍토가 생겨났다. 이런 분위기에서 한문이 필수적인 한국 정치사를 공부하는 여건이 마련될 수 없었다는 것이다.

또 하나는 정치학 외부에서 온 이유이다. 역사학계에서 기존의 정치사는 왕조사에 불과했다며 정치사를 배척하는 풍토가 생겨나면서 역사학 내부에서도 정치사는 주변부로 내몰렸다. 한 교수는 이와 관련 "왕조사를 정치사와 혼동함으로 인해 더욱 철저히 연구했어야 할 한국 정치사가 오히려 공중 분해되고 말았다"라고 진단했다.

이런 가운데도 소수의 학자들이 중심이 돼 '한국 정치사' 연구의 맥은 실낱같이 이어졌다. 지금은 학계를 떠나 독립기념관장을 맡고 있는 최창규(전 서울대 교수)는 『근대한국정치 사상사』라는 저서에서 전통적 방법에 입각해 구한말의 위정척사를 한국 정치의 정맥正脈이라고 파악했다. 그래서 그의 연구 경향은 보수적인 입장을 띠고 있다.

한흥수는 근대화의 시각에서 개화기 정치를 조명하는 데 학문적 노력을 쏟고 있다. 그는 위정척사보다는 독립협회 등의 움직임에 더욱 주목하며 자생적인 근대사상의 맹아를 찾는 데 주된 관심을 기울였다. 이 같은 그의 학문 내용은 『근대한국민족주의연구』에 담겨 있다.

유영익(한림대 근대사)의 학문 이력은 '한국 정치사'라는 분야가 처한 주변부적 성격을 단적으로 보여준다. 원래 전공이 정치학이었던 유영익은 일본제국주의를 제대로 알기 위해서 총독부 이전에 설치됐던 통감부를 전공하게 되는데 이는 그의 전공이 정치학에서 사학으로 바뀌는 계기가 됐다. 결과적으로 유영익의 학문은 사실(역사학)과 이론(정치학)이 균형을 이루게 됐다.

그리고 이택휘(서울교대 정치학)는 위정척사운동을 근대적·분석적 시각에서 접근해 새로운 지평을 열었다는 평가를 받고 있다. 그의 학문적 성과는 『조선후기 정치사상연구』에 담겨 있다. 이택휘 교수는 한국 정치사 분야의 유일한 학술 단체인 '한국정치외교사학회'를 이끌고 있기도 하다. 중진 교수급으로는 현재 이들 이외에도 김영작(국민대), 신복룡(건국대) 등이 한국 정치사에 일정한 기여를 하고 있다.

이들의 학문 성향은 민족주의 문제를 중핵으로 하는 특징을 갖고 있다. 동시에 '근대'나 '근대화'를 어떻게 볼 것인가라는 문제의식이 언제나 저변에 깔려 있다. 그것은 시대 분위기를 반영한 것으로 식민지를 경험한 나라의 지식인들이라면 일반적으로 갖게 되는 사고방식이라고도 볼 수 있을 것이다.

한국 정치사에 대한 보다 학문적인 접근은 1980년대에 와서 시작된다. 미국에 대한 달라진 인식과 함께 한국 정치사 중에서도 해방 이후 현대사에 대한 관심이 집중되는 것이다. 이렇게 해서 해방, 미군정, 한국전쟁, 4·19, 5·16 등 현대사의 굵직굵직한 사건들을 보는 시각이 그 이전과는 판이하게 바뀌었다. 이런 학술 움직임은 주로 소장 학자들에 의해 주도되었다. 최근에는 대학원 정치학과에 재학 중인 석·박사 과정 과반수 이상이 한국 정치사를 공부할 만큼 분위기가 일신됐다.

그럼에도 불구하고 정치사상사와는 구별되는 본래적 의미의 정치사로서 조선이나 그 이전의 정치 현상에 대한 연구가 전무한 것은 정치학계가 안고 있는 과제가 아닐 수 없다. 정치사상사와 정치사는 분명 다른 것이기 때문이다. 또한 젊은 세대에게서 나타나는 현대사에 대한 지나친 편중 현상도 약간 시각을 달리해 보면 쉬운 분야만 골라 하겠다는 안이한 발상과 무관치 않다는 점에서 무조건 바람직한 현상이라고 볼 수는 없다.

10. 지역학의 등장

지금 세계 정치학계에서는 이론 중심의 국제정치학이 급속히 퇴조하고 현장 중심의 지역연구area studies가 급부상하고 있다. 그것은 냉전이 끝나고 경제전쟁 시대를 맞아 국제정치학도 자국 이기주의에서 면제될 수 없음을 의미한다. 이 같은 사정은 국내도 마찬가지다.

물론 지역 연구라 하면 정치 분야만을 포함하는 것이 아니라 해당 지역의 정치·경제·사회·문화 등을 두루 포괄한다. 과거에는 '중국 정치론'이라고 하면 순전히 국제정치이론적 관심에서 다뤄졌지만 이제는 경제전쟁의 제1선에서 중국 정치를 접근해야 한다. 이 같은 사정은 국내 정치학계에 급격한 세대교체를 가져오고 있다. 책과 이론에 의존하던 시대는 끝난 것이다.

이런 변화는 주변에서 쉽게 확인된다. 과거에는 국제정치학을 전공했다 하면 한반도 주변의 중국과 소련, 미국과 일본 등을 두루두루 강의하는 것이 일반적 관행이었다. 이제 이렇게 해서는 곤란하다. 중국이면 중국, 일본이면 일본 하나만을 구체적으로 파고들어야 전문가로서 권위를 인정받을 수 있다.

미국 연구는 지역 연구 중에서도 가장 취약한 부분이다. 미국 전문가라고 해야 이삼성(한림대) 한 명만을 손꼽을 수 있을 정도이다. 예일대 출신의 이삼성은 1980년대 말 귀국 이후 발표한 각종 논문들을 통해 미국의 정보기관과 대對 제3세계 정책 결정 과정에 대한 탁월한 연구 성과를 내놓았다. 국내 정치학자들의 90%가 미국에서 공부했음에도 불구하고 이처럼 미국 전문가가 '단 한 명'뿐이라는 사실은 한국 정치학계의 풍토가 얼마나 잘못되었는지를 단적으로 보여준다.*

*

"미국과 한미관계에 대한 우리의 인식은 무엇보다도 미국의 비전 및 이해관계와 우리의 그것들을 객관적이고 자각적으로 분리시키는 데서 출발해야 할 것입니다."

미국 문제 및 한미관계에 대한 '한국적인' 인식틀을 모색해 온 소장 정치학자 이삼성(한림대 정치학)이 최근의 연구 성과를 모아 『현대미국외교와 국제정치』, 『미국의 대한정책과 한국민족주의』 등 두 권에 담아냈다. 그는 이 책들에서 '진보적 민족주의' 시각으로 한미관계를 봐야 한다고 강조한다.

"일부에서는 국제화 시대에 민족주의는 시대착오라고 말합니다. 그러나 민족주의는 원래 국제적 상호작용이 심화될 때 발전하는 것입니다. 물론 민족주의가 단순한 배외주의排外主義로 오해돼서는 안 되겠지요."

『현대미국외교와 국제정치』는 20세기 미국 외교의 흐름, 미국의 외교정책 결정 과정, 미국 사회의 권력구조, 미국 군사정책과 핵정책, 미국 외교에서 CIA의 역할 등 미국 외교에 대한 비판적 이해를 위해 다양한 각도에서 접근을 시도한다. 특히 미국 외교의 비공개 측면으로서 CIA에 대한 분석은 돋보이는 학문적 성과로 꼽힌다.

"미국 외교에 대한 우리 학계의 기존 연구들은 대부분 미국과 국제정치의 본질을 정확하게 이해하는 데 불가결한 정보를 제공하기보다는 현학적인 서술로 그것들을 접근 불가능한 것으로 만들고 미국의 주요

---

* 이어지는 글은 필자가 쓴 《문화일보》 9월 27일 자 기사다. 이 글은 이삼성 교수가 동시에 펴낸 두 권의 저서 『현대미국외교와 국제정치』와 『미국의 대한정책과 한국민족주의』에 대한 서평이다. 참고 삼아 그대로 전재한다.

이론가들이나 그들의 이론을 신비화시키는 경향이 있습니다."

그는 한 예로 1990년대 미국 외교 노선 갈등을 국제주의와 고립주의 갈등으로 이해하는 일부 국내 학자들의 견해에 대해 "이는 피상적인 관찰이며 국제주의를 견지하는 가운데 현실주의와 자유주의 노선이 내부적으로 갈등을 빚는 것"이라고 반박했다.

『현대미국외교와 국제정치』가 미국 외교 일반에 관한 비판적 개괄서라면 『미국의 대한정책과 한국민족주의』는 1980년 광주항쟁을 단서로 해서 미국의 대한對韓정책을 민족주의적 시각에서 인식하려고 노력한 연구서이다. 그는 '1980년 광주'를 "한국의 진정한 민주주의의 성장과 발전에 대해 미국의 대한對韓정책이 갖는 모순된 성격을 극명하게 드러낸 계기였다"라고 분석한다. 이를 위해 그는 한국 현대사에서 점증돼 온 한국민들의 민족적 자각과 민주화운동을 정리한 다음 제3세계에 대한 미국의 정책이 '반反민주적'이었음을 구체적인 사례를 통해 입증한다. 한국과 월남과 필리핀의 경우가 그것이다.

이 책의 가치를 높여 주는 것은 저자 스스로 '비판적 현실주의', '진보적 민족주의'라고 부른 독자적인 전망과 함께 풍부한 자료라고 할 수 있다. 특히 광주에 대한 미국의 이중적 태도를 입증하기 위해 미 국무부의 광주답변서를 포함, 미국 학계나 언론계의 광주 관련 문건들을 엄밀하게 분석·평가한 것은 정치학의 연구 수준을 한 단계 끌어올리고 있다.

일본 연구 전문가로는 신희석(외교안보연구원), 한상일(건국대) 정도를 꼽을 수 있다. 신진 연구자로는 배정호(연세대 강사)가 있다. 연구 수준은 일본 근대정치사를 정리하는 정도이고 주제별 연구는 전무하다. 최근 일본이 자민당에서 비자민당 연합 세력으로 역사적인 정권교체를 이루었어도 학계가 그 의미에 대해 분석·평가조차 제대로 하지 못하는 것은 이러한 일천한 연구 성과 때문이라고 보면 된다.

중국 연구 전문가로는 서진영(고려대)이 독보적이다. 중국과는 최근까지 국교가 없었던 데다가 세계정치가 미소 양대국을 중심으로 전개되는 바람에 중국 연구는 사실상 '개점휴업' 상태였다. 다만 한양대 중소문제연구소(소장 유세희)가 기초 연구를 진행해 놓은 정도이다. 그러나 최근에는 소장 학자들이 중국 현지로 유학을 떠나는 추세이기 때문에 수년 후에는 상당히 활기를 띨 것으로 전망되는 분야이다.

러시아 연구 또한 빈곤하기는 마찬가지이다. 양승함(연세대), 하용출(서울대) 정도가 전문가로 꼽힌다. 그러나 최근 한-러관계가 급속도로 가까워지면서 이 분야에 대한 수요가 팽창하고 있는 추세이며 신진 연구자들도 늘어날 전망이다.

북한 연구는 1980년대 후반까지도 자유로운 자료 이용 제약 등으로 인해 관변 연구기관에 의해서 일방적으로 주도돼 왔다. 그러나 최근에는 자료에 대한 접근이 용이해지면서 일반 학자들에 의한 연구 성과도 나오기 시작하고 있다. 그러나 북한 자체가 워낙 폐쇄적인 데다가 '통일'이라고 하는 당위적 명제가 워낙 강하게 학계를 지배하고 있기 때문에 북한에 대한 과학적 연구를 가로막는 장애가 되고 있다. 북한 정치에 대한 전문가로는 양성철(경희대), 이종석(세종연구소), 전현준(민족통일연구원) 등이 있다.

현재 국내 정치학계의 지역 연구는 이처럼 정작 필요한 연구를 하려면 연구 인력이 거의 없는 외화내빈外華內貧 현상을 뚜렷이 보이고 있다. 동시에 최근 유학에서 돌아온 소장 학자들 중의 상당수는 외국에서도 인정받은 지역 연구 전문들이다. 실력에 의한 학계의 세대교체가 임박

했다는 신호이다.

11. 신세대 정치학자들의 출현

1992년 12월 18일 14대 대통령선거 개표일 당시 서울의 한 호텔에서는 소장 정치학자 10여 명이 초조한 마음으로 개표 결과를 지켜보며 밤을 새고 있었다. 이들은 한국선거연구회 멤버들로 선거가 진행 중인 동안 나름대로 조사한 결과를 토대로 후보자별 예상 득표율을 미리 제시해 놓고 누가 가장 근접하는지 맞춰 보기 위함이었다. 19일 새벽 득표율 윤곽이 드러났을 때 한림대 K모 교수의 예상치가 99% 적중했다.

그 후 쏟아지는 잠을 쫓아가며 두 시간가량 토론이 이어졌다. 비교적 가깝게 적중한 사람은 어떤 방법을 사용해 어떻게 접근했는지 그리고 커다란 차이를 보인 사람은 어디서 잘못을 저질렀기에 그 같은 결과가 나왔는지를 상호 점검했다. 충분한 토의를 거쳐 자신들의 접근 방법이 가진 상난점에 대한 파악을 어느 징도 끝낸 후에야 지리가 파하고 각자 귀가했다.

신세대 정치학자들의 연구 패턴을 단적으로 볼 수 있는 모습이다. 자칫 오해받기 쉬운 '선거'라는 민감한 문제를 말 그대로 '학문적으로' 접근하는 모델을 보여준 셈이다. 이들은 한참 시간이 흐른 후에야 대통령 선거의 의미에 관한 분석을 주제로 집담회를 가졌다. 이 또한 선거가 끝나자마자 매스컴에 등장해 "나는 이미 이런 결과가 나올 줄 알고 있었다"라는 식의 논평을 가하는 기존 학자들의 접근 태도와는 판이한 것이다.

이처럼 현장과 토론을 중시하는 신세대 정치학자들은 그래서 소규모 공동 연구모임을 만드는 데 적극적이다. 여기에는 이들의 취지에 공감하는 중진 교수들도 참여하고 있다. '정당연구회', '정치경제연구회', '공산권연구회', '동남아연구회' 등이 그것이다. '학회'라는 권위적인 명칭은 가급적 피한다.

이런 변화는 정치학 연구자의 급속한 증가를 배경으로 한다. 최근의 이 같은 변화를 한 정치학자는 '수적인 증가가 질적 변화로 이어지는 과정'이라고 설명했다. 관심 분야가 다양하게 세분화되면서 전문성이 높아지기 때문에 포괄적인 주제의 토론은 무의미해지고 있다. 소규모 '연구회'가 무게를 더하게 되는 것은 바로 이 때문이다.

관심사의 변화도 눈에 띈다. 최근 10년간의 정치학 박사학위 테마를 조사한 한 연구 결과에 따르면 절반 이상이 '한국 정치'와 관련된 공부를 한 것으로 집계됐다. 1980년대를 거치며 '한국적인 정치학'에 대한 강조가 가져온 결과이다. 국제정치학도 70%가량이 한국과 관련된 연구들로 이뤄져 있다.

그러나 이런 변화 속에도 개선의 여지는 많다. 먼저 한국 정치학의 도입 단계부터 뿌리 깊게 자리 잡은 계량적 방법과 역사·구조적 방법 간의 거리감이 전혀 좁혀지지 않고 있다. 양 진영은 서로 자신들만의 패러다임에 머무는 자폐증에서 조금도 헤어나지 못하고 있는 것이다.

전공의 편식 현상도 개선해야 할 문제점이다. 지나치게 행태주의에 경도됐던 1960~1970년대의 학풍도 문제이지만 무조건 한국과 관련된 정치학만을 해야 한다는 식의 사고방식도 위험하다는 것이 학자들의 지적이다. 한국 정치도 중요하지만 이론이나 사상도 중요하고 계량적인 방법도 의미 있는 작업이라는 것이다.

기성 정치학자들의 현실 정치권 밀착 현상도 신세대 정치학자들이 거부감을 갖는 대목이다. 소장 학자들 중 일부는 벌써부터 정치권 진입을 도모하는 바람직하지 못한 행태를 보여주고 있지만, 대부분의 소장 학자들은 현실 정치의 일회용 소모품으로 이용되고 만 선배 학자들의 행태에 대해 비판적이다.

국내외에서 박사학위를 취득하고 교수 예비군에 편성돼 있는 정치학자군만 해도 전국적으로 200명 선을 넘고 있다. 이들의 학문적 능력이 발휘될 수 있는 여건을 마련해 주는 일도 한국 정치학계가 내부적으로 안고 있는 힘든 과제 중 하나일 것이다.

7장

법학

1. 일제와 수험법학이라는 이중 구속

한국 법학은 전체적으로 파산 직전에 처해 있다는 것이 뜻있는 많은 법학자의 공통된 지적이다. 법대는 사실상 고시학원일 뿐이고 '학문으로서 법학'은 공허한 낱말이라는 것이다. 이렇게 되면 법대 교수는 고시학원 강사쯤 되는 셈이다.

대학입시가 치러지면 으레 최상위권 점수를 받은 인문계 학생들은 법대를 지원해야 한다는 것이 우리 사회의 오랜 통념이다. 이처럼 가장 우수한 인력이 모인다는 법학이 왜 이 같은 파산 임박 선고까지 받게 되었는지에 대한 해답은 의외로 간단하게 얻어낼 수 있다.

그것은 크게 두 가지이다. 하나는 국내 법학 성립 과정에서 찾을 수 있고 또 하나는 법학과 응용 분야의 역학관계에서 구할 수 있다.

한국 법학 성립 과정, 그것은 한마디로 식민지 유산의 불완전한 청산으로 요약된다. 법학계의 일제 잔재 청산에 지속적으로 문제 제기를 해오고 있는 한상범(동국대)은 "해방 후 미 군정하에서 일본 법령 및 법제 행정 체계를 답습한 데다가 교수 요원이 전무하다시피 해서, 일제 때의 관리나 대학 졸업자들이 일본 법령, 일본 판례, 일본 교과서로 법학 교육을 맡았기 때문"이라고 설명한다.

그에 따라 제1세대 학자들은 대부분 일본 동경대 법학 교수들의 이론을 무차별 도입하게 되는데 이 과정에서 남의 이론을 적당히 자기 것처럼 꾸민 도용, 번안, 표절 등이 횡행한 것은 지금도 악영향을 미치고 있다. 또한 이와 관련된 현상으로서 학문으로서의 법학을 탐구하는 전통을 확립시키지 못해 법학의 토착화에 부정적 영향을 끼친 점도 지적돼야 할 것이다.

법학의 발전을 가로막은 또 하나의 큰 장애는 법조계 등 응용 분야에 법학이 예속된 현상이다. 법학자와 실무법조인의 갈등은 어제오늘 일이 아니다. 법학자들은 법조인에 대해 '법 기능인에 불과하다'라고 보는 반면 법조인들은 '실무에 대해 전혀 알지 못하면서 현장에 도움되지 않는 공허한 소리만 한다'라고 대응하는 식이다. 문제는 대다수 학생들이 법학에서 기대하는 것이 수험법학이라는 데 있다.

사실 이 두 가지는 학문으로서의 법학이 성립되지 않는 데 따른 두 가지 현상이라고 할 수 있다. 동전의 양면인 셈이다. 좀 더 구체적으로 말하자면 일제의 영향과 초창기 법학자들의 자질 부족으로 학문으로서의 법학이 제대로 자리를 잡지 못하자 법학은 자기 영역을 확보하지 못했고 이에 따라 자연스럽게 법조 실무계에 예속된 것이다.

같은 법이라 하더라도 법학자가 법을 대하는 태도와 판·검사나 변호사 등 실무법조인들이 법을 대하는 태도는 다를 수밖에 없다. 통상 법학자는 기존의 법 자체에 대해 지속적인 의문을 제기하면서 접근하지만 법조인들은 기존의 법은 '주어진 것'으로 간주한 상태에서 '적용'에만 관심을 기울인다. 이것은 어쩌면 상식에 속하는 내용인지 모른다. 그런데 우리나라 법학계는 초창기부터 실무법조인들에 의해 장악되면서 심하게 말한다면 '어떻게 하는 것이 법학을 하는 것인지'도 모르면서 실무가들처럼 주석이나 해석에만 매달려 왔던 것이다. 이것이 어쩌면 우리 법학계가 극복해야 할 최대 과제라고 할 수 있을 것이다.

좀 더 구체적으로 말하면 실무법조인들이 대학에 진출해 충분한 학문적 훈련도 없이 강단에 섰기 때문에 법학 이론의 부재를 초래했고 이것이 하나의 전통으로 자리 잡아 법학에서는 마치 이론은 하지 않아도 되는 것처럼 여겨지게 되었다. 굳이 이론이 있었다고 한다면 법실증주의나 순수법학, 즉 모든 법은 주어진 것이며 입법 과정의 정당성 등에 대해서는 의문을 던질 생각조차 안 했던 것이다. 이러니 법학자는 사실상 법기술자로 기능할 수밖에 없었다.

헌법, 민법, 상법 등 분야별로 100여 종에 가까운 각종 개론서들이 대형서점 법학 분야 서가를 가득 메우고 있는 현실이 한국 법학계의 이 같은 한심한 상황을 단적으로 말해 준다. 분야별로 개론서를 제외하고 나면 '연구서'라고 할 만한 단행본은 다섯 권을 넘지 않는 경우가 많다. 대형서점 법학 분야 서가는 이처럼 우리 법학의 실상이 적나라하게 드러나는 현장인 것이다.

이상은 법학 내적 원인이지만 법학의 발전을 가로막는 외적 원인도 심각하다. 한국인들의 낮은 법문화가 그것이다. 법학처럼 끊임없이 사회 현실과 교류해야 하는 분야에서 낙후된 현실은 곧바로 이론의 성장을 옭아매는 족쇄인 것이다. 크게 보면 한국 사회는 국가 차원의 법질서보다는 지역공동체의 윤리 규범이 사회질서 유지를 위한 보루였다고 할 수 있다. 그러나 산업화는 상황을 근본적으로 바꾸어 놓았다. 법질서 중심의 사회를 만들지 않으면 안 되었던 것이다.

그렇지만 정신적 가치가 물질적 가치만큼 빠르게 변화되지 않는다는 것은 사회과학이 확인해 준 보편적 상식이다. 그러다 보니 법의 가치가 한국 사회에서는 집권층은 물론이고 일반 민중들 사이에도 제대로 인식되지 못한 것이다. 집권층은 법을 통치 수단으로, 민중들은 법을 자신들을 구속하는 두려운 것으로 인식해 온 것이 최근까지의 우리 사회 법문화 수준이었다. 현실과 밀접한 관련을 가질 수밖에 없는 법학으로서는 이 같은 저급한 법문화는 곧 법학을 옥죄는 요인으로 느끼지 않을 수 없었던 것이다.

다행스러운 것은 1970년대와 1980년대를 거치며 일본식 관료 법학에 젖어 있던 제1세대 학자들이 학계를 떠나고 제2세대 학자들도 은퇴를 불과 몇 년 정도 앞두게 되면서 국내외에서 '학문으로서의 법학' 훈련을 받은 학자들이 학계에서 점차 늘어나 기존의 법학에 대한 비판의식이 점차 늘고 있다는 점이다. 이에 따라 과거에는 당연시되거나 심지어 높이 평가받기까지 했던 수험법학서 저술이 이제는 '학자로서는 부끄러운 일'이라는 인식도 확산되고 있다. 진정한 법학의 태동을 알리는 청신호인 것이다.

그리고 1995년 초부터 논의되기 시작한 사법시험 및 법학 개혁도 단순히 로스쿨을 만드느니 안 만드느니 하는 제도적 측면에 대한 논쟁보다는 이 같은 법학계의 불모성을 근원적으로 막을 수 있는 방법이라는 차원에서 접근되어야 한다. 현재의 사법개혁 논쟁을 보고 있노라면 전형적인 개혁 대상인 교수들이 이곳저곳에 나와 말도 안 되는 논리를 펴며 사법 개혁을 반대하는 일들이 벌어지고 있다. 이런 사람들에 대해서도 우리는 먼저 법학자로서 그 사람의 역량과 성과가 무엇인지를 물어야 한다.

2. 법학의 전사前史 : 법관양성소의 설립

조선시대까지 우리에게도 율학律學이라 해서 전통 법학이 있었다. 그러나 엄격한 의미에서 율학은 학문이 아니라 법기술론法技術論이었다고 보아야 할 것이다. 따라서 근대적 의미의 법학은 곧 서양 법학을 말하기 때문에 한국 법학 성립사는 다름 아닌 서양 법학 수용사이다. 그것도 대부분 일본을 매개로 한 것이다.

이런 의미에서 최초의 법학 교육기관은 1895년 고종 칙령 49호에 의해 설립된 법관양성소이다. 한국 법학 성립사를 연구해 온 최종고(서울대 법학)는 "법관양성소의 교과목은 법학통론, 민법, 민사소송법, 형법, 형사소송법 및 기타 현행 법률 등이었다"라며 "그 후에는 헌법, 행정법, 국제법, 상법 등이 추가되었다"라고 말한다.

그해 4월 16일 문을 연 이 기관은 1기생 50명을 뽑아 6개월간 속성교육을 거쳐 11월 10일 제1회 졸업생 47명을 배출했다. 그러나 오늘날로 치면 법대와 사법연수원 기능을 겸했던 법관양성소는 일제에 사법권이 넘어감에 따라 소속도 법부法部에서 학부學部로 바뀌고 명칭도 '법학교'로 개칭되었다.

보성전문학교도 1905년 법학과를 개설하는데 교수진은 일본에서 공부한 후 법관양성소 교수로 있던 사람들로 구성됐다. 여기에는 신해영, 석진형, 신우선, 유치형, 장헌식 등이 포함되는데, 유치형은 법학자 유진오의 부친이다. 당시의 교육 수준을 최종고는 "당시 커리큘럼을 보면 완전히 근대화된 법학 수준으로 짜여 있고 어느 면에서는 오늘날보다 더욱 현실적이고 전문적인 교과목 편성이라고 할 수 있다"라고 높이 평가했다.

그리고 보성관普成館이라는 출판부를 두어 주로 일본의 법학서들을 번역·편집해서 출판했는데 장주의 『신구新舊형사법규대전』(1906), 유성준의 『법학통론』(1907), 김상연의 『국가학』(1908), 주정균의 『상법통론』(연대 미상), 조성구의 『지방행정론』(1908), 『헌법』(1908) 등이 이때 나왔다. 그리고 1907년에는 보성전문 교수진이 주축이 돼 한국 최초의 법학전문 학술지 《법정학계法政學界》를 창간하기도 했다. 이처럼 비교적 활성화되던 법학도 1910년 일제 치하에 들어가면서 위축되고 만다.

일제 36년의 한국 법학을 평가하면서 최종고는 "한국인 법학 교수라고는 6~7인의 보성전문학교 교수, 각 1인 정도의 연희, 혜화, 명륜전문학교 교수가 있었을 뿐"이라며 "일제하 한국 법학을 한국 법학사의 흐름에서 어떻게 설명할는지는 이처럼 학자의 수에서부터 현저한 어려움을 맞게 된다"라고 안타까움을 표시했다.

일제하에서 법학을 전문적으로 가르치던 교육기관은 경성제대 법문학부 법률학과, 경성법학전문학교, 보성전문학교 법과 그리고 법정학교 등이 있었다. 물론 경성제대 교수진은 20명이 넘는 방대한 규모였으나 모두 일본인이었고, 법학 조수로 한국인으로는 유진오, 최용달, 서제원 등이 있었을 뿐이다.

여기서 '경성법학전문학교'란 법관양성소가 1922년 개편된 것으로 수업 연한은 3년이었으며, 일제 말기에는 경성고등상업학교와 병합돼 '경제전문학교'로 불리다가 해방 후 서울대가 발족하면서 경성제대 법문학부와 함께 서울대 법학과에 흡수되었다. 말하자면 서울대 법대의 전신前身인 것이다.

3. 한국 법학의 기초자 유진오

'법학, 문학, 교육, 외교, 정치를 한 생애에 농축시킨 인물' 유진오(1906~1987). 그가 거쳐 간 직책을 대충만 살펴도 초대 법제처장, 고려대 총장, 한일회담 한국 측 수석대표, 대한교련회장, 민중당 대통령 후보, 신민당 총재 등이다. 일반인으로서는 이 중에서 하나만 하기에도 벅차고 영광스러운 자리들이다. 그러다 보니 그에 대해서는 함부로 평을 한다는 것 자체가 불경스러운 것처럼 비치는 것이 우리 지식인 사회의 현주소이다. 그러나 그의 정신세계를 이해하는 결정적인 단서는 '법학자로서의 유진오'에서 찾을 수 있다. 그가 그처럼 많은 직책을 맡을 수 있는 지적 배경은 일관되게 법학이었기 때문이다.

해방되었을 때 대한민국에는 제대로 훈련받은 법학자가 그 한 명뿐이었다. 1929년 경성제대 법학과를 졸업하고 1933년부터 보성전문학교 교수로서 법학을 강의해 온 유일한 '정식' 교수였기 때문이다. 그래서 통상 국내 법학계에서는 그를 '우리나라 최고의 헌법학자'라고 부르지만 '학문 수준이 객관적으로 뛰어나서 그랬다기보다는 시작과 함께 1등일 수밖에 없었던 당시 학계의 현실 때문이 아니겠느냐'라는 비판적 시각도 존재한다.

실제로 그가 헌법과 관련해 출간한 저서들을 보면 정식 연구서는 전혀 없고, 『헌법해의』, 『헌법의 기초이론』, 『헌법강의』, 『헌법이론과 실제』 등 대부분 계몽을 목적으로 하는 해설서 수준의 책들이다. 따라서 저술들만 본다면 그를 뛰어난 학자군에 편입하기가 꺼려지는 것도 사실이다. 어쩌면 그것은 다른 분야에서의 눈부신 활약이 '학자 유진오'의 실체를 파악하는 데 장애가 되었기 때문인지 모른다.

기초적인 수준에서나마 학자 유진오가 관심을 쏟은 법학 분야는 크게 헌법, 국제법, 법철학 등이다. 국제법에 대한 관심은 뒤에 그가 한일회담 수석대표를 맡고 대한국제법학회 초대 회장을 역임하는 데 밑거름이 되었다. 그리고 체계적인 형태는 아니지만 민족정신과 민주주의를 양대 축으로 하는 나름의 현실관을 통해 법철학의 단초를 보여주기도 했다.

이처럼 전문연구자로 유진오의 학문 세계에 높은 점수를 주기는 어렵지만 법학의 실천과 계몽이라는 점에서 그가 보여준 역할과 위상은 분명 큰 것이었다.

먼저 유진오의 가장 큰 업적은 대한민국 헌법을 기초했다는 데서 찾아야 할 것이다. 물론 권력구조에 관한 자신의 구상인 '내각책임제와 양원제'를 이승만 대통령의 반대로 관철하지는 못했지만 제헌헌법의 기본 골격은 그 혼자서 만든 것이었다고 할 만큼 큰 기여를 했다. 그리고 학술 행정가로서 그는 불모지와도 같았던 한국 법학계를 일구는 데 결정적 역할을 했다. 최종고는 "아직 학문적 역량도 모르는 신진 학자 지망생들에게 전공을 떠맡기다시피 하면서 한국 법학계를 조각組閣했다"라고 평가했다. 또 법문화가 전혀 없던 시절에 신문·잡지 등에 기고한 100여 편이 넘는 각종 기고문을 통해 법의 중요성을 일깨운 것도 높이 평가받을 대목이다.

1966년 학계를 떠난 그는 정치에 투신해 야당 대통령 후보까지 맡지만 성공적인 정치인이 되지는 못했다. 그리고 제헌헌법을 기초하면서 의원내각제를 소신으로 했던 한 지식인이 대통령 후보가 되었다는 사실은 아무래도 역설적이다. 1987년 그가 세상을 떠났을 때 청장년 시절 몸담아온 고려대에 빈소를 설치하려다가 일부 교수와 학생들에 의해 좌절된 사건은 어려운 시대를 양지에서만 살다 간 지식인에 대한 평가가 좋을 수만은 없다는 교훈을 새삼 일깨워 주기도 했다.

4. 제1세대 학자군 : 일본 번안 • 도용 법학

엄밀한 의미에서 유진오는 '0.5세대'라 할 수 있고 1세대는 그에 비해 10
여 년 정도 연배가 낮은 학자들을 지칭한다. 서울대 법대 교수와 대학원
장을 지낸 김증한은 해방 직후의 상황을 이렇게 묘사하고 있다. "서울대
학교 법과대학은 1946년 경성대학의 법학과와 경성법학전문학교가 통
합되어서 이루어진 것이다. 보성전문학교는 1946년 9월에 대학으로 승
격되었는데 이때까지 법학을 가르치는 대학은 이 둘뿐이었다." 그 후 50
년까지 성균관대, 단국대, 중앙대, 연세대, 이화여대 등 열 개 대학에서
법학과가 설치되었다고 한다. 그렇지만 1세대의 주요 교수들은 주로 서
울대에서 배출됐다고 해도 과언이 아니다.

서울대의 경우 개교 당시 고병국이 초대 법과대학장을 겸해 민법총
칙을, 조임행이 물권법, 박관숙이 국제법, 장석만이 헌법, 유기천이 영미
법과 형법, 김증한이 서양 법제사와 대륙법 등을 담당했다. 그러나 정부
수립과 한국전쟁을 거치며 여러 가지 이유로 상당수 교수들이 강단을
떠나야 했고 그 과정에서 헌법-행정법에 엄민영, 한태연이, 민법에 정광
현이 새롭게 교수진에 보강되었다. 그리고 한국전쟁이 한창이던 1952년
에는 국제법에 이한기, 형사소송법에 김기두, 법철학에 황산덕, 상법에
서돈각 등이 교수진에 포함됐다.

이 중에서 끝까지 학자의 길을 걸으며 '개척자'로서의 역할을 충실히
했다고 할 수 있는 사람은 고병국, 김증한, 정광현, 이한기, 서돈각 등이

법학

며, 나머지는 주목할 만한 학문적 기여를 못 했거나 현실 참여 등으로 학계를 떠났다.

그런데 제1세대 법학자들의 공통된 불행은 우리의 고유한 법체계를 갖지 못하고 대부분 일본법을 그대로 가져다 쓰는 '의용依用 법체계'하에서 학문을 해야 했다는 점일 것이다. 그러다 보니 독자적 법률이론을 추구하기보다는 외국 이론을 가져다가 우리 현실에 적용하면서 나름대로 우리 법체계를 구축하는 일에 모든 정력을 다 쏟지 않으면 안 되었다.

이는 고병국에 대한 신상초의 회고담(1988년 《광장》 12월호)에서 적확하게 묘사되고 있다.

혜남(고병국의 호)은 끝내 민법학 저작을 한 권도 내놓지 않았다. 왜 그랬을까. 이 점에 관해 그는 1960년대 초 필자에게 다음과 같이 회상했던 일이 있다. "해방 전은 물론 건국 후 10여 년간 한국의 민법학이란 일본 민법학의 아류에 지나지 않는다.…우리 한국의 경우는 1950년대 말까지 일본의 민법과 민법 이론을 도입하면서 그것을 우리 체질에 맞도록 개선하는 데 급급했다. 그러므로 지금 간신히 독자적인 경지에 들어설까 말까 하는 단계에 놓여 있다. 내가 저서를 낸다고 하더라도 일본 학자들보다 더 나은 것을 내놓을 자신이 없다. 이런 자신이 없으면서 저서를 낸다는 것은 망신을 사서 하는 것이나 다름없다."

그러면 분야별로 제1세대 학자들의 면면을 간략히 살펴보자. 먼저 헌법 분야의 경우 한태연, 박일경, 문홍주 등이 1세대의 대표주자로 꼽힌다. 서울대 교수와 유신 시절 유정회 국회의원을 지낸 한태연은 1950년대만 해도 의원내각제를 일관되게 주창하며 《사상계》 기고 등을 통해 자유당에 비판적 견해를 개진하기도 했다. 그러나 5·16과 함께 방향을 전환해 나치법을 모방해 만든 국가재건비상조치법의 해설서를 저술하는 등 정권에 밀착했다.

원래 그의 헌법 이론은 '정치학적 헌법론'이라 해서 독일 나치 정권의 헌법 이론이라 할 수 있는 칼 슈미트의 결단주의를 도입한 것으로서 애당초 자유민주주의하고는 거리가 먼 것이었다. 이런 점에서 본다면 그가 유신헌법에 깊이 관여한 것도 우연이 아닌지 모른다. 그는 1994년 2월경 기자와 가진 인터뷰에서 "유신 당시 나의 행동은 정당했으며 다시 그런 상황이 와도 그렇게 할 것이다"라고 밝혔다. 인터뷰를 위해 광화문에 있는 사무실을 찾았을 때도 프랑스 법학서를 뒤적이고 있을 정도로 '법학계에서는 보기 드물게 많이 공부한 교수'로 불리는 한태연. 학계에 지금도 그의 제자들이 중추적인 역할을 하고 있지만 아무래도 그에게서는 학자라기보다는 정권에 봉사한 기능적 지식인이라는 인상이 강할 수밖에 없었다.

박일경은 관료 출신으로 법실증주의를 충실하게 고수했다. 소위 '관료 법학'의 정초자인 셈이다. 그는 학계에서 오래 활동하지 않아 제자군은 많지 않지만 1950년대와 1960년대에 법학 교과서로 이름을 날렸다. 문홍주는 미국 헌법을 도입했다는 점에서 선구자적 역할을 했다는 평가를 받고 있다. 그러나 이들 모두 학문적 차원에서 오래 기억될 만한 연구서가 없다는 점에서는 비슷하다.

행정법의 경우 독자적인 법전이 없어 단위 법들을 모아야 하고 외국에서도 역사가 짧았기 때문에 법제처에 있던 김도창이 서울대로 오면서 일정한 학맥을 형성했다. 그러나 학문성이 결여된 데다 일본의 행정법을 번안해서 소개하는 수준이었을 뿐이다. 이런 사정은 민법이나 형법도 마찬가지라서 굳이 이름을 나열할 필요도 없다. 이들 분야에서 1세대가 지은 저작들 중에서 지금까지 읽히는 책은 단 한 권도 없다는 것이 당시 학계 상황과 수준을 간접적으로 증언해 준다.

그렇다면 전체적으로 제1세대 법학의 성격을 어떻게 보아야 할 것인 가? 해방 이후 1948년 헌법이 제헌국회에서 제정된 것을 시작으로 1953 년 형법, 1954년 형사소송법, 1962년 민법과 상법 등이 제정되었다. 이런 법률들이 제정되기 전까지는 각각에 해당하는 일본법을 그대로 사용했 다. 그것이 바로 '의용법률', 일명 구법舊法이다.

법률이 법학의 가장 기본적인 연구 대상이라는 점에서 우리 법의 제 정은 우리 법학의 태동을 알리는 신호라고도 할 수 있다. 그러나 우리 법 의 고유성을 확보했다고 보기는 힘들다는 것이 학계의 평가이다.

배종대(고려대 법학)는 1953년과 그 이후 이루어진 (현행) 형사법의 입 법을 예로 들어 "구한말에 우리 법학을 창설할 수 있었던 기회를 놓쳤던 점을 반성하고 식민지 법학을 청산하려는 노력, 법에 있어서의 패러다임 을 전환하려는 자주적 노력을 하지 않음으로써 결국 진정한 의미의 '우 리 법학'을 이룩할 수 있는 토대를 제공하지 못했다"라고 비판한다.

배종대는 실례로 1954년의 형사소송법은 '재판소裁判所'를 '법원法院' 으로, '심문尋問'을 '신문訊問'으로, '공소控訴'를 '항소抗訴' 등으로 바꾼 것 을 제외하고는 일본법과 목차 순서와 내용까지 동일하다고 지적했다. 그 래서 그는 '일본법의 카나토씨를 한글로 바꿔 제정한 법률'이라고 평가 했다. 이런 '번역 법학', '모방 법학', '번안 법학', '도용 법학'은 비단 형법 분 야뿐만 아니라 1950년대와 1960년대 후반까지 한국 법학 전반을 지배했 다. 이 과정에서 무차별적인 표절이 이루어졌음은 오늘날 거의 모든 법 학자가 인정하는 바이다.

당시 법 제정과 법학 성립에 있어 단순히 일본 것을 모방했다는 것만이 문제가 아니라 내용 면에서도 심각성을 갖고 있었다. 당시의 일본 법 자체가 아직은 민주적인 법이라고 할 수 없음에도 이를 무비판적으로 수용함으로써 이후 우리 사회가 권위주의 방향으로 나아가는 데 실질적 기초를 제공한 셈이기 때문이다. 이를 학계에서는 "일제가 지배와 억압의 수단으로 악용한 법을 시민을 보호하는 법으로 전환시키려는 창조적 노력이 전무했다"라고 지적한다. 1980년대 이후 등장한 소장 법학자들이 당시의 법학을 '식민지 법학', '체제 법학', '관료 법학' 등으로 부르는 것도 결국은 이 점을 염두에 둔 것이다.

이런 법학의 가장 큰 문제점은 우리 현실에 대한 고민이 전혀 없다는 것이다. 최대권(서울대 법학)은 우리나라 헌법학 수준을 이야기하는 자리에서 "국내 학자들은 남의 나라 제도와 문제는 잘 알아도 내 나라의 제도와 문제에 대해서는 헌법학적인 분석조차 할 줄 모르는 희화적인 모습을 보여주고 있다"라고 강하게 비판했다. 물론 이 또한 헌법학에만 국한되는 것이 아니다.

이렇게 시작부터 방향을 잘못 잡은 한국 법학은 최근까지도 사회 발전을 이끌고 뒷받침하기보다는 정권에 종속되고 사회 발전에 걸림돌로 작용하면서 학문으로서의 존립 자체를 위협받는 지경까지 이르게 된다.

5. 제2세대 학자군 : 교과서 집필에 머물렀던

다른 분야와 마찬가지로 법학에서도 현재 정년을 맞았거나 퇴직을 불과 몇 년 앞둔 학자들이 제2세대를 이룬다. 헌법의 경우 이강혁(한국외대 총장), 이명구(한양대), 배준상, 안용교(전 건국대 총장), 권영성 등이 제1세대 헌법학자 한태연 계열로 분류되며 특별한 계열 없이 김철수(서울대), 한상범(동국대) 등이 2세대 학자로 불린다.

김철수는 자연법이론에 기초한 자신의 독자적 이론을 바탕으로 일관되게 자신의 학문 세계를 전개해 오고 있으며, 유신체제를 자연법이론에 반反하는 것으로 보고 비판적 거리를 뒀던 것은 유명하다. 권영성은 초창기에 비교헌법학이라는 독자적 방법론을 들고나와 학계의 주목을 끌기도 했지만 그 이후 교과서 집필에 관여하면서 이렇다 할 업적을 내지 못하고 있다는 것이 소장 헌법학자들이 표하는 아쉬움이다. 한상범은 우리나라 법학이 일본 법학의 번안이었음을 지적하며 이에 관한 지속적 문제 제기를 해오고 있다. 동시에 시민사회라는 각도에서 헌법을 파악한 연구서들을 몇 권 낸 바 있다.

행정법에서는 1.5세대 격인 김도창의 영향력이 가장 컸으며 서원우(서울대), 박윤흔(전 환경처 장관) 등이 그의 계열로 분류될 수 있다. 고려대 객원교수로 있는 이상규 변호사는 특정한 그룹에 속하지 않으며 김도창의 학문에 대해 비판적 태도를 보이고 있다. 김남진(고려대)은 한태연 계열로 분류되지만 헌법보다는 행정법에서 자기 영역을 구축한 학자로 평가된다.

재산법과 가족법으로 구성되는 민법 분야에서는 1세대인 정광현의 뒤를 이어 2세대에서는 김주수(연세대), 박병호(서울대)가 양대 산맥을 이루고 있다는 평이며 배경숙(인하대), 김용한 등도 2세대로 분류된다. 특히 박병호는 가족법을 중심으로 한 전통 법제사 연구에 투신, 일관된 학자의 길을 걸으며 이 분야에서 개척자적 입지를 확고히 했다. 어떤 의미에서는 국학으로서의 한국 법제사 연구를 자리매김한 거의 유일한 학자라고 해도 과언이 아니다.

법철학의 경우는 황산덕이 개척자적 역할을 한 것 이외에 학맥이 사실상 끊어진 상태이며 형사·민사소송법 분야도 전문 학자가 거의 없는 상태이다.

이처럼 개략적인 파악을 통해서도 드러나는 바와 같이 법학 2세대는 몇몇 학자의 학문적 성과를 제외하면 대부분 교과서 집필 정도에서 자신의 학문적 활동은 끝냈다고 할 수 있다. 이는 곧 법학의 '불임성'으로 이어져 좁게는 법학계를, 넓게는 한국 사회 법문화를 척박하게 하는 데 일조했다. 어떤 의미에서는 특정 정권에 협력했느냐의 여부보다 더 심각한 폐해를 한국 사회에 남겼다는 비판도 제기될 수 있을 것이다.

최종고는 한국 법학을 반성하는 자리에서 "한국 법학은 해방 후 상당한 양과 폭을 확보했고 심지어 인기 학문이 되었지만 많은 연구 인력에 비해 법학계의 약진은 너무나 미약한 것이 불행한 현실이다"라고 지적한 것은 사실상 2세대에 대한 우회적 비판으로 이해해도 무방할 것이다.

6. 제3세대 학자군 : 독자적 방법론의 모색

어느 나라건 학문의 역사는 곧 학문하는 방법의 역사라고 해도 과언이 아니다. 학문의 핵심은 방법에 있기 때문이다. 따라서 다른 나라의 연구 성과만을 수입하면 '이론 소비' 국가에 머물 뿐이며 따라서 방법까지 도입해야 장기적으로 볼 때 '이론 생산'으로 나아갈 수 있다. 이런 점에서 '방법' 도입을 중심으로 했던 20세기 초 일본의 서양 학문 수용사는 분명 우리에게 귀감이 된다.

다른 분야와 마찬가지로 한국 법학도 제1세대와 제2세대는 외국 이론 '수입 오퍼상'의 한계를 벗어나지 못했다. 게다가 방법의 수입은 엄두도 내지 못하고 외국의 연구 성과만을 단편적이고 피상적인 수준에서 수용했을 뿐이다. 그러나 법학계의 제3세대는 방법적 훈련을 거쳤다는 점에서 선배 세대들과 확연히 구분된다. 이때 방법적 훈련을 거쳤다는 것은 나름대로의 시각을 갖추었다는 뜻이며 따라서 학문의 주체성에 대한 자각이 이루어졌다는 의미이기도 하다. 통칭 한글세대로 불리기도 하는 이들 제3세대는 나이로 보아 50대 중반 이하의 교수들이 포함된다.

최대권(서울대)은 비록 나이상으로는 제2세대에 가깝지만 그의 학문하는 스타일이나 의식 면에서 볼 때 분명 제3세대의 선두주자다. '법과 사회변동'을 주제로 미국 캘리포니아대학에서 박사학위를 받은 그는 일찍부터 한국 법학의 '국적' 문제를 제기해 왔다. 그는 자신의 저서 『헌법학』에서 "서양 헌법학의 절대적 영향하에 우리나라 헌법학은 법치주의가 확립된 서양 사회에나 알맞은 헌법학을 전개하여 우리의 체험이나 현실과 동떨어진 이야기를 해왔다"라고 선배 학자들의 학문하는 태도를 비판했다. 그 원인에 대해 "이것은 우리의 헌법학이 독자적인 방법론을 갖지 못하고 서양 헌법학을 무비판적으로 모방하고 흉내 낸 잘못된 방법론의 당연한 귀결"이라고 진단했다.

허영(연세대)도 제3세대의 선봉 격이다. 선배 학자들의 일본풍 학문에 강한 비판의식을 갖고 일본 법학의 원조인 독일 법학을 직접 연구해온 학자이다. 특히 한태연, 갈봉근 등의 유신법학이 독일의 칼 슈미트 이론에 바탕을 두고 있다고 보고 그에 대항하는 루돌프 스멘트의 이론을 수용해 '통합과정론'이라는 일정한 헌법학적 관점을 유지하면서 유신법학을 간접 비판하기도 했다.

연배가 조금 내려오면 3세대 법학자들의 특징은 다양한 관심 분야와 법학의 접점 모색이란 점에서도 두드러진다. 양건(한양대)은 법사회학에 기초한 헌법 연구에 일관된 관심을 쏟고 있으며, 김일수(고려대)는 확고한 기독교 신앙을 바탕으로 형법 이론을 연구하는 독자성을 보여주고 있다. 미국 법 전공 안경환(서울대)은 '법과 문학' 강좌를 맡아 법학에 대한 인식을 새롭게 하고 있다는 평을 듣고 있으며 법학 교육 개혁에 일관된 관심을 쏟고 있다. 거의 유일한 미국 헌법 연구자로 꼽히는 안경환은 '제도화되지 않는 법학 연구는 무의미하다'라는 입장에서 우리의 낙후된 법 현실을 꾸준히 비판하고 있으며 미국 헌법에 관한 역서들을 낸 바 있다. 헌법학계에서는 가장 주목되는 학자이다.

한국 법사학을 전공한 최종고(서울대)는 법학의 대중화 및 대중의 법의식 제고에 힘을 쏟으며 법과 관련된 시집까지 낸 바 있다. 수십 권에 이르는 저서를 낸 바 있는 최 교수는 그러나 너무 쉽게 책을 낸다는 비판을 받기도 한다. 그래서 학문적으로는 서양법 수용사 연구를 제외하고는 높은 평가를 받지 못하고 있는 실정이다. 권오승(서울대)은 경제법 분야에서 많은 논문을 통해 자기 영역을 구축했다. 정종섭(건국대)은 '통합과학으로서의 헌법학'을 주창하며 다양한 사회과학방법론을 수용해 헌법 연구의 새 지평을 열고 있다. 최근에는 헌법학 분야의 본격 연구서인 『헌법연구』를 낸 바 있다.

형법 분야에서는 배종대(고려대)가 기대를 모으고 있으며, 양창수는 『민법연구 I』, 『민법연구 II』, 『민법입문』 등의 저서를 통해 민법 분야의 양상을 바꿔 놓을 학자로 평가받고 있다. 법학사 연구자로 라틴어에 능통한 희귀한 학자인 최병조(서울대)는 최근 『로마법연구 1』를 통해 법학의 원조 격인 로마법에 관한 깊이 있는 학문적 저작을 출간해 학계의 큰 주목을 끌고 있다.

이들은 대부분 선배 학자들이 독재정권의 '법률고문'으로 전락하는 모습을 보면서 문제의식을 키워 온 세대들이다. 특히 유신 시절에 대학원 등에 재학하며 '법학의 참담한 몰락'을 목격하면서 법학이란 과연 어떤 학문이며 어떤 학문이어야 하는가에 대한 실천적 물음을 안고 살았던 세대들이다. 따라서 이들이 주도하게 될 1990년대의 한국 법학은 일단 희망적이라는 것이 많은 소장 법학자의 공통된 견해이다.

물론 이들의 국적 있는 한국 법학 요구가 구체적 성과로 나타나고 있는 단계는 아니다. 아직은 당위적 차원에 머물고 있는 것이다. 그리고 아직도 선배 학자들이 남겨 놓은 바람직스럽지 못한 잔재들이 학계를 지배하고 있기 때문에 제3세대의 목소리가 갑자기 커지기는 어려운 것도 사실이다. 그러나 1, 2세대 학자들과 비교할 때 3세대 학자들은 분명 달라져 있다.

7. 미완의 법학자 함병춘

법학 제2세대는 학문적 생산성이란 점에서 부진을 면치 못했다. 그들 개인의 탓이라기보다는 미처 학문하는 전통을 확립하지 못한 해방 이후 1960년대 말까지 우리 학계의 풍토 탓일 것이다.

이런 점에서 청와대 비서실장을 역임하던 중 1983년 아웅산 테러 사건으로 순국한 함병춘(전 연세대)의 위상은 독보적이라는 것이 오늘날 학계의 일반적 평가이다. 학문적 내용보다는 현실을 보는 입장과 태도에 따라 모든 것이 평가되던 권위주의체제에서 제대로 평가를 받지 못하다가 최근 갑자기 주목을 끌기 시작하는 데는 그만한 이유가 있다.

양건은 함병춘을 "1960년대와 1970년대의 대표적 '법과 사회' 연구자로 꼽을 수 있다"라며 "그가 이룩한 학문적 성과는 그 질과 양에 있어서 당시로서는 최고 수준을 보여주는 것"으로 평가했다. 다만 함병춘이 학자로서 일반인에게 알려지지 않은 이유는 "그의 연구가 대부분 영문으로 쓰였을 뿐만 아니라 외국 학술지에 발표됐기 때문"이라고 말했다. 실제로 함병춘은 미국의 유명한 국제 문제 학술지《Foreign Affairs》에 한국인으로서는 처음으로 1960년대 중반에 글을 기고한 말 그대로 '국제적인' 학자였다.

1932년 서울에서 태어난 그는 한국전쟁이 한창이던 1953년 1월 미국으로 유학을 떠나 1959년 하버드대학에서 법학박사 학위를 받고 귀국한다. 처음에 그가 연세대에서 맡은 강의는 법철학과 영미법이었다. 이때까지의 학문 경향을 절친한 동료였던 한배호(고려대)는 "당시 그는 서구의 법철학을 충실하게 연구하겠다는 포부로 가득 차 있었다"라고 회고했다.

그러나 한국 법제사 강의를 맡게 되면서 그의 학문 세계는 일대 전환을 경험하게 된다. 한배호는 "당시 함 박사의 지적 흥분으로 가득 찬 모습이 눈에 선하다. 그는 법제사를 공부하려니 한문 실력이 부족함을 절감하게 되었다면서 수업을 끝낸 후 시내의 고전연구소에 가서 한문 강습을 반년 이상 받았다"라고 밝혔다.

이렇게 해서 '민족주의를 기반으로 한 서양 문물의 비판적 수용'이라는 자신의 학문적 입장을 체계화하기 시작했다. 이런 입장은 1993년 말 간행된 그의 두 번째 유고집『한국의 문화전통과 법』에 고스란히 반영돼 있다. 모두 4부로 구성된 이 책은 '법과 한국 사회', '한국의 정치 전통',

'한국의 통일과 국제정치', '한국의 전통문화와 현대사회' 등이 주요 내용이다.

그의 학문 세계는 이렇게 해서 법철학과 한국 법사상사 그리고 법사회학을 3대 축으로 하게 되었다. 그의 법철학에 대해 최종고는 "다분히 사회학적이고 역사학적인 토대에 밀착된 법철학으로서 한마디로 경험주의 법철학"이라고 정리했다. 한국 법사상사는 주로 유교의 현대적 의미 발굴에 집중됐으며 법사회학은 현대 한국인의 법의식 조사 등을 통해 개진됐다. 그 밖에도 국제법에 관심을 기울여 한국의 장래에 해양법이 엄청난 중요성을 갖는다는 점을 강조하기도 했다.

그가 제기한 '전통과 근대의 갈등 및 조화'의 모색은 지금도 유효한 테마이다. 아직도 우리는 양자를 조화시킬 수 있는 길을 찾고 있지 못하기 때문이다. 그의 문제의식이 비단 법학 분야에만 한정되지 않고 지식인 일반의 문제로 여겨지는 것은 바로 이런 이유에서일 것이다. 아쉬운 것은 법학자로서 학문적 완성을 이루지 못했다는 점이다.

8. 법학계 논쟁들의 면모

논쟁은 학문의 활성화 정도를 재는 척도이다. 충분한 연구 성과와 뚜렷한 입장이 성립돼야 비로소 논쟁다운 논쟁이 가능하기 때문이다. 동시에 새로운 관심사의 확장과 방법론 개발로 이어지게 하는 촉진제가 바로 논쟁이기도 하다. 그래서 외국 이론 수입에 급급했던 한국 법학사에서 생산적인 논쟁을 기대한다는 것은 무리이다. 법학계의 한 교수는 "최근까지도 베끼기 수준이었던 한국 법학에서 논쟁을 기대한다는 것 자체가 잘못"이라고 말했다.

그러나 외국 이론 도입 과정에서 학문적 논란이 없었던 것은 아니다. 넓은 의미에서 이런 것까지 논쟁에 포함시킨다면 법학계에는 서너 가지 논쟁이라고 할 만한 것이 있었다고 할 수 있다. 헌법의 경우는 이렇다 할 논쟁이 없었다. 해방 이후 우리 헌정사 자체가 학자들의 논의보다는 정치인들의 편의에 따라 좌우됐었고, 상당수 헌법학자들이 이미 만들어진 헌법을 선전하고 정당화하는 데 '동원'됐기 때문이다. 물론 김철수(서울대 법학)처럼 유신헌법에 대해 소극적 저항을 했던 경우가 있었지만 학문적 논쟁으로 이어질 수는 없는 상황이었다.

형법 분야에서는 1970년에 한 차례 논란이 있었다. 심재우(고려대 법학)가 독일에서 학위를 받고 돌아와 형법의 기초 개념인 '행위' 문제를 중심으로 기존의 통설을 비판하는 글을 발표한 것이다. 기존의 통설은 황산덕이 독일 벨첼의 이론을 수용한 '목적적 행위' 개념에 바탕을 둔 형법론이었다. 이 견해는 그 후 김종원(성균관대)에게 계승되었다.

심재우는 '목적적 행위' 개념의 설명력에 한계가 있음을 지적하고 '사회적 행위' 개념을 주창했다. 그는 "물론 이것은 나의 독창적 견해가 아니라 나의 지도교수였던 마이호퍼 교수의 학설로 당시에 독일에서는 이미 이 이론이 주류의 자리를 차지하고 있었다"라고 밝혔다. 다만 황산덕-김종원 측이 이에 대해 반박하는 글을 발표하지 않아 심재우의 독백으로 그치고 말았다. 현재는 심재우의 견해가 학계의 일반론으로 자리 잡아가고 있다.

행정법 분야에서는 일본의 다나카 지로의 견해를 받아들인 김도창을 중심으로 한 일단의 학자들이 주류를 형성했다. 다나카 지로의 이론은 원래 독일의 오토 마이어 학설을 따른 것으로 입헌군주제를 바탕으로 한 행정법이었다. 그것이 일본을 거쳐 국내에 수용된 것이다.

이에 대해 김남진(고려대)은 일관된 문제 제기를 해왔다. 그는 "독일의 경우 1960년대에 들어오면서 '민주적이고 사회적인 법치국가' 이념에 바탕을 둔 새로운 행정법이론이 정립됐다"라며 "이 이론에 바탕을 두고 기존의 학설이 가진 문제점들을 총체적으로 비판하려 했다"라고 말했다. 그러나 이 또한 상호교환이 이루어지기보다는 평행선을 긋는 데 그치고 말았다. 다만 법학계에서는 기존의 통설에 대해 김남진의 이론을 '유력설'이라고 부르는 정도이다. 이것이 우리 법학계의 척도인 것이다.

9. 헌법학자 김철수 인터뷰

1994년 3월 28일 서울 신림동 개인 오피스텔에서 만난 김철수(서울대 헌법)는 현재 한국 법학이 당면한 2대 과제로 권위주의 잔재 청산과 베끼기 학문 풍토의 쇄신을 꼽았다.

"유신과 5공 성권에 법률적 기초를 제공했거나 선전대 역할을 했던 사람들이 아직도 관계나 학계에서 '그대로' 힘을 행사하고 있습니다. 게다가 기본적인 학문 훈련도 받지 못한 법학자들이 1950~1960년 전의 낡은 이론을 그냥 베껴다가 자기 이론인 양 가르치는 일들도 계속되고 있습니다."

이 두 가지 문제점 모두 친일파에 대한 청산이 완전치 못했던 데서 생겨난 결과라는 것이 김철수의 분명한 지적이다.

"구한 말에 이미 유길준이나 서재필 같은 분들은 미국 헌정 제도의 영향을 받아 인간의 기본권인 자연권을 존중하는 방향에서 근대화론을 제시했습니다. 그런데 이같은 계몽주의적 개화파가 아니라 수구적인 친일파가 득세함으로써 자연권 사상이 완전히 말살된 것은 법학계뿐만 아니라 우리 사회의 근대적 발전에도 중대한 걸림돌이 되었습니다."

법학의 경우 헌법 분야만을 예로 들어도 그 상황을 쉽게 확인할 수 있다. 김철수가 1960년대 초 '자연권 헌법론'을 도입하기 전까지 우리나라에는 박일경의 '법실증주의'와 한태연의 '칼 슈미트적 결단이론'이 양대 헌법 이론이다.

"이런 이론들은 사실상 독일의 나치 헌법론과 일본의 군국주의 헌법론의 복사판에 불과합니다. 그런데도 자유민주주의 국가라고 하는 데서 이런 이론들이 몇십 년간 판을 쳤다고 하는 것은 이해하기 어려운 일입니다. 물론 상황 탓도 크겠지요."

그가 자신의 헌법 이론을 출간하면서 겪어야 했던 여러 차례의 고초는 한국 현대사가 법에 대해 얼마나 폭압적이고 무지했던가를 우회적으로 입증해 주는 사례이다.

"1972년 여름에 제3공화국 헌법에 대한 교과서를 탈고해 출판사에 보냈습니다. 그런데 10월에 유신이 터졌어요. 당시 법무장관이던 신모 씨가 유신 직후 한 모임에서 나에게 헌법에 관해서는 아무 책도 써서는 안 된다고 말하더군요. 그런데 내용에 별로 문제가 없다고 판단돼 1973년 1월 10일 책을 냈다가 정보기관에 일주일 동안 끌려갔었습니다."

그리고 유신헌법에 앞장섰던 한태연이 국회에 진출해 주도한 교수재임용제의 첫 번째 타깃도 그였다.

"당시 대학 책임자는 저와 행정법을 맡았던 김석조 교수를 무조건 날리라는 지시가 내려왔다고 알려주었습니다. 다행히 그분이 앞장서 막아 주는 바람에 교단을 떠나지는 않았지만 그 대신 유신을 선전해 줄 법학자 한 명을 대신 서울대에 채용해 주기로 해서 그렇게 한 것으로 알고 있습니다."

또 1980년에 펴낸 『비교헌법론』도 저항권을 언급했다는 이유만으로 판금 조치를 당해야 했다.

이제 김 교수는 자연법이론의 대표자이자 의원내각제의 주창자로 그리고 한국 헌법학계의 태두로 불리고 있다. 그의 학문적 태도를 계승한 학자만 해도 장명봉(국민대), 조병륜(명지대), 김효전(동아대), 김문현(이화여대), 성낙인(영남대) 등 10여 명이 넘는다.

10. 서울법대 최종고의 양심선언

나는 1994년 중반 법학계에 표절이 심하다는 말을 듣고 집중취재에 나서 여러 건의 표절 사례를 밝힌 기사를 쓴 적이 있다. 확인 취재 과정에서 표절한 사람들은 한결같이 '왜 나만 갖고 그러느냐'라는 반응을 보일 만큼 법학계의 표절은 이제 무감각 상태에 접어들고 있었다.

표절은 학문 도둑질이다. 절대 있어서는 안 되며 표절 관행을 우리 학계에서 영원히 추방하는 일은 시급한 과제이다. 그러나 지금 이 시점에도 표절은 계속되고 있다. 이런 점에서 내가 기고를 받아 1994년 8월 9일 자 《문화일보》에 실은 최종고의 '표절 고백'은 우리 학계의 표절이 어디까지 와 있는지를 단적으로 보여주는 사례로 많은 것을 생각하게 한다. 이 글은 여러 가지 의미가 있다고 생각돼 표절 관련 부분을 그대로 전재한다.

요즈음 법학계에 표절 시비가 분분하다. 표절은 두 가지 양상인데 하나는 일본서를 출처 표시 없이 대량 번역하여 저서 속에 포함시키는 경우이고, 둘째는 국내 교과서를 무단 인용 내지 요약하여 자기의 저작인 양 출판하는 사례이다.

해방 후 반세기의 세월이 흘렀지만 법학계의 취약성은 학문 일반의 관점에서나 법실무계와의 비교에서나 안타까운 현실이 아닐 수 없다. 법치 현실이 정체될수록 학문적 연구보다 기본 질서에 안주하여 명리名利를 찾으려는 경향이 높아가는 것은 외적 요인이겠지만 법학이 발전하지 않고 법치주의가 신장될 수 없다는 것이 공리라면 능력 있는 젊은이들이 법학자로서 많이 양성되어야 한다.

불행히도 일본식 법학 풍토와 관례에 의존하는 경향이 오히려 심화하는 현실은 우리의 마음을 착잡하게 한다. 법학은 문학 같은 창작이 아니기 때문에 보다 나은 법이론이 있으면 물이 높은 곳에서 낮은 곳으로 흐르듯 수용되게 마련이다. 그런데 이것을 여과하는 과정과 방법에서 주의하지 않으면 '표절'이 될 위험을 가까이 안고 있다.

남의 얘기가 아니라 필자 자신의 예를 든다. 필자는 1986년에 『법학사』라는 책을 낸 바 있다. 다른 분야에는 예컨대 경제학사, 정치학사, 사회학사 등 '학사學史'들이 중요한 교과목으로 가르쳐지는데 유독 법학만은 사법시험 위주의 수험법학이 되어서인지 법학사란 과목이 없다.

그래서 교과서 같은 것이라도 있으면 그것을 근거로 이 과목을 설강할 수 있지 않을까 기대하고 동경대학출판부에서 낸 『법학사』란 일본에서도 유일한 책을 번역·첨삭하고 한국 법학사를 추가하여 저서로 내었다. 서문에 그 사실을 밝혔는데도 누가 '베낀 것'이라 한다는 말을 듣고 절판시켜 버렸다. 아쉬운 것은 8년이 지난 지금도 법학사란 과목이 설강되지 못하고 있는 법학계의 현실이다.

필자는 위 책을 폐기하는 대신 '한국 법학사' 부분을 계속 연구하여 단행본 연구서를 출간하였다. 여기서 필자의 경우를 예로 든 것은 변명이나 미화를 하려는 것이 아니라 진리를 향한 학문 연구의 길에서는 허심탄회하고 표절 시비에 관해서는 조심하고 신중하자는 자성에서이다.

국내 문헌 '표절'의 경우도 학계와 인간관계에 미칠 악영향은 심대하기 때문에 더욱 신중하고 삼가야 할 것이다. 남이 애써 연구한 업적을 후배 학자가 함부로 전재하거나 요약하여 자기의 것처럼 표방하는 일은 있어서는 아니 될 것이다. 표절 시비가 그렇지 않아도 취약한 법학계를 수렁으로 몰고 가거나 큰 상처를 주어서는 아니 될 것이다. '빛 안 나는 법학 연구'가 표절 시비에 휘말린다면 발전보다는 손실이 더 큰 결과가 될 것이다.

무엇보다 절실한 것은 법학 관계 출판이 교과서와 수험서 위주에서 벗어나야 한다는 점이다. 솔직히 법학 연구를 제대로 하지 않은 사람이 한국의 특수한 수험 풍토에서 군소 출판사와 결탁하여 가위질식 책들을 마구 내는 것은 근절되어야 한다.

교수들도 교과서나 수험서에의 유혹을 뿌리치고 연구서를 써야 하며, 어렵지만 출판사들도 양식을 지켜 수준 있는 법학서들을 내야 한다. 눈앞의 이익을 추구하다 학계에 상처를 입힌다면 출판사도 책임이 있다 할 것이다…….

이 글은 필자가 다름 아닌 서울법대 교수라는 점에서 학계에 주는 충격이 무엇보다 컸다. 그러나 나는 서울법대 교수 중에서도 더 많은 사람이 표절에 관계했다는 증거들을 확보할 수 있었다. 그중 한 명에 관한 기사는 《문화일보》 1994년 7월 22일 자에 썼고, 나머지 사람들의 것은 다소 애매한 부분들이 있어 일단 유보한 상태이다.

이 자리를 빌려 다시 한번 강조하고 싶은 것은 정신의 도둑질과도 같은 표절과 도용을 더 이상 하지 말자는 것이다. 말로는 일본 문화에 반대해 일본어 교육도 못 하겠다는 대학 교수들이 일본책이나 베끼고 있다면 어떻게 되는가. 혹시라도 학생들이 일본어를 공부해 자신들의 표절 사실이 들통날까 봐 두려워서 나온 발상은 아닌지 진지하게 묻지 않을 수 없는 것이다.

11. 신세대 학자군 : '법과사회이론연구회'와 '민주법학'

현재 법학계에는 40대 학자 및 실무법조인들이 중심이 된 '법과사회이론연구회'(회장 권오승)와 30대가 주류를 이루는 '민주주의법학연구회'(회장 곽노현 방통대 교수)가 활발한 활동을 보이고 있다. 이들은 아직 학계의 주류라고 할 수 없는 수준이지만 지속적으로 학계에 영향력을 확대해 가고 있다는 점에서 눈여겨 볼 필요가 있다.

한 법학 교수는 '법과사회이론연구회'의 성격을 '온건 리버럴 그룹'이라 부르고 '민주주의법학연구회'(민주법학)는 중도좌파적 성격을 갖는다고 평했다. 두 그룹 모두 기존의 법학을 '전통 법학', '고시 법학', '관료 법학'이라 부르며 학문성 자체를 의문시한다는 점에서 공통점을 갖는다.

전통 법학에서는 법조문을 '주어진 것'으로 간주해 그 자체에 대해서는 의문시하지 않는다. 법률 적용만이 주된 관심사가 되는 것이다. 이를 법학계에서는 법실증주의라고 부른다. 이에 대해 두 그룹은 "법실증주의는 법률 자체를 우리가 직접 만들 수 없었던 식민지 시절에 널리 퍼진 것으로 해방 후에도 법률을 일본법 그대로 베껴다 쓰면서 계속 우리 학계에 악영향을 끼쳐 왔다"라고 비판했다.

'법과사회이론연구회'는 1987년 초 창립돼 학계와 실무법조계에서 50여 명이 참여하고 있으며 1989년부터 기관지 《법과 사회》를 간행하고 있다. 이를 통해 연구회 측은 분야별로 한국 법학의 반성을 촉구하는 기획물을 연재했고 자신들의 새로운 연구 성과를 발표하는 등 법학 대중화에 일정한 기여를 해왔다. 특히 사법개혁론의 이론적 근거지 역할을 해 최근 크게 주목을 받기도 했다.

초창기에 양건이 회장을 맡았을 때는 헌법, 형법, 행정법 등 소위 공법公法이 주된 관심사였다가 경제법 전공의 권오승이 1994년 초 회장을 맡고 나서 그 영역이 경제법, 상법 등 사법私法 영역으로까지 확대되는 추세이다. 이들은 대체로 '민주법학'에 대해 "그들의 문제 제기에 참신성이 있고 법학의 지평을 넓히는 데 기여한다는 점은 높이 평가돼야 할 것"이라면서도 "다소 급진적이며 주장에 비해 내용이 빈약한 것이 흠"이라고 지적했다.

'민주법학'은 1989년 창립된 소장 법학자들 중심의 학술단체로 이들의 성격은 1994년 4월 2일 고려대 인촌기념관에서 열린 창립 5주년 심포지엄 '한국의 법과 민주주의'에서 단적으로 드러났다. 기조 발제에 나선 방송통신대 강경선 교수는 "김영삼 정부에 대한 법적 평가는 0에 가깝다"라는 발언을 서슴지 않았다. 영남대 박홍규 교수는 "국민이 법원을 구성하고 재판에 참가하고 통제할 수 있어야 진정한 사법민주화는 가능하다"라고 주장했다. 심지어 울산대 조국 교수는 국가보안법 위반으로 형을 살기까지 했다. 최근에는 이들의 맏형격인 박홍규가 『사법의 민주화』라는 책을 낸 바 있는데 이를 통해 그는 재판에 민중이 참여해야 한다는 상당히 극단적인 의견을 주장하기도 했다.

이들은 '법과사회이론연구회'에 대해 "그들의 학자로서의 양심적 태도는 높이 평가할 만하다"라며 "그러나 아카데미즘에 머물러 있다는 점에서 전통 법학과 크게 다르지 않다"라고 덧붙였다. 법학계에는 그밖에 실무법조인들만으로 구성된 '민주사회를 위한 변호사 모임'이 이들 두 단체와 유기적 관계를 맺으며 활발한 활동을 벌이고 있다.

12. 한국 법학의 과제와 전망

"사법고시에 합격한 순간 교과서는 아무짝에도 쓸모없는 책이 되고 맙니다. 그다음에는 판례 연구서들을 찾게 되는데 국내 학자들이 쓴 판례 연구는 찾아볼 수가 없어요. 그러니 자연스럽게 일본책들을 보게 되는 겁니다." 한 변호사는 이 같은 체험을 소개하며 "그러니 실무법조인들이 법학 교수들을 어떻게 생각할지는 너무나 분명하지 않습니까"라고 법학 교육의 문제점을 지적했다.

실무와 유리된 한국 법학의 현주소를 그대로 보여주는 지적이다. 실제로 우리 법체계가 거의 일본식이고 실무법조인들은 일본어가 필수이다. 종종 판결문이 일본의 그것과 똑같아 법원 내부에서 시빗거리가 되기도 한다.

그런데 대학에서는 19세기 말이나 20세기 초의 독일 이론을 적당히 요약한 책들이 교과서라 해서 읽히고 사법시험의 수험서로 자리 잡고 있다. 말 그대로 시험을 위한 책일 뿐인 것이다.

미국 변호사 자격까지 있는 안경환은 "법학 교육의 문제점은 일차적으로 교수들에게 있다"라며 "교수들이 수험서에 매달리지 않고 변화하는 현실을 법에 반영시키는 일과 판례 연구를 제대로 한다면 실무법조인들과 충돌할 일이 전혀 없다"라고 말했다. 그는 "바로 그것이 학문으로서의 법학이 지향해야 할 길"이라고 덧붙였다.

실무영역과의 관계를 정립하는 과제와 함께 한국 법학이 개선해야할 또 하나의 과제는 언어 문제이다. 법전은 말할 것도 없고 법학책들은 하나같이 국한문 혼용으로 마치 구한말의 책을 보는 듯하다.

배종대는 "우리 법률과 법학은 매우 무거운 한자 개념을 사용하고 있다"라며 "그것은 일차적으로 일본법을 그대로 차용하는 과정에서 생긴 것이지만 여기에 권위주의까지 가세해 더욱 심화되었다"라고 지적했다. 그래서 그는 "언어가 권위의 가면을 쓰게 될 때 그것은 이미 죽은 언어에 불과하다"라며 "법률과 법학이 쉬운 일상어로 이루어져 용어 이해에 들이는 불필요한 노력을 법학의 다른 중요한 문제들에 쏟아야 할 것"이라고 강조했다. 실제로 법률 및 법학 언어에 대한 비판의식은 소장 교수들을 중심으로 널리 확산되고 있으며 이들은 한글전용을 원칙으로해서 논문이나 책을 쓰고 있다.

북한법에 대한 연구가 거의 없는 것도 우리 법학계의 심각한 병폐중 하나이다. 권오승(서울대)은 "동독은 이전에 자본주의체제였는데도 통일이 되고서 수많은 법적 혼란을 겪어야 했다"라며 "통일이 이루어지는 순간부터 법적 문제들이 봇물 터지듯 생겨날 것은 불 보듯 뻔한데 이에 대한 우리 학계의 대비는 전무하다"라고 우려했다.

그리고 사회과학으로서의 법학을 정립하는 일도 중요한 과제이다. 현재처럼 '법학=법해석'이라는 등식이 깨지지 않는 한 사회과학의 다른 영역들과 교섭을 가지며 법학을 풍요롭게 한다는 것은 애당초 불가능하기 때문이다. 이런 점에서 최근 최대권이나 양건 등에 의해 법사회학이 소개되는 현상은 변화의 조짐으로 이해된다.

에필로그

1. 학문과 사회 기풍

어떤 사회건 일정한 기풍을 갖고 있다. 물론 기풍이란 학문적 개념의 족보에 올라 있는 말은 아니다. 그러나 결국은 기풍이야말로 한 사회를 지배하는 구체적인 정신인지 모른다.

오늘날 우리 사회의 기풍을 한마디로 해보라고 한다면 나는 '대충주의'라는 말로 요약하고 싶다. 각종 매체 등에 자주 등장하는 '피상주의', '천박성', '면피주의', '대강대강' 등도 같은 의미에서 사용된다고 볼 수 있을 것이다. 멀쩡한 다리가 부실 공사로 붕괴되고 시민의 충실한 발이어야 할 지하철이 계속 고장이 난다. 지하철 공사 중에 가스가 폭발해 무수한 생명이 어이없이 죽어간다. 시민이 마시는 물이 오염돼 마실 수 없게 돼도 해당 지역 주민이 아니면 신경을 쓰지 않는다. 이런 예는 수없이 많다.

가끔 이런 생각을 해본다. 1960년대부터 1990년대 사이를 성인으로 산 한국인들만큼 자연 환경과 역사 환경을 많이 파괴한 인류가 또 있을까? 아마 전쟁이 나도 이만큼 대대적으로 파괴하지는 못할 것이다. 그러나 이런 점에 대한 문제의식조차 없는 것이 우리의 의식 수준이다. 그것은 다름 아닌 대충주의에 물든 전형적인 의식인 것이다. '먹고살기 위해서'라는 것이 대충주의가 내세우는 명분이다. 대충주의는 진지함의 결여와 직결된다.

그렇다면 대충주의의 기본 특징을 과거-현재-미래라고 하는 시간 구조와 관련해 간단히 정리해 보자.

대충주의는 미래를 생각지 않는다. 자기 세대만 대충 살다 가면 그만이기 때문이다. 자식 세대나 후손들에 대한 고려는 전혀 없다. 오히려 그런 고려는 사치일 뿐이라고 비웃기까지 한다. 지금 내가 하는 이 말은 통계 자료로 확인할 수 있는 것은 아니지만 제정신을 가진 한국의 성인이라면 대부분 부인하지 못할 것이다. 건설 현장에서는 내일 당장 무너지더라도 오늘 몇 푼 이익을 남기기 위해 자재를 빼돌리고 싸구려 자재를 쓴다. 학자들은 내일 당장 자신들의 성과가 보잘것없음이 판명될 것이 분명해도 '책 한 권 냈다'는 명성을 얻기 위해 수준 이하의 책들을 남발한다. 정치권력자는 자기 임기 중에만 생색날 일을 하는 데 급급하다. 밑바닥에서 최고 권력층까지 전부 이런 식이다.

대충주의는 과거를 존중할 줄 모른다. 과거를 배우려 하지 않고 주변에서 쉽게 구할 수 있는 삶의 방식에 의탁해서 살아간다. 그러다 보니 과거에 대해 배워야 할 것과 버려야 할 것조차 구별하는 안목도 없다. 기껏 과거를 공부하는 사람들은 거기에 빠져 헤어날 줄 모르고 현재에 대해서는 무지하기가 돈키호테 저리 가라이다.

대충주의는 그렇다고 현재를 중시하지도 않는다. 현재란 과거에 대한 공부와 미래에 대한 통찰이 조화를 이룰 때 제대로 보이는 법이다. 그러나 과거를 공부하지 않고 미래를 통찰하는 안목이 없는 대충주의자들이 현재를 제대로 파악하기란 애당초 불가능한 것이다. 그러다 보니 이것도 좋고 저것도 좋고라는 식이 되거나 양비론에 빠진다.

대충주의에 젖은 사람들은 사물을 인식하는 데 있어 그 한계를 가장 명확히 드러낸다. 사물 자체의 내적 구조를 보려 하기보다는 자기 수준에서 일방적으로 단정해 버리고 만다. 소위 재단裁斷의 논리가 그것이다. 자기가 아는 만큼만 볼 수 있다는 원칙은 비단 예술 분야에만 국한되는 것이 아니라 모든 사물의 인식에 적용된다. 대충주의자들은 그래서 자신들의 무지를 은폐하기 위해 의식적이건 무의식적이건 간에 뻔한 상식에만 매달린다. 우리 사회에 민주니 민족이니 통일이니 하는 용어들이 엄밀한 내용 규정도 없이 누구나 사용하는 상투어가 돼 버린 것도 이런 맥락에서 이해할 수 있을 것이다. 그리고 최근에 유행하는 개혁이니 경쟁력이니 국제화니 세계화니 하는 말도 마찬가지다.

대충주의가 제시하는 대안은 그래서 하나 마나 한 추상론이다. '어떻게 사람을 살릴 것인가'가 문제 되는 상황에서 '사람을 살려야 한다'는 당위론을 내세우기 일쑤이다. 신문 칼럼부터 시작해서 저서나 논문까지 포함해 우리 사회의 각종 문헌들은 대부분 이런 식이다. '전 국민적', '범정부적', '전 사회적' 등 정말 하나 마나 한 소리들뿐이다.

대충주의는 남을 생각지 않는다. 자기 만족으로 끝이다. 오히려 남들이 대충주의를 알아차릴까 봐 권위로 위장한다. 그래서 대충주의와 권위주의는 쌍생아라고 할 수 있다. 그렇다고 대충주의자가 자기를 사랑하는 것도 아니다. 암묵적으로 자신의 무지와 무능을 혐오하며 자기 비하에 젖어 드는 것이다. 그러다 보니 언제나 권력에 기대 자기 생존을 유지하려 한다. 권력 지향성도 대충주의와 무관치 않은 것이다.

나는 바로 이 대충주의야말로 20세기 후반 한국 사회를 특징짓는 대표적인 부정적 기풍이라고 본다. 그리고 그런 기풍의 원인이 다름 아

에필로그

닌 우리 대학들에 있다는 것이 나의 기본 인식이다.

대충주의가 가장 극심했던 1970년과 1980년대를 거쳐 교수로 재직하면서 책을 한 권도 내지 않다가 1995년에 와서야 처음 저서 『가스통 바슐라르』를 낸 곽광수(서울대 불문학)가 서문에서 한 말은 인상적이다.

"오늘날 우리 평단을 살펴보면 아직까지도 우리들이 계몽주의 상태를 벗어나기에는 상당한 거리가 있다는 느낌을 갖게 된다. 나의 실증적인 검토로는 전혀 피상적이고 알 수 없는 내용의 글들이 그 필자들의 명성(많은 경우 진지한 연구 노력으로 의당하게 얻어진 게 아니라 신문·잡지에 흔하게 이름이 나타남에 주로 힘입어 얻어진)과 해당 분야의 소개의 초기 단계에서 그 분야를 소개함으로써 이루어진 그 글들의 거짓된 가치를 등에 업고 독자들에게 기실 이해하지 못했으면서도 이해한 듯한 착각을 불러일으키는 몽매주의적 현상은 드물지 않게 발견된다."

이 말은 평단에만 해당되는 것이 아니라 앞에서 살펴보았듯 우리의 대학 전체에 적용할 수 있다.

그런데 기풍은 인간의 통제 범위를 벗어나 있는 것은 아니다. 따라서 불변인 것도 아니다. 물론 그렇다고 해서 하루아침에 바뀔 수 있는 것도 아니다. 그리고 한 시대의 기풍이 형성되는 여러 가지 요인이 복합적으로 작용하기 때문에 어느 하나의 요인을 지나치게 강조해서는 기풍의 올바른 변화를 기하기 어렵다.

그럼에도 불구하고 나는 한 시대의 기풍 형성에서 대학이 제1차적인 요인이라고 믿는다. 학문을 전담하는 대학이 매년 대학 졸업자들을 수십만 명씩 길러내고 대학교수들이 우리 사회에 미치는 영향의 정도를 고려하면 그 어느 것보다 대학이 사회 기풍 형성의 일차적 원인이라 아니할 수 없다.

이런 반론을 할 사람이 있을지도 모른다. 이 글을 쓰고 있는 필자가 종사하는 언론이야말로 기풍 형성에 가장 강력한 영향을 행사하고 있지 않는가라고. 피상적으로 보면 그렇다. 그러나 언론에 종사하는 사람들이야말로 대학의 산물이며 당대의 학문 수준에서 훈련받은 사람들이기 때문에 철저하게 대학과 학문의 풍토에 의해 제약된다. 따라서 지식인들의 생성 과정까지 고려한다면 대학이야말로 사회 기풍 형성의 일차적 원인이라 아니할 수 없다.

2. 학문 세계와 대중주의

학문에서 대중주의가 만연하면 어떤 일들이 벌어질까? 모든 분야에 대중주의가 나타나는 현상을 꼼꼼하게 살핀다는 것은 나의 능력으로는 불가능하다. 다만 이 책의 본문 내용을 통해 어느 정도는 살펴볼 수 있었다. 그러나 대중주의에 초점을 맞춰 이 점을 보다 구체적으로 열거해 보자.

1993년 12월 백제 향로가 출토되었을 때 그것에 대한 성격 규명이 대학에서는 전혀 이루어지지 못했다. 지금도 막연히 추측만 해볼 뿐 어떤 목적으로 어떻게 만든 것인지도 불투명한 상태이다. 문헌을 헤매느라 고대 유물이 나와도 전혀 접근이 안 되는 것이다.

발해가 우리 땅이라고 하는 것은 우리에게 상식처럼 되어 있다. 그러나 그것에 관한 박사학위 논문은 최근에 나온 서울대 송기호 교수와 경성대 한규철 교수의 것 둘뿐이다. 도대체 그전에는 어떤 근거로 그런 주장이 나왔는지 도무지 이해할 길이 없다.

철학에서는 연구다운 연구는 거의 없는 반면 입문서는 끝도 없이 많다. 소련이나 중국의 형식논리학 비판서를 적당히 요약해 소위 논리학 입문서라는 것들이 범람해도 철학 교수들은 이를 비판하기는커녕 거기에 편승해 자신들도 논리학 입문서를 마구 써댄다. 물론 자신의 전공하고 상관도 없다.

헌법에 사상의 자유가 있어도 헌법학자 중에 그 테마 하나로 연구서를 내는 사람은 거의 없다. 그냥 외국 헌법에 있으니 갖다 쓰는 식이다. 그러면서 헌법개론서는 흘러넘친다.

정치학은 도대체 정치평론과 구분도 안 되는 글들을 버젓이 논문이라 해서 발표하고 이에 관해 아무도 비판하지 않는다. 사회학도 마찬가지다. 앞에서 충분히 밝히지는 못했지만 분야별 학문의 전개과정을 세심하게 살펴본다면 이것이 무슨 말인지 충분히 이해할 수 있을 것이다.

이런 식의 학문이 지배하는 대학에서 공부하고 졸업하는 학생들이 과연 사물을 제대로 인식할 수 있을까? 책다운 책 하나 제대로 소화하고 졸업하는 대학생은 얼마나 될까? 이런 문제에 대해 발언하는 학자들조차 찾아보기 어려운 것이 우리의 대학 현실이다. 흔히 하는 말로 서울대에 들어가면 수재가 둔재가 되어 버린다고 하는데 그 말이 맞다면 그 이유는 지금 말한 것들 때문일 것이다.

그러면서도 대학 문제라고 하면 대학입시와 연계시켜 너도나도 내신을 줄여야 하느니 수능 고사를 강화해야 하느니 떠들어댄다. 정작 중요한 것은 대학에 들어온 학생들을 어떻게 가르칠 것인가의 문제인데도 말이다. 심지어 교육개혁위원회인가에서도 이런 주장이 나오는 실정이다. 아마도 대학입시는 누구나 끼어들기 쉬운 문제이기 때문일 것이다.

한국에서 대학을 다녀본 사람이라면 우리의 대학들이 얼마나 허황되고 부실한지 잘 알 것이다. 대충주의가 완전히 대학의 풍토로 자리 잡아 가고 있다.

3. 대충주의의 구조화

대학교수들에게는 '전공'이라는 것이 따라붙는다. 철학에서 독일철학 전공, 영미철학 전공, 독일관념론 전공, 분석철학 전공 등등. 법학도 헌법 전공, 행정법 전공, 민법 전공 등등. 이는 다른 분야도 마찬가지다. 그런데 이 같은 구분은 교수의 연구 영역을 한정 짓기 위한 목적보다는 학생들에게 효과적으로 강의를 하기 위한 목적 때문에 생긴 것이다.

예를 들어 언어철학을 연구하면서 나는 영미철학 전공이기 때문에 독일의 언어철학은 모른다고 하는 것이 자랑이 되는 풍토는 곤란하다. 법현상이 헌법과 행정법이 중복돼 있어도 나는 헌법 전공자이기 때문에 나머지는 모른다는 것을 떳떳하게 말하는 풍토는 왜곡된 것이다.

우리 대학은 이것이 마치 학문의 본령인 양 강조되고 엄격하게 지켜지고 있다. 이것은 서로 조각조각 나누어 남의 영역은 건드리지 않기로 하고 상호공존을 약속하는 것 이외에 아무런 의미도 없다. 오히려 이는 학문 발전의 걸림돌로 작용할 뿐이다.

세분화를 선호하는 일본식의 잘못된 학습 스타일이 그대로 남아 자신들의 생존 유지를 위한 메커니즘으로 전락해 버린 것이 현재 우리나라 대학들의 전공 세분화이다. 다시 말하지만 전공 분야를 교육 목적상 나눈 것과 연구를 위해 전공을 뛰어넘는 일은 전혀 별개다.

4. 학계의 세대별 특징과 유형

학계의 2세대는 주로 50대 후반에서 정년을 앞둔 학자들까지를 지칭한다. 대부분 1950년대에 대학을 다닌 사람들이다. 가장 어려웠던 시기에 공부했던 사람들인 것이다. 그래서 다소 조심스러울 수밖에 없지만 문제의 심각성을 고려할 때 어느 정도까지는 지적하지 않을 수 없다는 점을 양해해 주기 바란다. 그리고 맹목적으로 기성세대를 매도하는 논리로 이해되지 않기를 기대한다.

해방 직후부터 따져 우리 학계는 크게 제1세대(1940년대 이전에 교육받은 세대), 제2세대(1950년대에 교육받은 세대), 제3세대(1960년대에 교육받은 세대)와 제4세대(1970년대 이후 교육받은 세대)로 이루어져 있다. 제1세대는 완전히 학계에서 은퇴했고, 제2세대는 은퇴를 불과 몇 년 정도 앞두고 있으며, 제3세대는 현재 학계의 주력을 형성하고 있다. 제4세대는 일부 학계에 편입되기도 했으나 아직은 광범한 세력을 형성하고 있지 못하다.

분야와 관계없이 세대별 특징으로 들어 보면 크게 다음과 같다. 제1세대는 일제하에서 일본의 대학이나 경성제국대학 또는 보성, 연희전문학교 출신들이 주종을 이루며 인원수에 비해 비교적 양호한 학문적 성과를 냈다. 철학의 박종홍, 역사학의 이병도, 사회학의 이상백, 법학의 유진오 등이 그런 경우이다. 이들의 특징은 광범위한 시야를 갖지 못했으나(그래서 시각에서는 여러 가지 문제점이 후학들에 의해 지적되고 있지만) 자신의 전공 분야에서 비교적 착실한 연구를 해내 후학들에게 밑거름을 제공하는 역할은 충분히 했다.

문제는 제2세대이다. 근대적인 대학 제도조차 제대로 자리 잡지 못하고 마땅한 책이나 훈련받은 학자가 없는 상황에서 학문을 한 이들은 스스로 독학으로 일정한 수준에 오른 사람들을 제외하고는 사실상 우리 학계를 대충주의로 몰아간 장본인의 세대다. 우선 한문 해독 능력이 제1세대에 비해 현저히 떨어지고 그렇다고 어릴 때 배운 일본어 말고는 영어나 독일어 등을 제대로 하지도 못했다. 학자로서 어학에 문제가 있다는 것은 치명적이다.

이는 이들 세대에 이루어진 번역서들을 보면 명확하게 확인된다. 아직도 한서漢書 번역의 모범도 세우지 못한 데다가 이들이 해놓은 영어나 독일어권 학술서들은 오역이 하도 심해 읽을 수가 없는 지경이다. 엄격히 말하면 번역서는 읽을 수 없다는 인식도 이들 세대부터 생긴 것이라 할 수 있다.

물론 상황 요인도 크다. 우선 안정되게 학문을 할 수 있는 시대적 분위기가 거의 없었고 자극 요인도 없었다. 그러나 이것은 어디까지나 부차적인 데 불과하다. 특히 우리 사회가 학자들에게 보여 온 맹목에 가까운 존경에 비한다면 그들이 과연 거기에 부응했는가 되물어보지 않을 수 없는 것이다.

게다가 이들은 현재 학계의 중진이나 원로의 위치를 차지하면서 자신들의 뒤떨어진 학문 방식을 후학들에게 강요하기까지 한다. 취재를 하면서 많은 젊은 교수가 털어놓은 불만은, '말도 되지 않는 소리'지만 선배 학자라는 이유만으로 아무 말 못 하는 경우가 비일비재하다는 것이다.

이것은 각종 학회가 아무런 토론도 없이 순차적으로 발표를 하고 끝나는 현상에서 단적으로 드러난다. 토론 자체를 차단함으로써 자신들의 무능을 은폐하려 한다는 것이 후배 학자들의 한결같은 지적이었다.

후배 학자가 책을 내는 것을 간접적으로 제재하고 심지어 드문 경우겠지만 출판사에 부탁해 책을 내지 못하게 하는 경우까지 취재를 통해 확인할 수 있었다. 물론 제2세대 중에는 자신들의 시대적 한계를 절감하고 후배 학자들에게 길을 열어주는 데 열정적인 교수들도 있다. 그러나 이들은 극소수이며 동년배 교수들로부터 비판의 대상이 되고 있다.

제3세대는 미국 학문의 일방적 세례를 받은 학자들이 주종을 이룬다. '미국 학문=보편 학문'이라는 등식으로 무장한 이들은 현실과 동떨어진 학문을 국내 대학에 수입해 전파함으로써 생산성도 별로 없고 시시껄렁한 일들에나 관심을 갖는 풍토를 조성했다. 보다 넓게는 미국 문화에 대한 무비판적인 경외심을 심어준 것도 따지고 보면 이들이다.

이들 학문의 특징은 철저하게 기능적이라는 데 있다. 그래서 현실의 역동성을 전혀 포착하지 못하고 자기가 아는 것만을 고집할 뿐이다. 그러다 보니 학문들 간의 연계성도 거의 없는 실정이다. 학문적 깊이의 결여는 이들의 공통된 특징으로 지적될 수 있을 것이다. 미국 유학 시절 전공한 특정 분야로 별다른 연구서 하나 내지 않고 정년 때까지 버티는 경우가 비일비재하다.

그러면서도 제2세대에 대해서는 비판적이다. 이들이 하는 비판의 요지는 제2세대는 일본 학문의 표절 수준이고 일본 학문의 뿌리가 독일인 점을 들어 지나치게 독일에 치중돼 있다는 것이다. 그래서 미국 학문이야말로 그 대안이라고 확신하고 있다. 독일철학과 영미철학, 독일법과 영미법의 대립이 단순히 분야별 갈등이 아니라 세대 갈등의 성격을 갖는 것도 이런 맥락에서 이해된다.

제4세대는 뭐라고 딱 집어서 말하기 어렵다. 그러나 1970년대에 공부한 학자들은 10월 유신이라는 정신적 외상을 입고 성장한 세대이고, 1980년대 초반에 공부한 학자들은 광주민주항쟁이라는 견디기 어려운 충격을 받은 세대이다. 제4세대는 크게 이들 두 부류로 구성돼 있는 것이다.

아직은 이들이 소장 학자들이라는 점에서 학문적 성과를 기준으로 판단하기는 어렵다. 그러나 어학에 특별한 문제가 없고 비교적 넓은 시야를 가지면서 학문을 해왔기 때문에 외국 유학을 했든 하지 않았든 우리의 현실을 중시하는 공통점을 갖고 있다. 그러나 아직은 제2세대와 제3세대에 눌려 자기 목소리를 제대로 내고 있지 못하다. 하지만 이들이 가진 선배 학자들에 대한 불만의 강도는 대단히 크며 특히 학문 외적 요인들에 의해 압력을 가하는 데 대해 강한 비판의식을 갖고 있다.

결국 제2세대가 가장 심하게 대충주의에 물들어 있다고 할 수 있다. 제3세대는 미국식이기는 하지만 일정하게 학문적 훈련을 받았기 때문에 제2세대만큼 심하다고는 볼 수 없을 것이다. 그러나 이들도 50대를 넘기면서 대충주의를 드러내기 시작하고 있다. 앞 세대에 물들어 버린 것이다. 연구에서 손을 놓고 개론서나 입문서 정도에 손을 대는 것은 이런 이유 때문이다.

5. 제4세대 학자들의 시대적 사명

대충주의의 청산은 어차피 제4세대 학자들의 몫이다. 그러나 제4세대가 모두 대충주의에서 벗어난 것은 아니다. 이들이야말로 제2세대로부터 교육받은 세대이기 때문에 암암리에 대충주의에 체계적으로 물들어 있을 가능성이 가장 높기 때문이다. 그리고 깊이 있는 연구보다는 유행 사조에 쉽게 몰입하는 경향도 따지고 보면 대충주의와 무관치 않은데 이런 유행 사조는 주로 제4세대에 의해 유입되기 때문이다. 그러나 대충주의의 청산은 결국 이들이 하지 않으면 안 된다. 제4세대 학자들의 시대적 책무는 바로 여기에 있는 것이다.

대충주의를 벗어나기 위해서는 철저함의 미덕이 존중되어야 한다. 무엇을 하느냐보다 '어떻게 하느냐'가 존중되어야 한다. 한국 근대사 전공자라는 것이 중요한 것이 아니라 한국 근대사를 어떻게 연구해서 어떤 성과를 냈느냐가 학자를 재는 척도가 되어야 한다. 서울대, 연세대, 고려대 교수라는 네임 밸류보다는 그 이름에 값하는 어떤 연구 결과가 있느냐가 중시되어야 한다.

싱가포르의 전 총리 이광요의 연설문 중에 이런 구절이 있다. "나는 대학 연구자들에게 그들이 무엇을 잘못하고 있는지 말하지 않습니다. 그들은 온갖 종류의 그릇되고 어리석은 논문과 책을 씁니다. 그러고도 그들은 학위를 받습니다. 나는 그저 웃고 맙니다." 대학의 비생산성이 우리만의 문제는 아닌 것 같아 다행스럽다는 생각을 갖게도 되지만 이 같은 학자에 대한 냉소주의가 이미 우리 사회에도 조금씩 번지기 시작하고 있다는 점을 고려한다면 섬뜩한 느낌을 갖지 않을 수 없다. 현재처럼 대학이 대충주의에서 헤어나지 못하고 책임은 지지 않으면서 권리만을 누리려 한다면 대학 외부에 있는 모든 사람이 이광요와 같은 인식을 갖게 되지 말란 법도 없기 때문이다.

몽매주의와 반지성주의를 몰아내고 철저함과 진지함의 덕목이 중시되는 지성주의 기풍이 대학에서 시작돼 우리 사회 전체에 퍼지길 기대한다.

번역, 제발 제대로 합시다

베끼기에서 시각 도용까지,
한국 학계의 표절 백태 百態

번역, 제발 제대로 합시다!

우리나라에서 아리스토텔레스를 전공하는 학자들에게 "그의 대표작 『형이상학』을 번역하겠습니까, 아니면 그것에 관한 논문을 한 편 쓰겠습니까"라고 묻는다면 열에 아홉은 논문을 쓰겠다고 할 것이다. 공자나 맹자를 전공하는 학자에게 같은 질문을 하더라도 대답은 마찬가지일 것이다. 이 말을 듣고 우리나라 학자들이 창조성이 결여된 번역보다는 '창조성이 있는' 논문 작성에 더 관심이 많으니 다행이라고 생각하는 사람이 있다면 한국의 학문 현실을 몰라도 한참 모른다는 소리를 듣기 십상이다.

물론 원칙대로 하자면 논문을 쓰는 것이 번역을 하는 것보다는 창조성 면에서 훨씬 뛰어난 작업이다. 그러나 전혀 창조성이 없는 논문을 써도 얼마든지 학자로 행세할 수 있는 학계 풍토에서는 실력이 드러나는 번역보다는 아는 것만을 추려서 정리한 논문을 쓰는 것이 훨씬 편리한 생존방식일 수밖에 없다. 게다가 1년에 논문 한 편 쓰지 않아도 되는 것이 우리나라 교수 사회이다.

우리가 한글로 학문을 한 전통은 길어야 50년도 안 된다. 나머지는 모두 한문 아니면 외국어였다. 그러니 한글로 저술된 책 중에 '고전'이라고 꼽을 만한 책이 많을 수 없다. 여기에 번역의 불가피성이 있다. 특히 고전 번역의 필요성은 대단히 시급하고 중요하다.

그러면 우리의 번역 실태는 과연 어떠한가. 이 글에서는 고전과 연구서들을 중심으로 번역의 수준과 실태를 살펴봄으로써 '황폐화됐다'는 평을 듣고 있는 우리 번역 문화의 현주소를 확인해 보려고 한다. 책의 선정은 임의적이지만 해당 분야 학자들 사이에 이미 문제가 많다고 거론된 것들을 중심으로 이루어졌음을 밝혀둔다. 먼저 해당 학문 분야 전문가가 번역한 경우부터 살펴보자.

전문가들도 '오역서' 양산

첫 번째 예는 독일 철학자 위르겐 하버마스의 『인식과 관심』. 독일 유학을 한 교수가 지난 1983년에 번역한 이 책은 현존하는 최고의 철학자로 꼽히는 저자의 대표작이며 현대의 고전으로 꼽히는 명저다.

그런데 이 번역서의 머리말부터 오역이 시작된다. "인식론의 해결 과정을 추종하는 사람은—이 사람은 인식론의 위치에서 학문 이론을 내버려 두는데—버려진 반성의 단계를 넘어선다."

이 문장을 이해할 수 있는 사람은 아무도 없을 것이다. 이 문장은 독일어 원문 "Wer dem Auflösungsprozeß der Erkenntnistheorie, der an ihrer Stelle Wissenschaftstheorie zurückläßt, nachgeht, steigt, über verlassene Stufen der Reflexion"을 옮긴 것으로, 내용과 무관한 직역과 문법적 오류가 뒤범벅돼 있다.

우선 알아들을 수 있게 번역을 해보면 그 뜻은 대략 이런 것이다. "인식론은 (범위를 좁혀) 그 자리에 과학이론만을 남겨 두고 해소되는 과정을 겪게 되는데, 이 과정을 (아무런 반성 없이) 그대로 따르는 사람은 반성이 폐기한(무無반성적인) 단계들을 향해 나아간다."

즉 이 말은 '현대의 인식론'인 과학이론은 반성을 결여하고 있다는 지적을 하려는 것이다. 그리고 이런 문맥은 바로 뒤의 문장을 정확히 이해하면 쉽게 확인할 수 있다. 또 '해결'과 '해소'는 여기서 전혀 다른 뜻이며, 해소 과정을 지시하는 'der'를 사람으로 오역하고 있다.

이 경우 물론 원문도 쉬운 것은 아니다. 그러나 그럴수록 가능한 한 풀어서 번역해야 함에도 불구하고 번역자 자신이 이해했는지 못 했는지 대충 말만 옮겨 놓았기 때문에 이런 결과가 생긴 것이다. 이 책은 문법적 오류가 없는 경우에도 지나친 직역으로 인해 도저히 알 수 없는 문장들이 수없이 등장한다. 그런 예를 하나 더 살펴보자.

"새로운, 생산력으로 확정된 학문의 발전에 의해서 요구된 반성 단계에 대립하여, 스스로를 속박하는 제도적 영역은 노동과정의 결과가 아니다."(3장)

이것은 "Der institutionelle Rahmen, der sich gegen eine neue, durch den Fortschritt der als Produktivkraft etablierten Wissenschaft allerdings solliziterte Stufe der Reflexion sperrt, ist nicht unmittelbar Ergebnis eines Arbeitsprozesses"를 옮긴 것인데, 중요한 개념 누락과 무성의한 직역으로 도무지 무슨 말인지 알 길이 없다. 이를 다시 옮기면 이렇게 된다.

"생산력에 의해 그 수준이 정해지는 과학의 진보를 통해 당연히 요구되는 반성의 새로운 단계는 노동과정의 직접적인 결과가 아니다."

여기서는 '새로운(neue)'이라는 말을 아무 데나 갖다 놓은 데다가 풀어서 해석해야 이해가 되는 'etablierten'과 'solliziterte'를 아무 생각 없이 그냥 옮겨 놓았다. 그리고 뉘앙스 상으로 차이가 크게 날 수밖에 없는 'unmittelbar(직접적인)'는 누락해서 번역했다.

문맥에 따른 용어 차이 무시

좀 더 명백하면서도 심각한 경우를 보자. 3장에서는 "마르크스는 언제나 자신의 분석에 관한 학문성을 이해하기 위하여 자연과학에 대한 유추를 소환하였다"라는 문장이 나온다. "마르크스는 자신의 분석에 과학성을 부여하기 위해 늘 그 분석을 자연과학에 비유했다"라는 말을 직역투로 옮기는 바람에 결국 이해할 수 없는 오역이 된 경우이다.

학문과 과학은 때로는 동일하지만 때로는 명확히 구별된다. 우리는 '과학기술'이라고 말하지 '학문기술'이라고 하는 경우는 없다. 이처럼 분명하게 과학으로만 번역해야 하는 경우에도 학문이라고 해놓아 책 전체가 무슨 말을 하는지 번역문만 보면 알 수 없게 돼 있다.

단적으로 말해 철학은 학문이지만 과학은 아니다. 독일어의 'Wissenschaft'에 학문과 과학이라는 뜻이 모두 포함돼 있다고 해서 무원칙하게 써도 된다고 생각한다면 착각이다. 그들은 같은 단어를 써도 문맥상으로 구분해서 사용하는 것이고, 우리도 학문과 과학을 문맥에 따라 나눠서 번역해야 하는 것은 번역의 기본에 속하는 사항인 것이다.

그러다 보니 "철학의 학문에 대한 위치는 이러한 기초 위에서 명백히 설명될 수 있었을 것이다"라고 이해 불가능한 번역을 해놓았다. "과학에 대해 철학이 갖는 위치는 이러한 기초 위에서 명백히 설명될 수 있었을 것이다"라고 해야 분명히 이해될 수 있는 것이다.

이 책을 비교적 상세하게 다룬 이유는 하버마스의 원전이 갖는 중요성에 비해 정반대 번역, 무성의한 직역투, 전문용어에 대한 무지 등 오역에서 생길 수 있는 거의 모든 경우를 담고 있기 때문이다. 게다가 1983년 초판이 나오고 1989년 재판을 찍으면서도 이런 문제점들이 전혀 개선되지 않은 채 그대로 출판되었다. 이 책에 대해 관련 학계에서는 "고전에 속하는 책은 충분한 역주를 달아야 함에도 불구하고 역주가 하나도 없는 것도 문제"라며 "지금이라도 문제가 되는 부분은 수정해 개정판을 내야 한다"라고 입을 모은다.

기본 개념 이해 못한 번역 판쳐

해당 분야의 학자에 의한 오역 사례를 또 하나 살펴보자. 예로 들 책은 W. 비멜의 『하이데거의 철학이론』. B교수가 번역한 이 책은 하이데거 철학을 일목요연하게 소개한 대표적인 입문서이다. 이런 책의 번역을 한번 엉망으로 해놓으면 그 악영향은 너무나 크다. 우리나라는 이론서 시장이 협소하기 때문에 잘했건 못했건 한번 나오면 새로 그 책을 번역해서 내기 어렵기 때문이다. 그런데 이 책 역시 머리말에서부터 도에 지나친 오역이 숱하게 나온다. 실례를 보자.

"흔히 있는 일은 아니지만 실제로 논술한다는 의미에서가 아니더라도 저자의 생애를 먼저 앎으로써 저자의 저작 활동의 동기 유발을 통찰할 수 있다는 사실을 우리는 부정할 수 없는 것이다."

이 문장은 "드문 일이긴 하지만 실제로 사상가의 생애에 관해 알게 되면 그의 사상 활동이 이루어진 과정에 관한 많은 통찰을 얻을 수 있다. 물론 여기서 통찰을 얻는다는 것이 (그의 생애를 통해 그의 사상을) 설명한다는 뜻은 아니다"라고 해야 대략이라도 알아볼 수 있다.

여기서 문제는 일상용어가 아니라 전문용어인 '설명하다Erklärung'를 그냥 '논술하다'라고 옮기는 바람에 뜻도 불명확해질 뿐만 아니라 다음 문장에서 다시금 오역을 초래하게 했다는 점이다.

원문에서는 'Erklärung' 바로 뒤에 이것이 독일 철학자 빌헬름 딜타이의 기본 개념이라는 것을 괄호 속에 덧붙이고 있는데, 번역에서는 정반대로 옮겨 놓고 있다. 먼저 번역문부터 보면 "이미 빌헬름 딜타이가 제시한 바와 같이 우리는 이러한 주장을 자연의 영역에서 사건을 파악하는 데 있어서도 그렇다고 인정하여 왔다"라고 돼 있다.

이것은 원문 "Wir sollten diesen Terminus ruhig dem Erfassen von Vorgängen aus dem Bereich der Natur vorbehalten, wie das schon Wilhelm Dilthey tat"를 옮긴 것으로 여기서도 당장 '설명'이라는 용어를 가리키기 위해 '전문용어Terminus'라는 표현을 사용하고 있다. 그것을 번역문에서는 그냥 '주장'이라고 해놓았다. 다시 번역해 본다면 "이미 빌헬름 딜타이가 그렇게 했던 바와 같이, '설명'이라고 하는 이 용어는 자연 영역에서 일어나는 사건들을 파악하는 데에만 조심스럽게 한정해야 할 것이다"라는 뜻이다.

여기에는 약간의 보충설명이 필요하다. 비멜이 딜타이를 갑자기 언급하는 이유는 딜타이의 유명한 명제, 즉 "자연은 설명하고 정신은 이해한다"라는 말을 상기시키기 위함이었다. 딜타이는 "자연과학은 보편적 법칙에 따라 개별적인 자연사건을 설명하는 것이고, 정신과학은 개별적인 정신사건을 그 고유한 특성에 따라 이해해야 한다"는 주장을 내세웠

덧붙이는 글

던 것이다. 결국 생애를 통해 사상을 설명한다는 것은 자연사건이 아니라 정신사건이기 때문에 '설명'이라고 하면 곤란하다는 점을 말하려고 하는 대목이다. 그래서 비멜은 오해의 소지를 없애기 위해 괄호 안에 보충설명까지 했던 것이다. 그런데 이 점을 전혀 파악하지 못하고 번역을 했기 때문에 상상을 초월하는 오역이 생겨난 것이다.

또 이런 문장도 있다. "왜냐하면 우리들이 그의 저서를 통해서 어떤 것을 경험할 수 있는 그의 생애가 아니고 그의 저서가 바로 그의 생애이기 때문이다."

이 경우는 심오해서 어려운 것이 아니라 비문이어서 말이 안 된다. 이것은 하이데거의 경우 생애를 통해 그의 사상에 접근하는 것이 여의치 않음을 언급한 다음 "여기서 우리는 그의 생애를 통해 그의 지적 작업에 관해 경험할 수 없으며, 오히려 반대로 그의 지적 작업이 곧 그의 생애이다"라고 말하고 있다. 원문은 "Hier ist es nicht das Leben, durch das wir etwas über sein Werk erfahren Können, sondern sein Werk ist sein Leben"이다. 한마디로 대충 옮겨 놓다 실패한 것이다. 작업을 저서라고 한 것도 엄격히 말하면 여기서는 오역이다.

이 책은 처음부터 끝까지 이런 식이다. 학생을 시켜서 했는지 본인이 했는지 모르지만 '철저함의 결여'가 어떤 결과를 낳는지를 단적으로 보여주는 경우라고 할 수 있다.

뉘앙스 차 무시는 다반사

해당 분야의 전문가가 번역한 또 한 가지 경우를 보자. O교수가 후배와 함께 번역한 하이데거의 『예술작품의 근원』은 원문 자체의 난해함으로 인해 번역에 '철저하게' 실패한 경우이다.

이 책에는 문법적 오류가 특별히 눈에 띄는 경우는 별로 없다. 그러나 내용 자체에 대한 이해 부족으로 인해 한 쪽당 여러 개의 오역들이 계속 확인된다. 예를 들면 "우리는 순환논리가, 그리고 원주를 완성시켜야만 한다. 이것은 임기응변도, 결점도 아니다. 이 원주를 완성시키는 길을 간다는 것이, 오히려 장점이 된다. 사고가 도구라는 것을 가정한다면, 이러한 길의 도상에 머문다는 것이, 오히려 견고한 사고를 이루는 계기가 된다"라는 대목이 나온다.

우선 쉼표를 남용한 것이 두드러진다. 첫 문장은 안 써도 될 쉼표를 쓰는 바람에 이해할 수 없는 문장이 되고 말았다.

좀 더 상세하게 살펴보자. 이 부분의 원문은 이렇다. "So müssen en wir den Kreisgang vollziehen. Das ist kein Notbefehl und kein Mangel. Diesen Weg zu betreten, ist die Stärke, und auf diesem Weg zu bleiben, ist das Fest des Denkens, gesetzt, daß das Denken ein Handwerk ist."

이 부분 바로 앞에는 예술과 작품이 순환을 이룬다는 내용이 나오고 있다. 예술이 무엇인지 알려면 예술작품을 통해야 하고, 동시에 예술작품이 무엇인지 알려면 예술을 통해야 한다는 주장이 전개되고 있는 것이다.

이런 맥락에서 원저자는 순환이 된다고 해서 모두 '순환논리의 오류'에 빠지는 것은 아니고, 사안에 따라 이런 순환 관계를 더욱 철저하게 밀고 감으로써 그것의 핵심에 이를 수 있다는 주장을 하고 있다. 따라서 첫 문장에서 그냥 '순환'이라고 해야지 직역해서 '순환논리'라고 한 것은 잘못이고, '원주圓周'라는 말이 나와야 할 이유도 전혀 없다. "따라서 우리는 (예술과 작품의) 그 순환을 (논리적 모순이라 하여 포기할 것이 아니라) 끝까지 밀고 나가야 한다"라고 번역해야 무슨 말인지 알 수 있다. 나머지도 이런 식이다.

이 책은 종종 내용을 이해하는 데 결정적이면서도 우리 말로 옮기기가 쉽지 않은 용어가 포함된 문장들이 누락돼 있으며 '미묘한 뉘앙스'의 차이를 대충 무시해 버린 번역으로 일관하고 있다.

예를 더 들어 보자. "이 경우, 사물의 사물적 성격을 인식하는 것이 중요하다"라는 문장이 나온다. 여기서도 예의 상투적인 쉼표를 남발하고 있는데, 더 큰 문제는 '경험하다'라고 옮겨야 할 것을 '인식하다'라고 번역하고 있다는 점이다. 용어도 'erfahren'이라고 해서 '경험하다'인 데다가 하이데거는 '인식'이란 용어 자체를 극단적으로 기피했다는 점을 고려했어야 했다. 하이데거식으로 하자면 사물의 사물성은 경험될 수는 있어도 인식될 성질의 것은 아니기 때문이다.

비전문가의 오역은 더욱 심각

한편 비전문가가 무리하게 번역을 해 도저히 읽을 수 없게 만드는 경우도 적지 않다. K교수가 번역한 미국의 문학이론가 에릭 허쉬의 『문학의 해석론』은 해석학적 문학비평이론을 소개하는 책인데, 해석학의 기초 개념조차 제대로 번역돼 있지 못해 이해를 어렵게 만들고 있다.

다른 분야라면 몰라도 해석학에서 '해석interpretation'과 '해설explication'은 명백하게 다른 용어이다. 그런데 이 번역서에는 둘 다 '해설'이라고 되어 있어 혼동을 준다.

또 현상학의 기초 개념인 '환원reduction'을 '축소'라고 번역해 원서를 보지 않은 사람은 이해할 수가 없다. 마찬가지로 해석학의 기초 개념인 '해석학적 순환hermeneutical circle'을 '해석학적 순환원'이라고 옮기고 '해석학의 원'이라고도 옮겨 혼란상을 보이고 있다. 그리고 '담론공동체universe of discourse'를 '논설적 우주'라고 직역투로 잘못 옮겨 놓는 바람에 글을 읽어 나갈 수가 없게 만들고 있다. 문법적인 오류가 거의 없음에도 불구하고 제대로 이해할 수 없게 돼 있는 이 책의 가장 큰 문제점은 문학이론 이외의 현상학이나 해석학에 대한 무지라고 할 수 있다.

다음으로 들 사례는 『데리다의 해체주의』. S교수가 제자 K모 씨와 함께 번역한 미국학자 존 레웰린의 이 책은 우리말 철학 용어를 잘 모르는 상태에서 철학서를 번역했을 경우에 생길 수 있는 경우들이 거의 모두 나온다고 해도 과언이 아니다.

이 번역서에는 머리말에 미국 철학자 콰인의 용어인 '완벽한 전이의 불확정성'이란 용어가 나오는데 이는 'indeterminacy of radical translation'을 옮긴 것이다. 한마디로 이것은 철학계에서는 상식에 속하는 '완전 번역의 불가능성'을 내용도 모르고 그냥 옮긴 것이다. 이 뜻은 언어들 간의 상대성으로 인해 아무리 잘 번역을 하더라도 원어의 뜻을 남김없이 번역하는 일은 근본적으로 불가능하다는 명제를 제시하는 것이다. 또 상기想起를 뜻하는 'Erinnerung'을 '내화內化'라고 옮겨 놓았다. 원어에 'inner'라는 말을 보고 그렇게 한 것 같은데 철학에 이런 용어는 없다.

또 감성이라고 옮겨야 할 'sensibility'를 '감각가능성'이라고 표현해 무슨 뜻인지 알 수가 없게 해놓았다. 예를 들어 보자. "상상력은 감각가능성과 의미 사이를 잇는 길의 통행권을 부여하는 통과 의례가 수행되는 문턱이다." 이는 감성을 통해 받아들인 것들이 의미로 구체화되려면 상상력의 도움을 거쳐야 한다는 말인데, 감성을 감각가능성으로 해놓았으니 도무지 무슨 말인지 알 길이 없는 것이다.

그리고 철학계에서 일반화돼 있는 '기초존재론', '존재자', '존재' 등의 주요 개념을 '근본적 존재론', '있음', '눈앞에 있는 것'이라고 옮겨 놓고 있다. 그래서 "존재 의미를 물어야 한다"라는 말을 "있음의 의미도 궁금해 해야 한다"라는 식으로 해놓아 해당 분야 전문가가 읽어도 무슨 뜻인지 알기 어렵게 돼 있다.

"존재하는 것은 다 그만한 이유가 있다"라는 뜻의 전통 논리학의 네 가지 원칙 중 하나인 '충족이유율principle of sufficient reason'을 '충분한 추리의 원리'라고 해놓은 데서는 실소를 금할 길이 없다. 게다가 문학적으로 표현하려고 그랬는지 몰라도 이론적 용어를 아무런 원칙도 없이 일상용어로 바꿔 놓아서 번역한 본인들도 이해할 수 없게 돼 있는 것이다.

일관성이 결여된 번역 용어

아도르노가 편집한 『현대사회과학의 방법론』도 마찬가지이다. 아도르노, 하버마스 등 프랑크푸르트학파와 포퍼의 비판적 합리주의가 벌인 논쟁을 번역한 이 책은 경제학자 A교수가 번역한 것인데 비전문가로서의 한계를 쉽게 확인할 수 있는 책이다.

과학방법론을 논하는 이 책에서 과학철학의 핵심 용어인 '관찰명제 Beobachtungssätze'을 '관찰의 정리'로, '원초적 명제들Protokollsätze'을 엉뚱하게 도 '서술적 정리'라고 번역해 놓았다. 과학에 있어서 관찰명제나 원초적 명제는 같은 뜻으로 직접 관찰을 기록한 명제란 뜻이다. 대부분의 과학적 명제들은 직접 관찰에 의한 것보다는 관찰명제들의 연결이나 간접적인 지식을 통해 얻는 것들이라는 점을 염두에 두고 이와 구별하기 위해 사용된 용어이다.

이 용어들이 포함된 부분의 번역문을 보면 "그러나 체험이나 지각은 정리가 될 수 없으며 기껏해야 관찰의 정리로만 표현될 수 있다. 따라서 그와 같은 서술적 정리는 가설의 유효성을 결정해 주는 역할을 하는 것으로 간주된다"라고 돼 있는데 정말 무슨 말인지 알 수가 없다. '명제'를 '정리定理/theorem'와 혼돈하고 있어서 혼란은 더욱 가중된다. 명제와 정리는 전혀 다른 것이다.

이를 다시 번역해 보면 "그러나 체험이나 지각 그 자체는 명제가 아니며 기껏해야 관찰명제 속에 표현될 수 있을 뿐이다. 바로 이 때문에 이 같은 원초적 명제는 가설의 유효성을 결정하는 토대로 간주되었던 것이다." 여기에는 이외에도 엄격히 말하면 시제를 비롯한 몇 가지 문제점이 포함돼 있다. 사소한 것이 될는지 모르지만 이 책에서는 그 밖에도 '선이해先理解/Vorverständnis'를 '사전지식'이라고 옮겨 놓거나 '관심Interesse'을 '이해관계'라고 부적절하게 옮기고 있다. 또 처음부터 끝까지 '실천'을 '실제'라고 옮겨 어색한 번역이 되고 있다. 예를 들면 '사회적 실천'과 '사회적 실제'는 아무래도 다른 뜻이 되는 것이다. 그리고 과학의 토대를 지칭하기 위해 하버마스가 사용하는 'Basis'란 용어를 어떤 때는 '토대'라고 했다가 어떤 때는 '근본'이라고 옮기는 등 일관성이 결여돼 있다.

다만 이 책은 전체적으로 볼 때 심한 오역은 별로 없으며, 영미철학 부분을 언급하는 데서 집중적으로 오역이 발생하고 있다는 것이 특징이다. 물론 책 전체가 직역투로 돼 있어 내용을 다소 아는 사람도 쉽게 읽

덧붙이는 글

어 나갈 수 없게 돼 있다는 점은 다른 책들과 마찬가지이다.

직역투 남발, 비문투성이 문장들

이처럼 주로 하이데거 철학과 해석학 등 필자의 전공 분야와 관련해서만 오역 지적을 해도 10여 권은 족히 된다. 오역의 정도라는 것이 1개 장에 몇 개라면 불가피한 것으로 어느 정도 이해할 수 있다. 그러나 여기서 언급했던 책들은 지면 관계상 누가 봐도 명백한 것만 골라서 그렇지 제대로 하자면 오역된 부분만으로 작은 책 한 권이 되고도 남을 정도다.

다른 분야도 사정은 마찬가지인 것으로 알고 있다. 서양철학이 도입된 지 50년이 넘었지만 플라톤이나 아리스토텔레스의 주요 저작들이 전혀 번역돼 있지 않다. 간혹 있는 것이라고는 일본어판 중역重譯들이다.

칸트의 경우 일찌감치 여러 명에 의해 번역돼 그의 저작 대부분을 번역서로 접해 볼 수 있다. 그리고 고 최재희(전 서울대 교수) 씨가 온갖 열성을 다해 번역을 해놓았기 때문에 후학들이 지금도 큰 도움을 받고 있다.

물론 최재희 교수의 번역에도 문제가 없는 것은 아니다. 독일에서 칸트 연구로 학위를 받은 서울대 백종현 교수는 이미 지난해 '오성悟性'을 '지성'으로 '각지覺知'를 '포착'으로 바꾸는 등 일본어투 번역어를 이제는 바꾸어야 한다고 주장한 바 있다. 그러나 백 교수는 "단어 상의 몇 가지 문제 때문에 최재희 선생의 업적 전체를 매도해서는 안 된다"라며 "나의 문제 제기는 비판이 아니라 보완적 의미를 갖는다"라고 말하고 있다.

우리나라 철학과에서 칸트 연구가 다른 어느 철학자보다 활발했던 것은 칸트에 관한 잘된 번역서가 많았다는 것과 무관치 않다. 그러나 전체적으로 보면 칸트의 경우는 예외에 속하고 대부분의 고전 번역은 황무지이거나 황폐화된 상태라고 보는 것이 정확한 진단일 것이다. 이 같은 진단은 철학을 뛰어넘어 거의 모든 분야에 적용될 수 있으니 동시에 고전뿐만이 아니라 연구서에도 적용될 수 있다.

번역을 평가하는 분위기가 관건

이처럼 날림 번역이 판을 치는 한국의 번역 문화는 번역자의 자질 문제, 학계의 무관심, 출판사의 한탕주의, 당국의 지원 부족 등이 어우러져 생겨난 합작품이다. 한마디로 우리 번역 문화는 '총체적 위기'에 빠져 있는 것이다.

번역자의 자질 문제는 앞서 보았듯이 심각한 지경에 이르렀다. 이름 깨나 있는 교수들이 이런 판이면 나머지는 말할 필요도 없는 것이다. 다만 다행스러운 것은 최근 들어 소장 학자들을 중심으로 번역의 중요성을 깨닫고 충실한 번역서들이 급격히 늘고 있다는 사실이다. 교수 채용난으로 인해 박사학위를 받은 연구 인력들도 최근 번역을 통해 활로를 모색하고 있는 추세이기 때문에 번역자의 자질 문제는 조만간 해결될 수 있을 것으로 전망하는 이들이 많다.

그러나 학계의 무관심은 아직 개선될 조짐이 없다. 최소한 번역이 결정적 중요성을 갖는 인문·사회과학 분야에서라도 주요 고전들을 미리 선정해 일정 수준을 넘는 번역을 했을 경우에는 이를 학문적 업적으로 평가하는 제도가 마련돼야 할 것이라는 주장은 학계에서 늘상 제기돼 온 '단골 메뉴'였다.

실제로 용어 선택 하나하나까지 엄밀한 주석을 달도록 한다면 모자이크식 논문과는 비교할 수 없는 학문적 업적이 될 수 있다는 것이 그런 주장을 하는 학자들의 논거이다. 이런 맥락에서 대학 당국이 번역에 대해서도 논문에 못지않은 연구업적으로 인정해 주는 제도적 장치 마련을 서둘러 검토할 때가 되었다고 할 수 있다.

동시에 주요 고전들에 대한 학회 차원의 공동번역도 추진해 볼 만한 기획이다. 이렇게 되면 표준번역이 나옴으로써 굳이 읽는데 시간이 많이 걸리는 원서를 보지 않고 그 책에서 인용을 하면 되기 때문이다.

번역에 대한 출판계의 인식도 달라져야 한다. 고료를 더 지불하더라도 우수한 번역자를 확보하겠다는 풍토가 조성되지 않는 한 '날품팔이 번역자'들은 사라질 수가 없다. 국내에 수십 종이나 나와 있는 사상 전집류나 교양 전집류들은 도대체가 책이라고 할 수 없는 것들이 대부분인데, 이것들이 모두 '날품팔이 번역자'들에 의해 양산되고 있다.

그리고 국학 분야의 번역에 대해서는 국가적 차원에서 대폭 지원이 뒤따라야 한다는 지적도 높다. 물론 지금도 『조선왕조실록』 등의 번역 사업을 지원하고 있기는 하지만 지원 액수가 너무 적어 전문번역자들이 생계를 유지하는 데 급급한 실정이다.

1980년대 중반 한국의 지식사회에 거센 바람을 몰고 왔던 동양철학자 김용옥(전 고려대 교수) 씨가 힘차게 외쳤던 "번역합시다!"라는 말이 새삼 생각난다. 그런데 이제는 여기에 한마디 덧붙여야 할 것 같다.

"번역, 제발 제대로 합시다!"

《신동아》 1993. 12.

베끼기에서 시각 도용까지,
한국 학계의 표절 백태百態

일본 삿포로학원대학 법학과 스즈키 게이후 교수는 1988년 고려대에서 「법을 통한 조선식민지지배」라는 논문으로 박사학위를 받은 일본 법학계의 '한국통' 학자다. 한국 법학계의 연구 성과에 관심을 가져온 그가 얼마 전 국내 S대 법대의 한 교수에게 그의 논문들을 일본어로 번역하겠다고 제안했다. 이 말을 들은 그 교수는 "절대 안 된다"라며 펄쩍 뛰었다고 한다. 자신의 논문들이 일본 학자들의 저서 여기저기에서 표절한 것이라는 사실이 들통날 것을 우려했기 때문인 것으로 알려졌다.

　이미 일본 학계에서는 한국 학계가 재일교포 학생이나 한국인 유학생들을 통해 일본 학자들의 저서나 논문을 번역시켜 무차별 표절하고 있다는 사실을 소상하게 알고 있는 것으로 전해지고 있다. 자칫하면 국제적으로 망신을 당할 위기에 처해 있는 것이다.

　실제로 국제 망신을 당한 경우도 있었다. 정년퇴직을 몇 년 앞두고 있는 철학계의 한 교수는 1960년대 말 유럽의 한 대학에서 공부를 했는데 학위심사 논문이 '표절'로 밝혀져 물의를 빚었다. 특히 그 나라 대학에서는 유학생의 경우 학위 심사 때 해당국의 대사까지 참석하는 전통이 있는데, 그 자리에 갔던 한국 대사까지 함께 망신을 당해야 했다. 그는 그러고도 국내로 들어와 교수로 취직해 지금까지 아무런 문제 없이 재직하고 있다.

표절의 다섯 가지 양태

우리나라의 경우 학계는 물론 일반인들도 표절에 대해서는 무척 관대하다. 어느 학자가 표절을 했다는 사실이 알려지면 주변 학자들이 앞장서서 쉬쉬하며 보호해 준다. 설사 폭로가 되더라도 "뭐 그런 것을 가지고 그러느냐"라는 것이 일반적인 반응이다. 그러다 보니 표절을 한 본인들도 "다들 그렇게 하는데, 왜 나만 갖고 그러느냐"라며 "재수가 없어 걸렸다"라는 반응을 보일 뿐이다. 실제로 표절이 확인돼도 대학 당국에서 징계를 하는 일은 전혀 없다. 표절자는 '구조적으로' 보호받고 있는 것이다.

표절에 대한 관대한 전통은 1950~1960년대에 표절이 마구잡이로 이루어지면서 형성됐다. 심지어 당시 서울대 사범대 교수로 재직했던 K교수는 "철학자는 지금까지 세계를 해석만 해왔다. 철학자의 본령은 세계를 변혁하는 것이다"라는 마르크스의 유명한 구절을 어느 잡지에 자기 말인 양 사용했는데, 그 후 한동안 우리나라 지식인 사회에서는 그 구절을 인용할 때 출처를 K교수로 밝혔다고 한다. 다소 과장된 이야기지만 1950~1960년대 우리 학계의 수준을 적나라하게 보여주는 에피소드이다.

필자는 지난해 8월부터 학계의 표절 실태가 위험수위에 이르렀다는 뜻있는 학자들의 지적을 듣고 지난 연말까지 표절 문제를 취재해 왔다. 취재 과정에서 느낀 것은 한마디로 '당혹감'이었다. '서너 건이라도 실증을 잡아낼 수 있을까' 하는 의구심에서 출발했는데, 두어 달도 안 돼 철학, 법학, 국사학, 신문방송학 등 거의 모든 인문·사회과학 분야에서 20여 건에 이르는 표절 사례를 확인할 수 있었기 때문이다.

표절이란 사전적 의미로는 "시, 노래, 글에서 남의 작품 일부를 몰래 따서 쓰는 것"으로 돼 있다. 그러나 학문 분야에서는 엄밀하게 말해서 단어 하나라도 만일 그것이 어느 학자의 '독창적 개념'일 경우 인용 표시나 각주 없이 그 단어를 사용하면 표절의 범주에 들어간다. 창의성과 독창성을 중시하는 학문 분야에서의 표절 행위는 그만큼 엄격하게 정의 내려야 한다는 것이다. 다만 여기서는 이런 좁은 의미의 표절은 일단 제외하고 크게 다섯 가지로 표절 양상을 정리했다.

첫째, 다른 학자의 책이나 논문에서 핵심적인 문장이나 구절을 그대로 전개하는 것이다. 고전적인 표절은 바로 이를 두고 말하는 것이며, 국내 학계에서도 종종 일어나는 일이다.

둘째, 여러 문단이나 장을 외국책에서 그대로 번역해 인용 표시 없이 자기 글이나 책에 싣는 것이다. 말 그대로 '도용'하는 것이다.

셋째, 책 전체를 그대로 번역하다시피 한 다음 자기 '저서'라고 출판하는 것이다. 때로는 논문 전체를 번역해 자기 논문이라고 발표하는 경우도 있다. 이는 표절 중에서 가장 심각한 경우로, 우리 학계에서는 1960~1970년대에 널리 이용했고 지금도 종종 이용하고 있는 표절 방법이다.

넷째, 아주 교묘한 방법으로 외국책을 번역한 다음 자신의 짤막한 에세이 하나를 덧붙여 '편저'라고 이름 붙여 내는 방법이다. 나름대로 표절 냄새를 줄여 보려는 편법이지만 사실은 더욱 악질적인 형태의 표절이라고 할 수 있다.

덧붙이는 글

다섯째, 어떤 입장이나 패러다임을 명시적으로 출처를 밝히지 않고 도용해 자신의 견해나 입장인 양 하는 것으로, 넓은 의미의 표절에 포함시킬 수 있다. 이는 주로 중국이나 북한의 이론에서 끌어다 쓰는 경우가 많은 것으로 확인됐다.

이처럼 표절 양상에 따라 그 실태를 정리해 보는 것은 표절의 심각성을 인식하는 데 보다 효과적인 방법일 것이다.

표절 폭로하면 욕먹는 풍토

첫째, 고전적 표절 양상으로 국내 학자의 논문이나 책을 국내 학자가 베껴 문제가 된 경우부터 살펴보자.

이미 1980년대 초에 언론에 널리 공개된 경우로 당시 국문학계의 Y대 전모 교수가 K대 김모 교수의 논문 「최재서 연구」를 3분의 1가량 그대로 전재해 물의를 빚었다. 그 후 이 사실이 언론에 대대적으로 공개돼 전모 교수는 Y대를 떠났다. 우리 학계의 대표적인 표절 사례로 꼽히는 이 사건은 표절이 문제될 때마다 인구에 회자되는 고전적 사례가 되었다. 그 후 전 교수는 지방의 한 대학에 다시 취직이 되긴 했지만, 우리 학계에서는 유일하게 표절로 인해 학교를 떠난 경우였다.

지난해에는 언론학계에서 이모 박사의 논문을 S대 김모 교수가 표절해 언론학회에서 공식 문제가 된 적이 있었다. 이 박사가 1991년 서울대 사회과학연구소에서 간행하는 《사회과학과 정책연구》에 기고한 논문 「의사소통 합리성의 한계」에서 4페이지가량을 1993년 5월 《언론학보》에 기고한 글에 그대로 전재하다시피 한 것이다. 이 박사가 문제를 제기,

언론학회에서는 이사회를 열고 김 교수가 사과문을 기관지나 학회 소식에 싣는 선에서 양측이 합의를 보았다. 그러나 아직 사과문이 실리지는 않고 있다고 한다. 물론 학교 측에서도 아무런 징계 조치는 없었다.

이 박사의 다음 발언은 우리 학계가 표절에 대해 어떻게 대응하는지를 단적으로 보여준다.

"처음에는 표절 사실을 공표했다는 이유만으로 나를 '이상한 놈'으로 몰더군요. 젊은 친구가 버르장머리가 없다는 비판도 들었습니다. 심지어 내가 누군가를 음해하려는 세력의 앞잡이가 아니냐는 시선까지 느껴야 했습니다."

오히려 표절한 사람이 보호받고 표절을 당한 사람이 공개했다는 이유만으로 '문제 인물'로 낙인찍혀 여러 가지 어려움을 겪어야 했던 것이다.

또 언론학계에서는 K대의 한 교수가 자신의 지도 학생의 논문 중 일부를 그대로 전재했다가 그 학생이 항의하는 바람에 문제가 된 적도 있었다.

번역이 '저서'로 둔갑

둘째는 외국 저서나 논문에서 여러 장이나 절을 그대로 번역해 싣는 경우이다. 전모 교수(S전문대 출판학)가 『세계의 출판』(한국언론연구원)에 기고한 「세계를 대표한 서적과 출판사들」이 그 예. 이 기고문은 비록 연구 논문은 아니지만 일본의 저술가 쇼지 센쓰이가 쓴 『사진으로 본 서양의 책』의 일부(124쪽에서 148쪽까지)를 완전 번역해 싣고 있다.

특히 일본인의 시각에서 선정된 각 세기별 서양의 대표적인 출판물을 그대로 원용하고 있어 우리로서는 처음 듣는 저자나 책들이 다수 등장하는 우를 범하고 있다. 또한 출판학 입문서에 속하는 일본책을 아무런 인용 표시도 없이 그대로 번역해 자신의 글에 게재했다는 점에서 우리 학계의 표절 불감증이 어느 정도인지를 확인시켜준다. 표절의 대상이 된 원저는 10여 권의 참고 문헌 중 하나로 포함돼 있을 뿐이다.

출판학 분야의 표절 사례는 또 있다. 문제의 책은 중견 출판학자 민 모 교수(H전문대 출판학)가 1985년에 펴내 이 분야의 '고전'으로 자리 잡은 『출판학 개론』. 표절이 명확하게 확인된 부분은 제4편 「출판경영론」 중 3장 '출판의 직능·기구와 출판경영'과 5장 '출판기업의 특질과 경영'이다. 이 두 장은 1975년 일본에서 간행된 아오키 하루오青木春雄의 『現代の出版業』 중 제1장 두 절을 각각 그대로 번역한 것이다. 다만 '일본'을 '우리나라'로 바꾸고 우리의 출판 현실을 감안해 일본책에는 '전혀 없다'로 돼 있는 것을 '거의 없다' 정도로 바꾸었다. 나머지는 완전 번역.

게다가 민 교수 스스로 "베일리 책을 더 많이 참고했다"라며 영어권에서 가장 널리 읽히는 출판학 개론서인 베일리의 『The Art and Science of Book Publishing』에서도 상당 부분을 전재했음을 시인했다. 민 교수는 학계와 출판계에서 일하며 불모지나 다름없던 출판학 분야를 개척해온 제1세대의 대표주자로 한국출판학회 창설과 전문대학 및 대학에 출판학과 설치 운동을 주도했던 이 분야의 선구자이다.

출판인 정모 씨는 "출판의 정도를 가르쳐야 할 출판학 개론서에서 버젓이 표절을 한다면 우리나라의 다른 책들이 지금 어느 상태에 있는지 짐작할 수 있는 것이 아니냐"라고 개탄했다.

한편 손모 교수(D대 법학)가 1990년 자기 대학에서 출간한 《행정논

총》 제19집에 기고한 논문 「법정책학의 형성과 전개」는 일본 동경대 법학부 히라이 교수가 법정책학 기본 교재로 펴낸 『法政策學』(1987)의 제1장 1절에서 3절의 본문과 주를 도용했다. 간혹 본문의 내용을 주主로 처리하는 경우는 있지만 누가 보아도 그대로 표절이다. 이 또한 히라이 교수의 원전이 이미 국내에 나와 있고, 법정책학에 관심이 있는 사람이라면 누구나 갖고 있는 책이라는 점에서 대담성을 보여준 사례이다.

이 사실은 뒤늦게 밝혀져 1992년 1월 D대 법학과 대학원 학생회에서 성명서를 내는 등 학교 측에 항의했으나 학교 측은 손 교수에 대해 아무런 조치도 취하지 않았다고 한다. 학생들은 손 교수가 "학내 실세이기 때문"이라고 믿고 있다. 당시 학생회 측은 성명서에서 "표절된 원서의 수준이 학부생을 대상으로 하는 입문서 중에서도 서론에 해당하는 것이라는 점에서 아연실색하지 않을 수 없다"라고 밝혔다.

1950년에 출간돼 이 분야의 고전으로 취급돼 온 법학계의 대가 H 씨의 『법철학』도 일본인 교수 오다카 도모오의 저서에서 일부 내용을 그대로 혹은 요약해서 싣고 있다. 학계에서는 이 책에 대해 "오다카 교수가 쓴 몇 권의 책에서 내용을 뽑아서 꾸민 것"이라고 보고 있다. 물론 출전은 밝히지 않았다.

표절서에 붙은 저작권 침해 경고 문구

셋째, 외국책을 거의 그대로 번역해 자기 '저서'로 내는 것이다. 이런 대형 표절은 1950년대와 1960년대 우리 학계의 관행이 되다시피 했었다. 특히 법학 분야에서는 일본책을 번역해서 내는 것이 '과도기'라는 명분하에 당연시될 정도였다. 지금도 일부 교수들은 표절을 아무런 죄책감 없이 일삼고 있다. 법을 전공한다는 학자들이 '범법' 행위인 표절에 앞장서고 있다는 사실은 충격이 아닐 수 없다.

이처럼 법학 분야에서 특히 표절이 심한 이유에 대해 한상범(동국대 법학)은 "해방 후 교수 요원이 전무하다시피 한 상태에서 일제 관료나 일제하 대학 출신이 그대로 교수가 되어 일본의 법령, 판례, 교과서 등으로 법학 교육을 시켰기 때문"이라고 진단했다.

법학계의 친일 잔재 청산에 오래 노력을 쏟아 온 그의 연구 결과에 따르면 법학계의 표절 양상은 다음과 같이 정리해 볼 수 있다.

먼저 전체를 번역해 저서로 내는 경우로 서울대 법학 교수와 법제처 장을 역임한 김모 씨의『행정법론』을 들 수 있다. 이 책은 다나카 지로의 『행정법총론』을 그대로 번역한 것이다. 다만 법조문이나 기구만 우리 실정에 맞게 고쳤을 뿐이다. 그런데 이 책은 우리나라에서 특히 고시 수험생들에게 필독서로 가장 널리 읽힌 책이기도 했다.

또 지금은 절판됐지만 민법의 대가로 꼽히는 김모 교수가 변호사 안모 씨와 공저한『민법강의』(1~5권)는 와가쓰마 사카에 교수의『민법 교과서』를 편저한 것이고, 김모 씨의『민법』(1~3권)은 와가쓰마 교수의 저서를 요약한 것이다.

한상범 교수는 그밖에 "K대 총장을 지낸 김모 씨의 민법과 상속법 관련 저서들은 어느 한 일본학자의 견해를 중심으로 하면서 다른 학자들의 업적을 추가해 보완한 것"이라고 밝혔다.

최근에는 정치학계에서도 표절서가 확인됐다. 문제의 저서는 나모 교수(K대 정치학)의『비교정치론』. K대 부총장과 13대 국회의원까지 역임한 그가 1985년 펴낸『비교정치론』은 미국 정치학자 로널드 칠코트 교수의 『Theories of Comparative Politics』를 축약, 번역해 놓은 책이다. 1987년에 칠코트의 책이 국내에 번역돼 나왔는데도 지난 1993년 1월에는 버젓이 중판까지 냈다.

나 교수의 저서는 우선 칠코트의 책과 목차 구성이 거의 동일하다. 세부적인 항목 설정과 분류 체계도 똑같다. 각종 도표들도 그대로 도용했다. 간혹 생애나 평가 부분에서 차이를 보일 뿐이다. 동일 항목을 찾아 비교해 보면 문제는 더욱 심각하다. 원문을 문맥과 상관없이 생략해 가며 요약, 발췌로 일관하고 있는 것이다. 게다가 엉터리 번역도 수시로 발견된다.

또 표절로 일관한 『비교정치론』의 표지에 "무단복사는 저작권법을 침해하는 행위이므로 동법 71조에 의한 법정최고형을 유도할 것임을 경고한다"라는 문안까지 붙어 있다는 점도 아이러니컬한 대목이다. 물론 이는 출판사 측이 표절 사실을 전혀 몰랐다는 방증일 수도 있다. 출판사 측은 실제로 "처음 듣는 얘기"라며 "당장 절판하겠다"라고 말했다.

정치학계의 한 교수는 "나 교수의 표절은 학계에서는 이미 알려진 사실"이라며 "학회 등에서 공식적으로 문제 제기조차 하지 못한 정치학계의 책임도 크다"라고 말했다. 실제로 K대에서도 일부 대학원생들을 중심으로 이에 대한 문제 제기가 있었으나 대학 당국은 유야무야 넘어간 것으로 알려졌다.

또 공개되지 않았지만 지금은 정치인으로 활동 중인 이모 씨가 서울대 김학준 교수의 논문을 표절했다가 당사자들끼리 합의해 조용히 넘어간 적도 있었다.

철학계에서는 1984년 당시 성균관대 재직 중이던 김모 교수가 《사회와 인식》에 기고한 헤겔 철학에 관한 논문이 일본의 석사 논문 중에서

　　　　　　　　　　　　　　덧붙이는 글

한 장을 그대로 번역해 무원칙하게 재배열한 것으로 밝혀져 물의를 빚은 적이 있었다. 일단 한 장을 전부 번역한 다음 표절 냄새를 없애기 위해 전후 맥락도 무시하고 절 단위로 마구 오려 붙여 만든 것이다. 특히 그 책은 김 교수의 회갑을 기념해 만든 책이었다는 점에서 충격을 더했다.

당시 사회철학계의 중견으로 꼽히던 김 교수가 일본의 석사 논문을 그대로 베꼈다는 사실은 한국 학계의 자존심을 손상케 했다는 점에서도 대단히 충격적이었다. 그 교수는 1년간 휴직을 한 다음 복직해 무사히 정년퇴직했다고 한다.

소련 공산당 공식 견해도 '도용'

넷째로 표절의 냄새를 줄여 보려고 사실상의 번역서를 잡글 하나와 함께 '편저'라고 해서 책을 내는 양태이다. 편저란 엄격하게 각 논문들의 출처를 밝히고 전체적인 윤곽을 제시하는 자신의 논문을 첨가하는 것이 정상적인 방식이다.

중견 철학자 강모 교수(H여대 철학)가 1988년 펴낸 『독일관념철학과 변증법』은 1980년 옛 동독 디츠출판사에서 나온 네 권짜리 『변증법의 역사Geschichte der Dialektik』 중 제2권을 번역한 다음 칸트, 피히테, 셸링, 헤겔 등 독일관념론 철학자 네 명의 생애 부분을 철학사전 등에서 추가해 편저로 낸 것이었다. 『변증법의 역사』는 원래 1978년 구소련 과학아카데미가 펴낸 철학 교과서였다. 게다가 강 교수는 이 같은 표절 사실이 밝혀진 직후 "우리나라에서 저서라고 나오는 것들이 대부분 그렇게 해서 나오는 것 아니냐"라는 반응까지 보여 더욱 충격을 안겨 주었다.

대학원생들의 문제 제기가 잇달아 강 교수의 책과 동독판 원서를 비교·검토해 보았다는 정모 교수는 "완전한 번역도 아니고 어렵거나 애매한 부분은 대충 빼버리고 생애 부분은 개론서나 철학사전 등에서 보충했다"라며 "이런 출판 행태는 저서나 번역서도 아니고 편저나 편역의 범주에도 넣을 수 없다"라고 말했다.

강 교수는 이 같은 물의를 예상했음인지 머리말 끝부분에 "이 책을 기술하는 데 기본이 된 참고문헌은 『변증법의 역사』임을 밝혀둔다"라고 말하고 있지만 이 점은 설득력이 없다. 머리말 중간에서 칸트와 독일관념론에 대한 소련 공산당의 공식 견해를 그대로 받아들여 "물론 칸트의 철학을 '무력한 소시민의 자기 위로'로 그리고 독일의 관념론 철학을 '정치적으로 퇴화된 독일 시민계급의 공허한 이념'으로 비판한 필자의 견해에 대하여 반발하는 독자가 많으리라고 생각한다"라고 쓰고 있어 자신의 저서임을 명백히 강조하고 있기 때문이다.

지금은 절판됐지만 한모 교수의 『헤겔철학사상의 이해』도 일본에서 나온 변증법 개설서를 그대로 번역한 것인데, 처음에는 '저서'라고 했다가 문제가 되자 '편저'라고 바꿨고, 그 후 문제 제기가 잇따르자 결국 절판했다.

취재 중에 만난 어떤 교수는 "지금 국내에서 편저라고 돼 있는 책 중에 절반 이상은 이 같은 형태의 표절서라고 보면 정확하다"라고 말했다. 편저는 준저서 취급을 받기 때문에 번역을 해서 편저라고 내는 것이다.

덧붙이는 글

이미 번역된 책의 재표절도 등장

다섯째는 어떤 저자의 고유한 입장이나 견해를 명시적 표시 없이 도용하는 경우. 이것은 '고난도의 표절' 사례에 속하기 때문에 단순 확인으로는 밝히기 곤란하다. 그래서 학계에서는 종종 '표절을 했다, 안 했다'는 논란으로 이어지곤 한다.

대표적인 사례가 1991년 한국정신문화연구원 이모 교수와 강모 교수가 1년 넘게 벌인 표절 시비 논란이다. 이 교수는 1990년《한국사학》11집에 실린 강 교수의 논문 「중국동북지방의 유적연구」가 자신의 박사학위 논문 「발해연안 고대문화의 연구」를 표절한 것이라고 교수회의에서 공식 문제 제기를 했다. 이 교수는 강 교수의 논문이 "발해연안 공산문화의 적석총과 석관묘가 한반도의 적석총과 일맥상통한다"라는 자신의 논문 내용과 일치할 뿐만 아니라 각주도 없이 논문을 무단 인용했다고 주장한 것이다.

그러나 강 교수는 "이 교수의 논문은 연구자의 창의력 없이 다른 연구자의 보고서와 논문을 합성한 것일 뿐"이라고 대응했다. 두 교수의 논란은 그 후 연구원 차원에서 무마된 것으로 알려졌다.

견해나 입장의 무단도용은 과거 일부 국학 분야에서도 횡행했다. 1970년대 초까지만 하더라도 북한의 국학 연구가 일부 앞서 있었기 때문에 일본 등을 통해 우회적으로 수입한 북한의 견해가 우리 식으로 포장돼 국내 학계에 무비판적으로 유포된 것이다.

연세대 유인희 교수는 "학자에게 학문적 입장은 본질적인 것인데 중국이나 북한의 견해를 명시적 표시도 없이 끌어다가 자기 것인 양 하는 것은 대단히 위험한 일"이라고 지적했다. 한동안 기철학이 유물론이라 해서 맹목적으로 찬양받던 풍토도 그런 맥락에서 생긴 것이라 할 수 있다. 기철학 자체에 대한 독자적 검토가 거의 없었기 때문이다.

법학 분야도 사정은 다를 것이 없다. 법학 이론이 거의 없는 국내 법학계는 대부분 외국 이론을 그냥 차용해 자기 이론인 양 내세우는 일이 관행처럼 돼 있다. 이것이 얼마나 위험한지는 다음과 같은 사례에서 확인할 수 있다.

앞서 언급한 우리나라 최고의 법철학 교과서인 H 씨의 『법철학』은 일본 법철학자 오다카 교수의 견해를 그대로 수용한 것이다. 한상범 교수는 계간지 《역사비평》 15호(1991년 겨울호)에 기고한 글에서 이렇게 지적하고 있다.

"H 씨의 『법철학』은 오다카 교수의 몇 권의 책에서 내용을 뽑아서 꾸민 것으로 이는 출전 근거를 밝히지 않은 채 자기 것으로 한 점에서 명백히 문제가 있을 뿐만 아니라 오다카의 법철학 이론을 그대로 받아들이면서도 분명한 평가 즉 비판을 하지 않았다는 데 더 큰 문제가 있다."

오다카 교수는 각종 논문을 통해 비상대권非常大權의 초헌법적 성격을 인정해 파쇼적 헌법론을 지지하고 있으며, 각종 논문을 통해 조선인의 황국신민화를 부르짖은 학자인데도 이를 무비판적으로 수용했다는 말이다. 표절의 위험성을 극명하게 보여주는 사례이다.

지금까지 살펴본 다섯 가지 유형에 속하지 않는 기상천외한 표절 사례도 있다. 이미 번역된 책을 문장 몇 개 고쳐 그대로 베껴 또다시 자신의 번역이라고 해서 내는 경우이다.

S대 불문과 이모 교수는 1991년 5월 랭보 사망 100주년을 맞아 앙리 페이르의 책을 『랭보와 베를렌느』라는 이름으로 번역 출간했다. 그런데 이 책은 이미 1985년에 번역된 『저주받은 시인들』을 그대로 베낀 것임이

밝혀졌다. 물론 이런 경우는 법률적으로 저촉되지는 않는다. 국내에서 1987년 이전의 번역서는 보호하지 않기 때문이다.

그러나 국내의 손꼽히는 랭보 전문가이며 한국번역가협회 이사까지 맡고 있는 이 교수가 번역서를 그대로 표절 출판했다는 것은 우리 학계의 표절 실태가 어디까지 와 있는지를 그대로 보여주는 사례이다.

구조화된 표절 문제

국내 학계에서의 표절은 극히 일부의 '비양심적' 학자에만 국한되는 현상이 아니다. 표절은 한마디로 창조적 노력의 포기에서 나오는 것이다. 창조적 연구가 거의 없는 우리 학계는 그런 점에서 표절 유혹에 너무나 노골적으로 노출돼 있다고 할 수 있다. 표절이 우리 학계의 '구조적' 문제로 지적되는 것도 이 때문이다.

취재 과정에서 어려웠던 점은 많은 교수가 대부분 자기 분야의 표절 사례를 한두 건은 알고 있으면서도 밝히기를 꺼렸다는 것이다. 만일 그들이 적극적으로 협조해 주었다면 그 사례는 최소한 50건 이상이 됐을 것이다. 그것도 대부분 현직 교수들이 저지르고 있는 것들이다.

한 교수는 "우리 학계는 너무 범위가 좁아 표절 사실을 공개하면 곧바로 누가 그것을 공개했는지 알게 된다"라며 "그런 경우 대다수 교수들은 표절한 사람을 비판하기보다는 그것을 공개한 사람을 비난한다"라고 충격적인 고백을 했다. "대충 살지, 왜 혼자 잘난 척 하느냐"는 분위기라는 것이다. 말하자면 정말로 연구하는 교수는 소수이고, 대충 이 책 저 책 읽고 강의나 하는 교수들이 지배하는 학계 풍토가 표절을 양산하고 있다는 것이다.

우리 학계에서 표절이 특히 '활성화'돼 있는 분야는 서양철학, 법학, 신문방송학 등이다. 그런데 이들 세 분야는 '개론'이니 '통론'이니 하는 책이 많기로 유명한 분야이기도 해 묘한 연관성을 느끼게 한다.

서양철학에서 표절이 많은 이유는 무엇일까. 엄격히 말해 1980년대 중반까지 한국의 철학 교수들 중에서 '철학한다'는 것이 도대체 무엇 하는 것인지를 알고서 학문을 했던 사람은 극소수였다는 비판을 받았다. 대부분은 그냥 외국책이나 읽고 소개하기에 급급했다는 것. 여기서 일본어를 하는 노교수들은 주로 일본에서 나온 해설서들에 의존해 자신들의 학문적 생명을 연장해 왔다. 새로운 주제가 등장하면 일본의 친지에게 그 주제에 관한 일본어 해설서 두어 권을 입수한다. 그것을 읽고 그 분야의 전문가로 자처한다. 고전에 대한 깊이 있는 이해란 기대할 수 없는 것이다. 이런 실정에서 일본책 몇 권을 대충 취합해 『철학개론』이라고 해서 내기도 하고 위에서 본 것처럼 자신의 연구서인 양 위장하기도 하는 것이다.

법학의 경우는 사정이 더욱 심각하다. 1950년대부터 1980년대까지 법학계를 이끌었던 대부분의 학자들이 표절을 했다고 해도 과언이 아니다. 그러나 "그렇게 해서라도 외국 이론을 수입한 공적은 평가해야 하지 않느냐"는 옹호론이 지금도 법학계를 지배하고 있다. 현재 법학계의 중견 교수들은 대부분 그들의 제자이기 때문이다. 지금도 많은 중견 교수들은 일본, 미국, 독일 등지의 법이론을 출처도 밝히지 않고 자신의 이론인 양 발표하는 것이 관행이 되다시피 하고 있다.

법학계에는 또 개론서나 내서 고시 수험생들에게 인기를 얻어야 '괜찮은' 법학 교수로 인정받는 풍토까지 있다. 이 과정에서 먼저 나온 개론서를 거의 그대로 옮기다시피 하고 약간의 자기 견해만 붙이면 '저서'로 통용된다. "개론서에서 좀 베끼면 어떠냐"는 자신감을 피력하는 학자도 만날 수 있었다. 100여 권이 넘는 법학 관계 각종 개론서는 이런 식으로 양산되고 있는 것이다.

신문방송학은 신생 학문이라는 이유로 마구잡이식 표절이 이루어지고 있다. 이 분야 역시 연구 단행본보다는 개론이나 입문서가 유난히 많다. 어느 분야에서 연구 결과가 많지 않은데 개론서가 많다는 것은 표절의 혐의가 높을 수밖에 없다. 개론서가 많은 분야에 표절 가능성이 높다는 추론은 상당한 타당성을 갖는다는 것이다.

표절을 근절시키려면

표절을 했을 경우 그것이 문제가 되는 데는 세 가지 방식이 있다. 하나는 언론에 공개되는 경우다. 우리나라에서는 이것이 가장 많다. 기사화되고 약간의 논의가 되지만 시간이 흐르고 나면 흐지부지된다. 해당 학교나 학회에서 전혀 문제를 삼지 않기 때문이다. 또 하나는 학회에서 공식적으로 문제가 되는 경우인데, 우리 학계에서는 거의 없는 경우이다. 언론학회에서 한 번 문제가 된 적이 있었던 것이 전부였다. 학계의 '공범 의식'이 확인되는 대목이다. 세 번째로 표절을 당한 사람이 표절한 사람을 법적으로 문제 삼는 경우인데 우리나라에서는 이런 사례가 한 번도 없었다. 그만큼 표절에 관한 한 '관대한' 것이다.

선진국들의 경우 대학에 입학하면 가장 먼저 '표절의 위험성'에 관해 오리엔테이션을 받는다고 한다. 최근 미국에서 박사학위를 받고 귀국한 김모 씨는 "대학원에 입학하자마자 입학생 전원이 모인 강의실에서 표절이 얼마나 나쁘고 위험한 것인지에 관해 오리엔테이션을 받았다"라며 "외국의 경우 교수가 표절을 하면 학계에서 곧장 매장이 되고 학생도 표절을 하면 퇴학"이라고 말했다. 그만큼 학문을 하는 데 있어서 논문이나 저서를 쓰는 절차와 방식 등을 중요시한다는 뜻이다.

표절이 근절되려면 언론이 문제 삼기에 앞서 학계 내부에서 표절에 대한 명확한 문제의식이 확립돼야 한다. 그래서 표절 사실이 확인되면 그것을 공개적으로 문제 삼는 풍토 형성으로 이어져야 한다. 현재처럼 표절을 문제 삼으면 그 사람을 '변절자' 취급하는 풍토에서는 표절을 막을 길이 없다. 그리고 표절의 정도에 따라 징계를 할 수 있는 제도적 장치도 마련돼야 한다.

동시에 해당 학교 차원의 징계 장치도 강화돼야 한다. 앞서 살펴본 사례들 중 여러 건은 이미 학계에서 공개된 것이지만 어느 학교도 표절한 교수에게 경고나 징계 조치를 하지 않았다. 이래 가지고 표절을 근절시킨다는 것은 공염불이 될 수밖에 없다.

동시에 법률적 제재도 강화돼야 한다. 현재는 표절을 했을 경우 저작권법의 출처명시위반죄, 부정발행죄, 편집저작권침해죄 등에 해당돼 1~3년 이하의 징역이나 100~300만 원 이하의 벌금형을 받게 돼 있다. 비록 형사범이기는 해도 '친고죄'에 해당돼 표절을 당한 본인이 문제 삼지 않을 경우 처벌할 수 없게 돼 있다. 학회에서조차 문제 삼기 어려운 풍토에서 '친고'에 의해 처벌을 한다는 것은 거의 불가능하다. 실제로 이와 관련된 판례는 국내에 전혀 없다.

일부에서는 표절의 불가피성을 말하기도 한다. 이들의 논지는 이렇다. 우리의 경우 근대 학문이 도입된 지 오래돼야 40~50년밖에 안 되기

덧붙이는 글

때문에 외국 이론을 수입하는 과정에서 표절을 할 수도 있다는 것이다. 법학계의 한 교수는 "표절을 했다는 사실만으로 선배 학자들을 무조건 매도해서는 곤란하다"라며 "그렇게 해서라도 학문의 기초를 높인 그들의 공적을 인정해야 할 것"이라고 말했다. 좀 더 거창하게 "당시는 온 사회가 그랬지 않았느냐"는 논리로 일부 학자들의 표절 사실을 '과도기에 있을 수 있는 일'로 보는 시각도 폭넓게 자리하고 있다.

그러나 이런 주장들은 설득력이 없다. 먼저 외국 이론을 도입하는 합법적인 방법으로 '번역'이 있다. 정상적으로 외국의 주요 서적들을 번역해 내면 되는 것이다. 표절은 정말 외국 이론을 도입하는 것을 중요시해서라기보다는 자신의 이름을 무리하게 내세우려는 과욕의 산물일 뿐이다.

온 사회가 그랬다는 주장도 설득력이 없기는 마찬가지이다. 물론 급속한 사회화 과정에서 라이선스도 없이 외국의 기술을 그냥 사용했고, 상표도 불법적으로 도용했던 것이 사실이다. 그러나 산업 분야도 지금은 정당한 방법과 절차에 따라 경제활동을 하고 있다. 그리고 학문의 경우 그 사정이 산업 분야와 같을 수는 없는 것이다.

다행스러운 것은 학계에서 이 같은 표절의 심각성을 인식하고 개선하려는 움직임이 싹트고 있다는 사실이다. 동양철학 분야에서는 유인희 교수가 중심이 돼 소장 학자들과 함께 북한의 동양철학 연구 성과를 정리하고, 이것들이 국내 학계의 여러 입장들과 어떤 관계가 있는지를 밝히는 연구를 진행 중이다. 금년 여름이면 성과가 가시화될 전망이다.

법학계에서도 한상범 교수를 비롯한 중견 교수 서너 명이 표절 사례를 구체적으로 확인하기 위한 작업을 체계적으로 진행하고 있어 그 성과가 공식 발표될 경우 학계에 엄청난 충격을 안길 것이 분명하다. 신문방송학 분야에서도 소장 학자들이 중심이 돼 표절 사례를 모으고 공동 대처방안을 모색 중이다. 이 같은 움직임은 시간이 갈수록 다른 학문 분야로 파급될 것이 분명하다. 표절은 어느 특정 분야만의 문제가 아니기 때문이다.

최근에는 학계에서도 우리 학문의 경쟁력을 높여야 한다는 목소리가 높아지고 있다. 우리 학계에서 표절을 추방하는 일은 대학 개혁의 핵심이며, 학문의 경쟁력을 높이는 요체다. 그러나 표절을 해도 학자로서 계속 살아남을 수 있는 풍토라면 대학 개혁은 요원한 숙제일 뿐이다.

《신동아》 1994. 2.)

덧붙이는 글

예스24 그래제본소 펀딩에 참여해주신 분들

가나다순

고채은	김태연	우민석	이재용
곽상완	김태은	원민재	이주화
구양모	남승우	위희숙	이지훈
권기현	도경민	유성곤	이혜진
권영록	박대희	유승환	이호경
권주영	박병권	유승훈	이황재
권혁봉	박서윤	유재원	이희준
권혜진	박세호	유재훈	임영호
김거형	박일귀	유혜연	장지원
김동균	박종연	육덕수	정미경
김민석	박종찬	이경호	정용진
김선영	박찬선	이광상	조형래
김성환	변지수	이민석	주종문
김소미	서석원	이범진	차영현
김은영	서울숲양현재	이비오	천유정
김이재	신민재	이상재	최수수
김정대	심민호	이선희	황언배
김정애	안극섭	이시현	황인오
김준수	안병관	이재관	
김지영	오정호	이재광	

우리의 학맥과 학풍

지은이　　이한우

2022년 5월 13일 초판 1쇄 발행

책임편집　김창한
기획편집　선완규 김창한
마케팅　　신해원
디자인　　형태와내용사이

펴낸곳　　천년의상상
등록　　　2012년 2월 14일 제2020-000078호
전화　　　031-8004-0272
이메일　　imagine1000@naver.com
블로그　　blog.naver.com/imagine1000

ⓒ 이한우 2022

ISBN　　979-11-90413-39-8 03300